Casos Práticos de Direito Penal e Direito Processual Penal

Casos Práticos de Direito Penal e Direito Processual Penal

(COM DEZ CASOS MODELO RESOLVIDOS)

2017 • 6ª Edição • Reimpressão

Fernando Torrão
Professor da Faculdade de Direito da Universidade Lusíada – Norte (Porto)

ALMEDINA

CASOS PRÁTICOS
DE DIREITO PENAL
E DIREITO PROCESSUAL PENAL
(COM DEZ CASOS MODELO RESOLVIDOS)

AUTOR
Fernando Torrão
1ª Edição: Outubro, 2002

EDITOR
EDIÇÕES ALMEDINA, S.A.
Rua Fernandes Tomás, nºs 76-80
3000-167 Coimbra
Tel.: 239 851 904 · Fax: 239 851 901
www.almedina.net · editora@almedina.net

DESIGN DE CAPA
FBA.

PRÉ-IMPRESSÃO
EDIÇÕES ALMEDINA, SA

IMPRESSÃO E ACABAMENTO
Pentaedro, Lda.
Abril, 2017

DEPÓSITO LEGAL
405752/16

ALMEDINA | GRUPOALMEDINA

BIBLIOTECA NACIONAL DE PORTUGAL – CATALOGAÇÃO NA PUBLICAÇÃO
TORRÃO, Fernando, 1966-
Casos práticos de direito penal e direito
processual penal : (com dez casos modelo
resolvidos). – 6ª ed. – (Casos práticos
ISBN 978-972-40-6494-2
CDU 343

NOTA PRÉVIA

Nas aulas práticas de Direito Penal e de Direito Processual Penal labora-se, essencialmente, no terreno da casuística através da apresentação de hipóteses, umas vezes académicas ou de "escola" – criando-se, para elas, um substrato real plausível –, outras vezes consubstanciadoras de casos "vividos" adaptados da jurisprudência, nacional ou estrangeira.

São diversas as razões deste método de lecionação. Destaque-se, por um lado, o escopo pragmático próprio do Direito com o seu cunho originário de solucionador de conflitos. Assim se pode compreender que a obtenção de rendimento prático da aprendizagem teorética se revele um propósito essencial. Saliente-se, por outro lado, o profundo interesse, normalmente patenteado pelos estudantes, em dilucidar problemas jurídicos, o que não deixa de implicar uma manifestação de aptidão vocacional. Permitir a sua participação ativa e dialogante naquela tarefa é prestar contributo ao fomento da motivação e do entusiasmo, tão úteis e necessários àqueles que se propõem abraçar as atividades do foro jurídico.

O livro apresenta dez casos práticos modelares resolvidos (seis de Direito Penal e quatro de Direito Processual Penal) com o intuito de refletir não só a metodologia de resolução, mas também o essencial dos respetivos conteúdos programáticos. Pretende-se, deste modo, proporcionar um meio de estudo muito caro aos estudantes que possa auxiliá-los nessa árdua (mas não menos atraente e nobre) empreitada em que se traduz a formação e a preparação para o exercício da *praxis* jurídica.

A arrumação temática pela qual se apresentam os casos visa corresponder à sequência programática de ambas as disciplinas (Direito Penal e Direito Processual Penal) e a uma gradual dificuldade de resolução.

Uma palavra de agradecimento para todos aqueles que, no quotidiano da vida académica, foram colocando dúvidas, problematizaram questões ou, muito simplesmente, dialogaram, contribuindo para uma maior diversidade do conteúdo desta obra.

FERNANDO TORRÃO

Casos Práticos de Direito Penal

CASO Nº 1

Aquela manhã foi trágica.

Os cidadãos da *Vila X* ficaram em estado de choque.

Américo, de 39 anos de idade, sem antecedentes criminais, comete um triplo homicídio nas pessoas de sua mulher, sua mãe e uma amiga de sua mãe.

Em Julgamento, a prova pericial apura como causa de homicídio um "surto psicótico" esporádico, considerando que Américo se encontrava em situação de inimputabilidade no momento da prática do facto, mas que não revelava perigosidade relevante.

Face a tal circunstancialismo, deveria o Tribunal determinar alguma consequência jurídico-penal a Américo? Fundamente a sua resposta à luz da teoria dos fins das penas e das medidas de segurança.

CASO Nº 2

Alcino, após violenta discussão, mata Bento, seu colega de trabalho.

Dez dias depois, assalta uma dependência bancária na cidade de Leiria, subtraindo a quantia de € 50.000.

1. Atendendo a que em Julgamento Alcino foi considerado imputável no caso do crime de homicídio (artigo 131º CP), mas inimputável, em razão de distúrbio psicopatológico grave, no que res-

peita ao crime de roubo (artigo 210º, nº 2, *a)* CP), qual o regime jurídico-sancionatório aplicável?

2. Fundamente, em perspetiva político-criminal, o regime jurídico aplicado na resposta anterior.
3. Admita que no dia anterior ao assalto à dependência bancária entrara em vigor a *lei X* que agravava a moldura penal do crime de roubo em um quinto nos seus limites mínimos e máximos. Seria a *lei X* aplicável a Alcino?

CASO Nº 3

Suponha que devido a uma forte contestação dos produtores de vinho do nosso país, em 15 de Dezembro do ano passado entrara em vigor uma lei que apenas considerava punível a conduta prevista no artigo 292º, nº 1 do Código Penal se o seu autor fosse portador de uma taxa de álcool no sangue igual ou superior a 1,8 g/l. Os casos de taxa de álcool no sangue entre 1,2 g/l e 1,8 g/l passariam a subsumir-se em uma nova alínea, a alínea *c)*, do artigo 81º, nº 5 do Código da Estrada.

Ângelo havia sido julgado e condenado, no dia 15 de Outubro do mesmo ano transato, a uma pena de 8 meses de prisão após detenção, no dia anterior, por conduzir o seu automóvel com uma taxa de álcool no sangue de 1,5 g/l.

Quid juris?

CASO Nº 4

Numa pequena aldeia de Trás-os-Montes, há quatro anos atrás, Américo subtraiu, de uma Igreja, uma imagem de arte sacra de valor patrimonial consideravelmente elevado que era muito estimada por todos os que ali habitavam.

Descoberto o facto, Américo foi julgado e condenado, em 1 de Outubro do ano seguinte, à pena máxima prevista no artigo 204º, nº 2 do Código Penal, ou seja, 8 anos de prisão.

Suponha que em 2 de Junho do corrente ano entrava em vigor uma nova lei, a lei X, reduzindo a pena máxima do crime de furto qualificado para 6 anos de prisão.

Quid juris?

CASO Nº 5

Amadeu, cidadão alentejano, atravessava dificuldades financeiras devido ao vício do jogo que contraíra desde que se mudara para Lisboa. Obcecado com o saneamento da sua situação financeira, decide raptar Joaquim, filho do empresário Manuel, com a intenção de obter deste um resgate de €15.000 (quinze mil euros).

A 4 de Janeiro do ano passado, Amadeu surpreende Joaquim à saída da escola, mete-o num automóvel e prende-o em sua própria casa.

No dia 6 de Janeiro do mesmo ano, entra em vigor a lei X que altera a moldura penal do art. 161º, nº 2, *a)* do CP para uma pena de prisão de 5 a 20 anos.

Manuel paga o resgate e, a 8 de Janeiro, Amadeu liberta Joaquim.

No dia 26 de Maio, uma nova lei, a lei H, revoga o art. 158º, nº 2, *a)*, punindo com a mesma moldura penal de 2 a 10 de prisão o sequestro cuja privação da liberdade se prolongue agora por mais de 5 dias.

A 30 de Junho, ainda do ano passado, Amadeu é julgado e condenado.

Pergunta-se:

1. Qual a lei que o tribunal terá aplicado?
2. Suponha agora que após Amadeu cumprir 6 anos de prisão, vem uma nova lei, a lei Z, atenuar a moldura penal do rapto para 2 a 5 anos de prisão nos casos em que o resgate não seja de valor consideravelmente elevado. *Quid juris?*

CASO Nº 6

Numa longínqua aldeia alentejana, há sete anos atrás, no dia 5 de Agosto, Alberto, cidadão lisboeta que ali se encontrava a passar férias, burlou Manuel, alentejano, provocando-lhe um prejuízo de valor consideravelmente elevado. Descoberto o facto, Alberto foi julgado e condenado, em 10 de Outubro do mesmo ano, à pena máxima p.p. no artigo 218º, nº 2 do Código Penal: 8 anos de prisão.

Imagine que no dia 10 de Outubro do ano passado entra em vigor a lei X que reduz aquela pena máxima para 6 anos de prisão. Nesse momento já Alberto havia cumprido precisamente 6 anos de pena de prisão.

Quid juris?

CASO Nº 7

No passado dia 9 de Outubro, Armindo foi julgado e condenado a um ano de prisão por haver subtraído um anel, avaliado em € 3.000 (três mil euros), a Belmira que com ele vivia em união de facto haviam já decorrido dois anos.

Suponha que no dia 2 de Janeiro do próximo ano, entrava em vigor a lei Y que passava a sancionar com uma coima as condutas previstas no artigo 207º do Código Penal.

Quid juris?

CASO Nº 8

No passado dia 5 de Outubro, Adélio cometeu o crime de omissão de auxílio p.p. no artigo 200º do Código Penal.

Suponha que no dia 20 de Outubro, entrara em vigor uma lei nova, a lei K, que passava a sancionar com uma coima o comportamento descrito no mencionado artigo 200º do Código Penal.

Adélio é hoje julgado.

Qual a lei aplicável?

CASO Nº 9

Para evitar que Bruno exercesse o seu direito de voto na assembleia-geral de um clube desportivo que iria ocorrer no próximo dia 21 de Dezembro, Arsénio, um dia antes, após o jantar, deteve-o e prendeu-o no sótão de sua casa.

No dia 22 de Dezembro, entra em vigor a lei X que, revogando o artigo 158º, nº 2, *a)* do Código Penal, passa a punir com pena de 3 a 12 anos de prisão o sequestro cuja privação da liberdade dure por mais de dois dias.

A 24 de Dezembro, Arsénio liberta Bruno.

No dia 26 de Abril do próximo ano, uma nova lei, a lei H, revoga a lei X, punindo o sequestro, cuja privação de liberdade se prolongue agora por mais de 5 dias, com a mesma pena de 3 a 12 anos de prisão.

No dia 30 de Maio seguinte, Arsénio é julgado.

Qual a lei aplicável?

CASO Nº 10

Antónia, empregada doméstica, todas as sextas-feiras à noite não resistia a subtrair uma peça de prata na casa do seu patrão, Xavier, para as oferecer a Hilário, seu namorado, que atravessava dificuldades financeiras e que, por estar a cumprir o serviço militar, apenas se encontrava com Antónia aos fins-de-semana. A prática dos sucessivos furtos durou entre os dias 7 de Janeiro e 11 de Fevereiro do ano passado, data em que Xavier descobriu o sucedido.

Entretanto, a 25 de Janeiro desse mesmo ano, a Lei W diminuira a pena de prisão do crime de furto p. p. no artigo 203º do Código Penal, para 2 anos ou pena de multa. Até esse dia já Antónia havia subtraído três peças de prata no valor respectivo de € 1000, €1500 e €1250. As restantes peças retiradas, entre 28 de Janeiro e 11 de Fevereiro, valiam €1100 cada uma.

A 20 de Abril, a Lei K atribui natureza pública ao mesmo crime.

No dia 26 de Abril, Hilário, que se queria livrar de Antónia, denunciou ao Ministério Público os furtos que sua namorada havia praticado.

No dia 5 de Maio, Xavier apresentou queixa pelos mesmos factos.

A 20 de Outubro, Antónia é julgada e condenada a 4 anos de prisão pelo crime de furto qualificado, nos termos do artigo 204º, nº 1, *a)* do Código Penal.

Responda às seguintes questões:

1. Concorda com a decisão do tribunal?
2. Em que momento se deveria ter iniciado o processo criminal?

CASO Nº 11*

No dia 5 de Janeiro de 1998, Fausto encontrava-se a ser julgado por haver emitido, em 10 de Fevereiro de 1996, um cheque sem provisão a favor de Gonçalves no valor de 1.000.000$00, de onde constava a data de 10 de Fevereiro de 1997. Nesta data, o pagamento não havia sido efectuado por falta de provisão.

1. Atendendo a que o actual nº 3 do artigo 11º do DL 454/91, de 28 de Dezembro resulta da redação do DL 316/97, de 19 de Novembro (que entrou em vigor em 1 de Janeiro de 1998), qual deverá ser a decisão do tribunal?
2. Qual seria a sua resposta à pergunta anterior se a 5 de Janeiro de 1998, Fausto se encontrasse a cumprir pena de prisão?

**Caso adaptado da jurisprudência nacional (Ac. TRC de 13/01/1999)*

CASO Nº 12*

A 10 de Outubro de 1997, António foi condenado na pena de 18 meses de prisão pela prática de um crime de emissão de cheque sem provisão, nos termos das disposições conjugadas dos artigos 11º, nº 1, *a)*, do DL 454/91, de 28-12, e 313º e 314º, *a)* do Código Penal de 1982.

Antes de proferida a decisão, e no decurso do processo penal, a denunciante, *Sociedade X*, em audiência de julgamento, declarou desisitir da queixa, tendo esta declaração sido aceite pelo arguido.

À data, os factos em questão preenchiam, todavia, um crime de natureza pública, pelo que tal desistência não operou quaisquer efeitos relevantes.

Entretanto, surgiram alterações legislativas ao regime jurídico-penal do cheque sem provisão, com o DL 316/97, de 19-11. A partir de 1 de Janeiro de 1998 (v. artigo 5º do referido DL 316/97), o artigo 11º-A do DL 454/91 atribui natureza semi-pública ao crime de emissão de cheque sem provisão.

Quid juris?

**Caso adaptado da jurisprudência nacional (Acórdão nº 169/2002, de 17 de Abril, do Tribunal Constitucional).*

CASO Nº 13

Mediante a promessa de €5.000 (cinco mil euros), Evaristo convenceu Arsénio a aceder ilegitimamente ao sistema informático da *empresa y*. No dia 5 de Maio do ano passado Arsénio assim o fez, conseguindo obter os dados pretendidos por Evaristo, entregando-lhos a troco dos prometidos €5.000 (cinco mil euros).

Uma semana depois, a situação repetiu-se, mas Arsénio, após a obtenção dos dados, exigiu um pagamento de €10.000 (dez mil euros). Evaristo acabou por aceitar.

Passadas duas semanas mais, Evaristo pediu a Arsénio que voltasse a praticar a mesma conduta, mas este recusou por recear ser descoberto. Evaristo, para convencê-lo, entregou-lhe €25.000 (vinte e cinco mil euros), afirmando que lhe pagaria outro tanto se este obtivesse os dados informáticos. Arsénio acabou por anuir e, no dia 29 de Maio, entregou os novos dados a Evaristo que lhe pagou os restantes €25.000 (vinte e cinco mil euros) acordados.

Suponha que no dia 14 de Maio do mesmo ano uma nova lei, a Lei Z, revogava o artigo 7º, nº 4 da Lei do Cibercrime (Lei nº 109/2009, de 15 de Setembro), passando a sancionar a mesma conduta com uma pena de 2 a 8 anos de prisão e que no dia 20 de Setembro o crime descrito no nº 1 do mesmo preceito passava a ser punido apenas com pena de multa pela Lei K.

No dia 10 de Dezembro Arsénio é julgado.

Qual a lei aplicável?

CASO Nº 14

Bruno vivia angustiado com a sua situação financeira que tendia a agravar-se, pois continuava desempregado e cada vez mais necessitava de contrair dívidas para enfrentar as despesas do dia-a-dia.

No dia 15 de Agosto transato, ao passar pela vivenda do empresário Manuel, que se encontrava de férias, reparou que a porta de entrada se encontrava entrearberta. Estando a rua deserta, Bruno, não resistiu a entrar na dita vivenda e aí subtrair vários objectos no valor total de €11.500 (onze mil e quinhentos euros).

Dois dias depois, saldadas as dívidas, vencida a angústia e recuperada a tranquilidade, Bruno, ao passar no mesmo local, nota que deixara a porta entreaberta, tal como a tinha encontrado no dia do assalto. Mais uma vez não resistiu, voltou a entrar e subtraiu dois quadros avaliados em €12.000 (doze mil euros).

Mais três dias volvidos, Bruno volta a subtrair, pelos mesmos meios, mais alguns objectos valiosos, agora no valor de €18.000 (dezoito mil euros).

Imagine que no dia 18 de Agosto, a lei X alterava o atrigo 202º, *b)* do Código Penal passando a determinar que valor consideravelmente elevado seria aquele que excedesse 150 unidades de conta avaliadas no momento da prática do facto.

Pergunta-se:

1. Bruno é hoje julgado. Qual a moldura penal aplicável?
2. Suponha que o valor do primeiro furto era agora de €18.000 (dezoito mil euros) e o valor do terceiro furto era de €11.500 (onze mil e quinhentos euros). Seria a mesma a sua resposta?

CASO Nº 15

Há quatro anos atrás, a lei X agravou a moldura penal abstractamente aplicável do crime p.p. no artigo 86º, nº 1, *a)* da Lei 5/2006, de 23-2 para 5 a 10 anos de prisão, em virtude de uma anormal situação de grave perturbação da ordem pública.

No ano passado, a lei Z repôs em vigor o artigo 86º, nº 1, *a)* da Lei 5/2006, de 23-2.

Albino foi detido há três anos quando trazia consigo uma arma proibida destinada a projectar substâncias radioactivas. Hoje é julgado em tribunal.

Qual a lei aplicável?

CASO Nº 16

Suponha que no ano passado se vivia, no nosso país, um período em que, denotando uma insuportável falta de civismo, as pessoas, frequentemente, deitavam lixo em zonas florestais.

Para obstar a tão repugnante prática, a 2 de Janeiro desse ano entrava em vigor a lei Y que punia com pena de prisão até 2 anos quem abandonasse lixo nos locais florestais.

A própria lei Y limitava a sua vigência a um período de 1 ano.

Em 1 de Setembro do mesmo ano transacto, após um abundante repasto ao ar livre, Jorge e sua namorada Rita abandonam o lixo no local do piquenique em plena Serra do Gerês.

Hoje são julgados em tribunal.

Qual a lei aplicável?

CASO Nº 17

Suponha que devido ao risco de desaparecimento da espécie Lobo Ibérico no nosso país, a 14 de Janeiro do ano passado entrava em vigor uma Lei, a Lei K, que agravava a moldura penal do artigo 278º do

Código Penal (prisão até 3 anos ou multa até 600 dias) para 15 a 20 anos de prisão.

A lei K fixava o termo do seu período de vigência em 31 de Outubro do mesmo ano passado.

Acusada de terrorismo penal, a lei K vem a ser revogada por uma nova Lei, a Lei W, que, iniciando a sua vigência dois meses depois (14 de Março), fixava, tal como a lei K revogada, o termo do seu período de vigência em 31 de Outubro do ano passado.

A lei W reduzia a pena de prisão para 2 a 8 anos.

Alberto, a 11 de Fevereiro do ano passado, matava seis espécies de Lobo Ibérico no parque Nacional da Peneda Gerês, contribuindo decisivamente para fazer desaparecer aquela espécie animal naquela região.

Em 11 de Novembro, Alberto é julgado.

Qual a lei aplicável?

CASO Nº 18

No dia 15 de Outubro de 2012, António cometeu o crime de omissão de auxílio (p.p. pelo artigo 200º, nº 1 do CP) contra Bernardo.

No dia anterior havia entrado em vigor a *Lei X* que agravava para 3 anos de prisão o limite máximo da moldura penal do crime de omissão de auxílio.

A 2 de Fevereiro de 2013, entra em vigor a *Lei Y*, estabelecendo como limite máximo do mesmo tipo legal de crime a pena de 2 anos de prisão.

Dois meses depois, a *Lei X* volta a entrar em vigor (revogando a *Lei Y*) e, mais um mês volvido, António é julgado.

Suponha que:

- O advogado de António entende ser aplicável o artigo 200º, nº 1 do CP por ser a lei mais favorável
- O Ministério Público entende ser aplicável a *Lei Y* por ser lei intermédia
- O advogado de Bernardo entende ser aplicável a *Lei X* por ser a lei do momento da prática do facto e do momento do julgamento

Apreciando criticamente cada uma das posições enunciadas, qual a lei aplicável? Fundamente a resposta.

CASO Nº 19

Devido a uma situação de grande instabilidade nas estradas portuguesas em razão de inúmeros acidentes provocados por condução perigosa de veículos rodoviários no início da época de Verão, em 29 de Junho entra em vigor a Lei X que agrava a punibilidade do tipo legal de crime p.p. pelo artigo 291º do Código Penal para o dobro do seu limite máximo, com exclusão da possibilidade da pena de multa. A Lei X prevê o seu período de vigência até 31 de Agosto.

Durante os meses de Julho e Agosto, os acidentes diminuem em número considerável.

Porém, a partir do início de Setembro, voltam a aumentar ligeiramente.

Em 15 de Setembro, entra em vigor a Lei Y que agrava, desta feita, a punibilidade do artigo 291º do Código Penal em um terço do seu limite máximo, mantendo a possibilidade da pena de multa. A Lei Y prevê o seu período de vigência até 15 de Outubro.

A situação volta a estabilizar, restabelecendo-se novamente, em 16 de Outubro, o artigo 291º do Código Penal.

António, a 5 de Agosto, provocara perigo para a vida de inúmeras pessoas ao conduzir em sentido contrário na Via do Infante no Algarve.

No dia 21 de Novembro, António é julgado.

Considere que:

- O advogado de António, invocando o artigo 29º, nº 4 da CRP, entende ser aplicável o artigo 291º, nº 1, *b)* do CP por ser a lei mais favorável
- O Ministério Público entende ser aplicável a *Lei Y* por ser lei intermédia mais favorável do que a lei do momento da prática do facto
- O advogado de Bernardo (uma das pessoas colocadas em perigo com a manobra de António) entende ser aplicável a *Lei X* por ser a lei do momento da prática do facto

Apreciando criticamente cada uma das posições enunciadas, qual a lei aplicável? Fundamente a resposta.

CASO Nº 20

Carlos, português emigrado em Marrocos, é casado com Maria, igualmente portuguesa.

Após desavenças conjugais, Maria abandona Marrocos e fixa-se em Portugal. Carlos, sem que o seu anterior casamento se encontre dissolvido, casa com Khadijia, marroquina.

Atendendo a que a lei marroquina não pune a bigamia, suponha que dois anos depois Carlos resolve fazer uma visita a Portugal, onde vem a ser detido pelas autoridades competentes.

Qual a lei aplicável?

CASO Nº 21

António, português, e Clóvis, brasileiro, emigrantes em França, matam Bernardo, também português, após violenta rixa. A lei francesa pune o homicídio com pena de 5 a 15 anos de prisão.

Clóvis é capturado e condenado em tribunal francês a 13 anos de prisão, mas ao fim de 5 anos de cumprimento da pena consegue evadir-se e refugia-se com António, que sempre andara a monte, em Portugal.

No nosso país, ambos acabam por ser capturados.

Qual a lei aplicável?

CASO Nº 22

Omar, afegão e membro da organização terrorista *Al-Qaeda*, pratica um atentado contra Simpson, norte-americano, quando este se encontrava de visita à Inglaterra.

Condenado neste país a 93 anos de prisão, em cúmulo jurídico, Omar consegue fugir depois de cumprir 3 anos de prisão e refugia-se em Portugal onde é detido pelas autoridades portuguesas.

Quid juris?

CASO Nº 23

Há seis meses atrás, no Estado do Texas, Abdallah, cidadão líbio, cometeu o crime de violação contra Jessica, norte-americana de 15 anos de idade. A lei do Texas pune o crime de violação com a pena de prisão perpétua.

Admita que no mês passado, em Portugal, uma nova lei passara a punir a violação de menores com uma moldura penal entre 5 a 15 anos de prisão e a violação de maiores com uma pena entre 2 a 8 anos de prisão.

Abdallah é hoje encontrado em Portugal e as autoridades norte-americanas solicitam de imediato a sua extradição.

Qual a lei aplicável?

CASO Nº 24

Ángel, cidadão espanhol, membro da organização terrorista ETA, fugiu para Portugal após participação num atentado em Madrid do qual resultou a morte de um magistrado judicial.

Ángel foi encontrado no Algarve, tendo as autoridades espanholas solicitado, imediatamente, a sua extradição.

Quid juris?

CASO Nº 25

Alonso, cidadão mexicano residente na Venezuela, cometeu o crime de escravidão contra Pablo, cubano, que fugira para aquele país.

Regressado ao México, Alonso foi julgado e condenado a 8 anos de prisão.

Após cumprir a pena, Alonso é encontrado em Portugal quando passava férias no Algarve.

Poderá ser novamente julgado entre nós?

CASO Nº 26

Ahmed, cidadão argelino, é perseguido pelas autoridades do seu país, acusado de blasfémia. A pena aplicável ao ilícito praticado por Ahmed consiste no apedrejamento ou lapidação em praça pública ou, em alternativa, na amputação da língua e das mãos.

Uma vez encontrado em Portugal, as autoridades argelinas solicitam a extradição de Ahmed para ser julgado no seu país.

Quid juris?

CASO Nº 27

Romero, cidadão cubano residente em Miami, crítico do regime político do seu país, encontrava-se a passar férias em Portugal na região do Alentejo.

Tendo sido julgado à revelia em Cuba sob a acusação de ter cometido crimes contra o Estado (específica e basicamente os chamados *delitos de opinião*), as autoridades daquele país solicitaram a Portugal a sua extradição para cumprir uma pena de 15 anos de prisão.

Quid juris?

CASO Nº 28*

Em Santiago do Chile, Garcia, argentino, entregou a Manolo, cubano, 10 Kgs. de cocaína para que este a introduzisse na Europa.

Manolo viajou para Portugal e, entre nós, foi detido na posse dos referidos 10 kgs. de cocaína.

Atendendo a que Garcia e Manolo são co-autores do crime de tráfico ilícito de estupefacientes, será aplicável a ambos, a apenas um deles, ou a nenhum dos dois, a lei penal portuguesa?

**Caso adaptado da jurisprudência nacional (Ac. STJ de 05/12/1990).*

CASO Nº 29

Após o naufrágio do *Agamemnon*, navio de pavilhão grego, Aquiles e Cassandra, gregos, Benjamim, brasileiro, e Damião, português, encontravam-se, eram já decorridos dois dias, em alto mar a bordo de um bote salva-vidas.

Com a fome e a sede a exercerem forte influência, o discernimento dos náufragos começou a ser cada vez menor e as discussões tornaram-se frequentes. Numa dessas desavenças, Damião perdeu completamente a cabeça e desferiu um violento golpe com um remo na cabeça de Aquiles, provocando-lhe a morte.

Qual a lei penal aplicável?

CASO Nº 30

Guilherme, português habitualmente residente em Portugal, encontra-se a passar férias na Suiça na companhia de Jacinto, emigrante português naquele país. Em 2 de Outubro do ano passado, Guilherme mata Jacinto, a pedido deste, que padecia de uma doença grave.

Na Suiça o homicídio a pedido não é punível. Em Portugal constitui crime p. p. no artigo 134º do Código Penal.

Em 2 de Fevereiro do presente ano, Guilherme, encontrando-se em Portugal, foi acusado pela prática do crime de homicídio a pedido.

1. Qual a lei aplicável?
2. *Quid juris* se em 2 de Outubro do ano transato o homicídio a pedido fosse punível na Suiça com pena de prisão até 1 ano e tivesse sido descriminalizado em 1 de Fevereiro do presente ano?

CASO Nº 31

Adilson, cidadão brasileiro, é perseguido pelas autoridades norte-americanas, por haver praticado vários crimes de tráfico ilícito de estupefacientes um pouco por todo o Estado do Texas. O facto é punível, segundo a lei desse Estado, com pena de prisão perpétua.

Encontrado em Portugal, as autoridades norte-americanas imediatamente solicitam a extradição de Adilson para ser julgado no país da prática do facto.

Quid juris?

CASO Nº 32

No início de Agosto do ano passado, Augusto e Maria, residentes em Lisboa, encontravam-se a passar férias na Holanda. Maria, ao descobrir que a sua paixão por Augusto não era correspondida, decidiu suicidar-se. Augusto apoiou-a na sua decisão de pôr termo à vida e emprestou-lhe um revólver para o efeito.

Maria suicidou-se em 20 de Agosto, quando havia já regressado a Portugal. Na Holanda o auxílio ao suicídio não é punível. Em Portugal, constitui crime punível com pena de prisão até 3 anos, nos termos do artigo 135º do Código Penal.

Em Janeiro do presente ano, Augusto é pronunciado pelo crime de auxílio ao suicídio.

1. Qual a lei aplicável?
2. A sua resposta à pergunta anterior seria a mesma se, no momento em que Augusto actuou, o auxílio ao suicídio fosse punível na Holanda com pena de prisão até seis meses e tivesse sido descriminalizado no mês seguinte?

CASO Nº 33

Cacilda, que se encontrava grávida, e Hugo, médico, ambos residentes em Portugal, deslocaram-se à Holanda. Cacilda sabia que o seu amigo Hugo prestava, episodicamente, serviços numa clínica daquele país e pediu-lhe para que aí realizassem uma desejada interrupção da gravidez.

Tudo correu como o previsto, tendo Hugo realizado o aborto sob condições e pressupostos que consubstanciam um facto justificado na Holanda, mas punível face à lei portuguesa.

Poderão Cacilda e Hugo ser julgados em Portugal? Qual a lei aplicável?

CASO Nº 34

Pelas 16 horas portuguesas do passado dia 20 de Setembro, a meio de um vôo entre Londres e Nova Yorque, num avião britânico, Ernesto, cubano, reconhece Basílio, português, seu inimigo de longa data e que há muito planeava matar. Ernesto, com a colaboração de uma hospedeira de bordo, consegue ministrar uma dose mortal do *veneno X* na bebida de Basílio.

Logo após o desembarque em Nova Yorque, por volta das 19 horas portuguesas, Basílio morre em pleno aeroporto em consequência da intoxicação produzida pelo *veneno X*.

Dez dias depois, Ernesto, encontrando-se em Lisboa, mata William, norte-americano após uma violenta discussão de natureza política. O governo norte-americano pede imediatamente a Portugal a extradição de Ernesto.

Suponha que no passado dia 22 de Setembro, a lei Z alterava a moldura penal do homicídio qualificado (art. 132º do Código Penal) para 15 a 25 anos de prisão. A lei norte-americana pune o mesmo crime com a pena de morte.

Quid juris?

CASO Nº 35

Em Agosto do ano transato, Simpson, cidadão norte-americano, encontrava-se em Portugal. A sua obsessão era a vingança. Descobrira o romance que envolveu Cármen, espanhola, com quem contraíra segundas núpcias, e Armandino, português, residente em Valença do Minho. Foi precisamente numa das ruas desta simpática cidade fronteiriça que, pelas 23 horas do dia 8 do referido mês de Agosto, Simpson se deparou com Armandino que por ali passava. Simpson, irado, vociferou:

«*É hoje que te mato, velhaco! Há muito que esperava por este momento...*». Armandino, assustado, fugiu, sendo imediatamente perseguido por Simpson.

Passada a fronteira espanhola, Simpson disparou um tiro que provocou a morte de Armandino. Com uma perversa satisfação, deixou escapar entre dentes, enquanto consultava o seu relógio:

«*Vinte e três horas e quarenta minutos. Uma boa hora para morreres, canalha!*»

Voltou a atravessar a fronteira regressando a Portugal, onde se sentou num banco de jardim, meditando sobre o que teria levado Cármen a preferir Armandino.

Altas horas da madrugada, surgiu um grupo de amigos em excitada conversa, entre os quais um indivíduo, de pronúncia castelhana, que se vangloriava dos seus feitos de "macho latino" ao qual "mulher nenhuma resistia". Simpson reconheceu Garcia, "aquele maldito espanhol" com quem Zulmira, sua primeira mulher, fugira. Decidiu, então, puxar do revólver, desferindo, de imediato, três tiros que atingiram mortalmente o cidadão espanhol.

Admita que em 9 de Agosto do ano passado entrara em vigor em Portugal uma lei que punia o homicídio com uma moldura penal entre 20 a 25 anos de prisão e que a lei espanhola punia o mesmo crime com pena de prisão perpétua.

Quid juris?

CASO Nº 36

Abdul, saudita, membro de uma organização terrorista arábe, pratica em Itália um atentado contra George, norte-americano.

Procurado pela Interpol, refugia-se numa pequena aldeia do norte de França. Em França mantém contactos regulares com as cúpulas da organização e chega a assaltar uma dependência de um Banco sediado em Portugal.

Porém, como o cerco policial se apertava em seu redor, resolve partir, algum tempo depois, para Portugal num voo da Tap com procedência de Paris, escala em Madrid e que tinha como destino o Porto. Juntamente com ele embarca Maurice, polícia francês, e Nuno, polícia português, que há algum tempo o seguiam. Em pleno voo, Abdul apercebe-se de que está a ser seguido por Maurice. Em Madrid, tenta abandonar o avião português, mas face à resistência oferecida pelos dois polícias, Abdul abate Nuno e fere gravemente Maurice. Um mês depois é capturado no Alentejo pelas autoridades portuguesas.

Atendendo a que a hierarquia das leis em conflito, partindo da mais desfavorável, é a seguinte: saudita, norte-americana, italiana, francesa, portuguesa e espanhola, indique a lei, ou as leis, a aplicar.

CASO Nº 37

No passado dia 12 de Março, Hakan, cidadão turco, refugiou-se na embaixada portuguesa em Paris onde foi detido por cometimento do crime p.p. no art. 210º, nº 2, *a)* do Código Penal contra uma cidadã holandesa. Depois de detido, Hakan cometeu ainda o crime p.p. no artigo 328º do Código Penal.

Admita que o crime p.p. pelo nosso art. 210º, nº 2 *a)* é punido com prisão perpétua na Turquia e com uma pena de 3 a 8 anos de prisão na Holanda.

Suponha que só o governo turco pede a extradição de Hakan.

Admita, ainda, que em Janeiro do mesmo ano havia sido publicada uma lei em Portugal que agravava em 2/3 todas as penas relativas a crimes cometidos contra orgãos de soberania durante o período eleitoral (por hipótese, 4 a 17 de Março).

Quid juris?

CASO Nº 38

No dia 20 de Janeiro do corrente ano, Okham, cidadão tunisino emigrado no Brasil, tenta pagar com dólares que falsificara a despesa relativa às compras que fizera no estabelecimento comercial de Albano, cidadão português. Este, que há muito suspeitava das actividades menos lícitas de Okham, analisa as notas e, concluindo que são falsas, telefona à polícia denunciando o seu cliente. Okham, apercebendo-se do que se estava a passar, rapta Celeste, paraguaia, mulher de Albano, para assim constranger o cidadão português a não prestar declarações contra si.

Em Março, Okham foge para o Paraguai, levando consigo Celeste que ainda não libertara. No Paraguai é detido e julgado pelos crimes cometidos.

Um mês depois de estar a cumprir pena, Okham consegue fugir da prisão e refugia-se em Portugal, onde vem a ser detido pelas autoridades portuguesas em Outubro.

Agora suponha:

- Em 20 de Fevereiro, uma lei nova, a lei X, passava a punir a *contrafacção de moeda* (art. 262º do CP) com pena de prisão de 2 a 8 anos e a *passagem de moeda falsa* (art. 265º do CP) com pena de prisão de 2 a 5 anos.
- Para todos os crimes, a lei penal brasileira é a mais favorável, seguida da paraguaia, da portuguesa e só depois da tunisina, mas após a entrada em vigor da lei X, a lei portuguesa passa a ser mais favorável do que a paraguaia para o crime de *contrafacção de moeda*.

Posto isto:

Pode Okham ser julgado pelos tribunais portugueses? Quais as leis aplicáveis?

CASO Nº 39*

No dia 10 de janeiro do ano passado, Manolo, cubano com residência em Miami, matou Wilson, norte-americano. Nesse mesmo dia, um pouco mais tarde, Joaquim, português com residência em Évora, matou Chang, chinês. Ambos os crimes ocorreram em pleno centro da cidade de Dallas, no Estado norte-americano do Texas.

Perseguidos pelas autoridades norte-americanas, juntos fugiram para Portugal. Entre nós, Joaquim, a 5 de junho ainda do ano transato, cometeu o crime de incêndio p.p. pelo artigo 272º do Código Penal.

Em 2 de fevereiro já do corrente ano, Joaquim, que viajara até Paris, ajuda Carla, portuguesa emigrada em França, a suicidar-se.

Hoje, em território português, são capturados pelas autoridades nacionais e o Estado do Texas pede a extradição de ambos pelos respetivos crimes de *homicídio*. A China pede a extradição de Joaquim e o governo cubano a de Manolo, não só pelo crime de *homicídio*, mas também por *delito de opinião*, pois havia manifestado uma opinião negativa sobre o regime político cubano numa entrevista concedida em Madrid, a 3 de março do corrente ano, ao jornal *El País*.

Agora suponha:

- No Estado do Texas o *homicídio* (entre nós p.p. pelo artigo 131º do CP) é punido com *pena de morte* tal como na China e em Cuba. Neste país, o *delito de opinião* é ainda punido com pena de *prisão perpétua*. Em França, o *incitamento ou ajuda ao suicídio* (no Código Penal português constitui crime p.p. pelo artigo 135º) é punido com pena de prisão até um ano.
- No dia 5 de janeiro do ano passado entrara em vigor, em Portugal, uma lei, a *lei x*, que passara a punir o *homicídio* com uma pena de prisão de 15 a 30 anos. No dia 21 de junho também do ano passado, e devido à previsão de inúmeros incêndios, a *lei w* agravou em um terço as penas previstas no artigo 272º do Código Penal para os incêndios praticados "*durante o período do Verão*" *desse ano*.

Posto isto, quais as leis aplicáveis a Manolo e a Joaquim pelos crimes praticados?

**Caso prático resolvido infra, p. 115-120.*

CASO Nº 40

Em 1 de Agosto do ano transato, Abel e Bento, portugueses emigrantes na Suíça, regressavam de comboio a Portugal para desfrutar um período de férias. Poucas horas após deixarem a cidade de Berna, já em território Francês, Abel mata Bento após acalorada discussão, estendendo o cadáver do seu companheiro num dos bancos do compartimento do comboio em que viajavam. Aos passageiros que abordavam o compartimento, dizia Abel que Bento se encontrava muito cansado a dormir e pedia-lhes que fossem para um outro compartimento. E assim foi acontecendo até que o comboio chegou ao seu destino, a cidade de Lisboa, no dia 4 de Agosto.

Dois dias volvidos, já no Algarve, Abel compra a Nehmet, cidadão turco, um magnífico veleiro de matrícula portuguesa com euros que falsificara uns meses antes em Berna. Quando se preparava para partir numa viagem até Marbella trava conhecimento com Dolores, uma atraente cidadã espanhola, que ali passava as suas férias. Após convidá-la para com ele seguir viagem e mediante pronta recusa, Abel rapta Dolores prendendo-a no interior do veleiro com intenção de praticar o crime de violação, o que efectivamente vem a suceder durante a viagem já em águas territoriais espanholas. Pouco antes de atracar em Marbella, Abel mata Dolores e lança o seu corpo para o mar.

No dia 25 de Agosto, Abel é capturado em Portugal pelas autoridades portuguesas após provocar um incêndio na região de Trás-os-Montes.

Posto isto suponha que:

1. Para o crime de *homicídio* (p.p. no artigo 131º do CP) a lei mais favorável é a espanhola, seguida da francesa e, só depois, da portuguesa. Qual(is) a(s) lei(s) aplicável(is) para os homicídios de Bento e Dolores?
2. Para o crime de *contrafacção de moeda* (p.p. no artigo 262º do CP) e *passagem de moeda falsa* (p.p. no artigo 265º do CP), a lei suíça é mais favorável que a portuguesa e a turca menos favorável. Qual(is) a(s) lei(s) aplicável(is) a Abel por estes crimes?
3. Para os crimes de *rapto* (p.p. no artigo 161º do CP) e de *violação* (p.p. no artigo 164º do CP) a lei mais favorável é a espanhola. Qual a lei aplicável a Abel?
4. Para o período do verão do ano passado entrara em vigor uma lei, a *lei X*, que mediante a previsão de inúmeros incêndios nessa época agravava em um terço os limites mínimo e máximo do tipo legal do crime *incêndio* consagrado no artigo 272º do CP. Abel é julgado no dia 10 de Outubro do ano passado justamente pelo crime de *incêndio*, estando já em vigor novamente o mencionado artigo 272º do CP. Carlos, seu advogado, defende a aplicação retroativa da lei

mais favorável, invocando o artigo 29º, nº 4 da CRP. Concorda com a posição de Carlos?

CASO Nº 41

Na cidade de Lyon, António e Bento, portugueses emigrados em França, após uma discussão, espancaram Jacques, francês, que ficou paraplégico.

Fugindo às autoridades francesas, deslocam-se para Espanha e aí refugiam-se na zona das Astúrias, local onde António ajuda Bento, que sofria de uma doença terminal, a suicidar-se.

Ainda em Espanha, agora em Vigo, António tem um desentendimento com Manolo, espanhol, a quem dá um tiro com intenção de matar. Para esconder o cadáver, transporta-o para Valença do Minho. Manolo entra em Portugal ainda vivo, mas acaba por morrer uma hora depois. António esconde o cadáver já em Viana do Castelo.

Uma semana depois, num avião da TAP com procedência de Lisboa e destino em São Paulo, já perto do fim da viagem, enquanto o avião brasileiro sobrevoava as 11 milhas marítimas da costa brasileira, António furtou uma valiosa joia a Solange, brasileira.

Mais quinze dias volvidos, António é capturado, na região do Alentejo, pelas autoridades portuguesas.

Supondo que:

- No dia anterior à agressão sobre Jacques havia entrado em vigor, em Portugal, a *lei X* que passou a punir a *ofensa à integridade física grave* (artigo 144º do CP) com uma pena de 3 a 12 anos de prisão.
- Em Espanha, nas circunstâncias em que ocorreu, a ajuda ao suicídio não é punível (em Portugal é punível nos termos do artigo 135º do CP). Ainda em Espanha, o *homicídio* e a *ocultação de cadáver* são punidos com penas mais favoráveis do que em Portugal (artigos 131º e 254º, nº 1, a) do CP)
- A lei brasileira pune o *furto qualificado* com pena mais favorável do que a lei portuguesa (artigo 204º, nº 2, a) do CP)

Quais as leis aplicáveis a António pelos respetivos crimes?

CASO Nº 42

Após naufrágio do *Maximus*, navio sob pavilhão italiano, Anthony, texano, Benito, italiano, e Clemente, português, encontravam-se num bote salva-vidas.

A 30 milhas marítimas da costa portuguesa, pelas 22:00h do passado dia 9 de fevereiro, em pleno Oceano Atlântico, Anthony mata Clemente, após sério desentendimento.

Como Benito se não cansava de censurar Anthony pela sua conduta, o cidadão norte-americano, agora já a 10 milhas marítimas da costa alentejana e pelas 16:00h do dia 11 de fevereiro, decide "silenciá-lo" com uma forte pancada na cabeça que lhe provoca morte imediata.

Mais três dias volvidos, Anthony chega a terra firme pelo sul de Espanha e, no dia 16 de fevereiro, na cidade de Sevilha, assalta uma dependência do *Banco H*, sediado em Portugal.

Em 20 de fevereiro, Anthony é capturado pelas autoridades portuguesas na cidade de Viseu.

Admitindo que:

- O Estado do Texas pune o crime de homicídio (artigo 131º CP) com pena de morte
- Em 10 de fevereiro entrara em vigor em Portugal a *lei W* que agravava a moldura penal do artigo 131º CP em um terço dos seus limites mínimo e máximo
- Devido aos inúmeros assaltos que vinham ocorrendo em Portugal, em 11 de janeiro entrara em vigor a *lei Y* que agrava também em um terço a moldura penal do crime de roubo (artigo 210º CP) nos seus limites mínimo e máximo
- Em 15 de maio a *lei K* repunha a moldura penal do artigo 210º CP,

Responda às seguintes questões:

1. Qual a lei hoje aplicável a Anthony pelo homicídio de Clemente?
2. Qual a lei hoje aplicável a Anthony pelo homicídio de Benito?
3. Qual a lei hoje aplicável a Anthony pelo assalto à dependência do *Banco H*?

CASO Nº 43

No passado dia 1 de Julho, na cidade de Istambul, Hakan e Okham, cidadãos turcos, raptam Fábio, brasileiro, filho do industrial português José, com a intenção de obter deste um resgate no valor de € 500.000.

Procurados pelas autoridades turcas, deslocam-se de automóvel para Salónica, aí estabelecendo amizade com Aristitis, cidadão grego. Descobrindo que Aristitis era um agente infiltrado ao serviço da polícia turca, a 8 de Julho agridem-no violentamente e transportam-no, contra a sua vontade, num iate de pavilhão grego pelo mar mediterrâneo até Nice, no sul de França. Nesta cidade, assaltam, no dia 12 de Julho, uma dependência de um Banco sediado em Portugal e abandonam Aristitis num descampado.

Alguns dias volvidos deslocam-se numa carrinha de matrícula espanhola para o sul de Portugal, refugiando-se numa herdade alentejana próxima de Évora, continuando a manter Fábio privado de liberdade e ameaçando sucessivamente José que matariam o filho se este não pagasse o resgate.

Duas semanas depois, são detidos pela Polícia Judiciária.

1. Para o crime de *rapto* (entre nós, p.p. no artigo 161º do CP), a lei mais favorável é a espanhola, seguida da portuguesa, da italiana, da grega e, finalmente, da turca que comina a sanção, no respectivo tipo legal, com pena de morte. A 10 de Julho entrara em vigor em Portugal a *Lei X* que agravou a punibilidade do crime de rapto em um quarto no seu limite máximo nas situações em que o resgate a obter fosse efectivamente pedido e ascendesse a um valor consideravelmente elevado. Antes da predita *Lei X*, a lei mais favorável era justamente a portuguesa. Só a Turquia pede a extradição de Hakan e Okham. Qual a lei aplicável quanto ao crime de rapto praticado pelos cidadãos turcos?
2. Para o crime de *sequestro* (entre nós, p.p. no artigo 158º do CP), a lei mais favorável é a portuguesa, seguida da francesa, da italiana, da grega e, só depois, da turca que pune este crime com pena de prisão perpétua. Só a Turquia pede a extradição de Hakan e Okham pelo sequestro de Aristitis. Qual a lei aplicável?
3. Devido aos inúmeros assaltos que vinham a ocorrer no período do Verão em Portugal, no dia 10 de Julho entrara em vigor no nosso

país a *Lei Z* que agravava a pena do crime de *roubo* (p.p. no artigo 210º do CP) em um terço nos seus limites mínimo e máximo. A *Lei Z* pré-definia a sua vigência até 30 de Setembro. Só a Turquia, que pune este crime com prisão perpétua, pede a extradição de Hakan e Okham que são julgados a 25 de Novembro próximo. Ser-lhes-á aplicável a *Lei Z*?

CASO Nº 44

Após viverem numa ilha deserta, algures no pacífico, em consequência de um naufrágio ocorrido um ano antes, Albano, lisboeta, Bruno, madeirense, Carlos, timorense, e Dário, angolano, navegavam, em pleno alto-mar, numa bela jangada que haviam construído.

Algum tempo decorrido, a fome começou a apertar, a lucidez a escassear e as discussões tornaram-se frequentes. Na última dessas discussões, Albano, Bruno e Carlos aborreciam Dário com críticas e mais críticas e este, exaltado, acabou por matar Albano e Carlos. Quanto a Bruno, foi poupado, pois Dário detestava a solidão.

Chegados a águas territoriais chilenas, foram resgatados por um navio de pavilhão grego que, sob comando do Capitão Aristitis, se dirigia para águas territoriais argentinas, para posteriormente, contornando o sul deste país, regressar à Grécia, não sem antes atracar em Lisboa durante três dias.

Durante a viagem, e já em pleno Oceano Atlântico a 30 milhas marítimas do continente americano, Bruno subtraiu o valiosíssimo colar de pérolas de Eva, italiana, enquanto Dário, desde as águas territoriais argentinas que mantinha sequestrada Francisca, moçambicana, vindo só a libertá-la já em território português.

Em Portugal, no dia 15 de Março do corrente ano, Bruno ofendeu a honra do nosso Presidente da República num programa televisivo para o qual tinha sido convidado e, nesse mesmo dia, Dário foi detido pelas autoridades portuguesas quando conduzia um automóvel com uma taxa de álcool no sangue (TAS) de 1,4 g/l.

Admitindo que:

- Em relação aos crimes de *homicídio* (artigo 131º do CP), *furto qualificado* (artigo 204º do CP) e *sequestro* (artigo 158º do CP) não ocorreu em Portugal qualquer alteração legislativa.
- Em relação ao crime de *ofensa à honra do Presidente da República* (artigo 328º do CP), uma lei destinada a vigorar durante um período eleitoral que ocorrera entre 10 e 25 de Março, a *lei X*, agravou em 2/3 a respectiva moldura penal. Quanto ao crime de *condução de veículo em estado de embriaguez* (artigo 292º do CP), no dia 17 de Março uma outra lei, a *lei K*, passou a considerar punível a conduta aí prevista apenas nos casos em que o seu autor fosse portador de uma TAS igual ou superior a 1,5 g/l. Os casos de TAS entre 1,2 g/l e 1,5 g/l passariam a subsumir-se no Código da Estrada e seriam sancionados com uma coima.

Quais as leis aplicáveis a Albano e Dário pelos crimes que cometeram?

CASO Nº 45

Após o naufrágio de um navio de pavilhão português, algures no Oceano Atlântico encontravam-se, num bote salva-vidas, Josefa, cabo-verdiana, Aristitis, grego, Joaquín, espanhol e Frederico, português.

Quando os mantimentos começaram a escassear, Frederico matou Aristitis e Joaquín, mantendo Josefa viva com o propósito de vir a raptá-la e pedir um avultado resgate a Carlos, seu pai, cidadão português.

Alguns dias passados, Frederico e Josefa conseguiram sobreviver, vindo a desembarcar em João Pessoa, no nordeste brasileiro. Frederico disse a Josefa que ela teria de o seguir para todo o lado, pois se tentasse fugir matá-la-ia imediatamente. Em João Pessoa, conheceram entretanto Manolo, paraguaio, que lhes facultou alguns dólares que ele próprio falsificara.

Estabelecida uma forte amizade, Manolo convidou Frederico e Josefa a passar um fim-de-semana na sua bela casa de praia no Paraguai. Aceite o convite, mal passaram a fronteira, Frederico e Josefa foram detidos pela polícia paraguaia e, após, julgamento, condenados em tribunal do mesmo país pelo crime de passagem de moeda falsa, tendo sido denunciados por Manuel, português, dono de um restaurante em João Pessoa onde os três amigos costumavam jantar. Quanto a Manolo, após "ter falado com alguns *amigos*", fora imediatamente libertado sem ter sido sequer constituído arguido.

Um ano depois, a 5 de Janeiro do presente ano, com a ajuda de Manolo, Frederico e Josefa conseguem evadir-se da prisão e, fugindo primeiro para o Uruguai e depois para a Argentina, acabam por conseguir viajar para Madrid num avião espanhol com procedência em Buenos Aires. Chegados a Madrid, Frederico telefonou a Carlos, que se encontrava em Lisboa, pedindo-lhe um resgate de um milhão de euros.

A 5 de Fevereiro, deixando Josefa presa em Madrid, Frederico chega a Lisboa, com o propósito de receber a respectiva quantia, mas é detido pelas autoridades portuguesas. Nesse mesmo dia, Josefa é libertada na capital espanhola.

Suponha agora que:

- Para o crime de *passagem de moeda falsa* (artigo 265º do CP português), a lei mais favorável é a paraguaia, seguida da portuguesa e só depois da brasileira. Para os crimes de *homicídio* e *rapto* (artigos 131º e 161º, respectivamente), a lei mais favorável é a portuguesa.
- Em Portugal, a 2 de Fevereiro, entra em vigor a Lei X que agrava em um terço a moldura penal do crime de rapto cuja privação da liberdade se prolongue por mais de dois dias.

Posto isto, pode Frederico ser julgado pelos tribunais portugueses? Quais as leis aplicáveis?

CASO Nº 46

Alberto (português) Fathi (turco), Hakan (também turco) e Hüber (holandês), encontravam-se à deriva num iceberg em plena região da Antárctida (território internacional*).

Em 27 de Maio do corrente ano, após séria desavença, Fathi esfaqueou letalmente Hakan. Perante tal acontecimento, Hüber expressou a sua indignação contra o comportamento de Fathi, o que foi o suficiente para Alberto, grande amigo do cidadão turco, golpear com uma bengala a perna do holandês e, consequentemente, fracturar-lhe o perónio.

Dois dias volvidos, Alberto, Fathi e Hüber, resgatados por um avião militar português, são, já no nosso país, entregues às autoridades nacionais.

Conceda que:

- Para os crimes de homicídio e ofensa à integridade física grave (entre nós puníveis, respectivamente, pelos artigos 131º e 144º do CP) a lei mais favorável é a holandesa, seguida da portuguesa e só depois da turca que pune, esta última, o crime de homicídio com pena de prisão perpétua;
- Em 26 de Maio, entrara em vigor em Portugal uma nova lei, a *lei X*, agravando em um terço o limite mínimo das molduras penais abstractamente aplicáveis aos crimes de homicídio e ofensa à integridade física grave;
- A Turquia pede a extradição de Fathi e a Holanda pede a extradição de Alberto.

Posto isto, qual (ou quais) a(s) lei(s) aplicável (ou aplicáveis) a cada um dos crimes?

**O Tratado da Antártida de 1 de Dezembro de 1959 estabeleceu que a respectiva região se não encontra sob jurisdição de país algum, sendo considerada património da Humanidade.*

CASO Nº 47

Albano, cabo-verdiano emigrante na Suíça, decidiu pôr termo à vida. Encontrando o seu velho amigo Benevides, açoriano residente em Ponta Delgada que passava férias na Suíça, pediu-lhe imediatamente auxílio.

A 10 de Janeiro do presente ano, Benevides, com o consentimento de Albano, ministra uma dose mortal do *veneno X* (de actuação lenta) na sopa que este ingere imediatamente.

Um dia depois, Albano, na companhia de Benevides, viaja até Roma para visitar alguns familiares.

A 14 de Janeiro, Albano morre intoxicado por efeito do *veneno X*.

Descobertos os factos, Benevides é perseguido pelas autoridades italianas, acabando por se refugiar na embaixada portuguesa em Roma. Aí é detido pelas autoridades portuguesas e conduzido ao nosso país.

Admita que:

- No dia 10 de Janeiro, na Suíça o *incitamento ou ajuda ao suicídio* não era punível. Entre nós, constituía o crime p.p. no artigo 135º do Código Penal. Em Itália era punível com uma pena de prisão até 5 anos e em Cabo-Verde era punível com pena até 1 ano de prisão.
- No dia 12 de Janeiro, em Itália, entra em vigor uma nova lei, a *lei Y*, que passa a punir o *incitamento ou ajuda ao suicídio* com uma pena de prisão até dois anos. Na Suíça, em Portugal e em Cabo-Verde mantém-se o mesmo regime jurídico.

Posto isto:

a) Pode Benevides ser julgado em Portugal? Qual a lei aplicável?
b) Supondo agora que Albano era madeirense e que o facto apenas constituía crime em Portugal, qual seria a sua resposta?

CASO Nº 48

Abdullahi, saudita residente no Iraque, enviou, no dia 10 de Janeiro, de Bagdad para Washington, uma carta contendo pó contaminado com bacilos de carbúnculo com destino à Empresa X, norte-americana. Quis o destino que, a 15 de Janeiro, fosse Bernardo, açoriano, empregado nesta empresa, a abrir o envelope, o que lhe provocou uma grave intoxicação. Três dias passados, não obstante os esforços médicos, Bernardo acabou por morrer num hospital de Washington.

A 12 de Agosto, Abdullahi é detido pelas autoridades portuguesas, em Faro, após assalto a uma ourivesaria desta cidade no dia anterior. Prestando declarações a uma estação televisiva portuguesa, mencionou que pretendia obter fundos para ajudar a custear a "*jihad* islâmica". Nessas mesmas declarações, proferiu ainda vários insultos ofensivos à honra do Presidente da República Portuguesa, acusando-o de subserviência aos Estados Unidos da América e incitou o povo português a rebelar-se contra o Estado de Direito constitucionalmente estabelecido para que, posteriormente, Portugal se pudesse aliar à luta «contra o diabólico imperialismo norte-americano».

A 5 de Setembro, tanto o Estado norte-americano como o Estado iraquiano requerem a Portugal a extradição de Abdullahi.

Agora suponha:

- Nos Estados Unidos, tal como no Iraque, o crime de homicídio por envenenamento é punível com a pena de morte. Porém, a 9 de Janeiro, uma nova lei iraquiana veio excluir a punibilidade no caso de homicídio contra «infiéis ocidentais».
- Em Portugal, a 13 de Janeiro entrou em vigor uma nova lei, a *lei X*, que agravou a moldura penal do crime de homicídio qualificado (artigo 132º do CP) para 15 a 30 anos de prisão. A 10 de Agosto, após uma profunda revisão ao Código Penal, a *lei Y* agravou as penas dos crimes p.p. nos artigos 210º, 328º e 330º do mesmo diploma.

Pode Abdullahi ser julgado em Portugal? Quais as leis aplicáveis?

CASO Nº 49

No passado dia 1 de Fevereiro, Alípio, português, e Pepe, espanhol, amigos de longa data, seguiam num voo da TAP em direcção a Amesterdão e com procedência em Lisboa. Durante a viagem, travam conhecimento com Nuñez, cubano, e Carlos, angolano, com quem iniciam uma animada conversa acompanhada de várias cervejas.

Em dado momento, já o avião sobrevoava território holandês quando Alípio se desentende com Nuñez que, entusiasmado, começara a invectivar portugueses e espanhois com vários impropérios de índole política e racial. Alípio, mais pelas cervejas do que pela indignação, furioso, acerta dois violentos socos no rosto de Nuñez e um violento pontapé numa das suas pernas, de onde resultaram várias escoriações e a fractura do perónio.

Carlos, revoltado com tal comportamento que considerou «imperialista, colonial e fascista», já no aeroporto, arma a sua pistola com um silenciador desejoso de «retribuir com "juros"» os ferimentos causados ao seu amigo. Porém, não conseguindo encontrar Alípio, decide vingar-se em Pepe, atingindo-o com um tiro que o fere letalmente na cabeça.

Dez dias passados, Alípio, que fugira para a Córsega, decide regressar a Portugal, agora na companhia da sua nova namorada, a francesa Giselle. Ambos embarcam no *Cervantes*, navio espanhol que, pelo sul da

Europa e contornando a Península Ibérica, regressava ao norte de Espanha. Necessitados de dinheiro, mal se inicia a viagem colocam imediatamente em prática planos que haviam delineado. Alípio rapta Dolores, espanhola, com o objectivo de vir a conseguir um avultado resgate do seu pai, o poderoso empresário Manolo. Giselle, por sua vez, seduz Fausto, um milionário brasileiro de avançada idade, para assim lhe conseguir furtar diversos valores, o que foi conseguindo ao longo da viagem. Em 16 de Fevereiro, quando o *Cervantes* navegava já ao longo da costa alentejana, Helena, açoriana, filha de Fausto, surpreende Giselle a subtrair um valioso relógio da mala do milionário brasileiro. Após uma violenta discussão, Helena acaba por descobrir os sucessivos furtos de que o seu pai fora vítima. Todavia, nem tempo teve para os denunciar às autoridades, pois é imediatamente assassinada por Giselle.

Entretanto, já em solo português, após o desembarque em Lisboa, Dolores consegue libertar-se e fugir para Espanha. Carlos, que se encontrava em Portugal tentando encontrar Alípio, é detido pelas autoridades, o mesmo acontecendo com Alípio e Giselle.

Atendendo a que até ao dia 14 de Fevereiro, e para cada um dos crimes, o ordenamento jurídico mais favorável era o holandês, seguido do português, do espanhol, do francês, do brasileiro, do angolano e só depois do cubano e que, após a entrada em vigor de um novo Código Penal em França, no momento do julgamento em Portugal, para cada um dos crimes, o ordenamento mais favorável passa a ser o francês, seguido do holandês, do português, do espanhol, do brasileiro, do angolano e só depois do cubano, diga quais as leis eventualmente aplicáveis.

CASO Nº 50

Jerónimo, português, residente em Lisboa, decide viajar para o Brasil, em férias, na companhia de sua namorada Khadijia, iraniana.

No Rio de Janeiro, Khadijia "vende" algumas doses de cocaína a Raul, chileno, e a Manolo, espanhol. Raul, desagradado com a fraca qualidade da droga adquirida, decide vingar-se em Jerónimo e, dois dias depois, numa discoteca situada no centro daquela cidade brasileira, dispara um tiro na direcção do cidadão português com intenção de matar. O tiro, porém, veio a acertar apenas de raspão num ombro de Jerónimo, deixando-o ligeiramente ferido. Raul consegue fugir para o seu país, mas aí é julgado e condenado a 4 anos de prisão pelo crime de homicídio na forma tentada.

Jerónimo, decidido a ajustar contas com Raul, desloca-se ao Chile, na companhia de Khadijia, onde vem a matar Cármen, chilena, mulher de Raul.

Jerónimo e Khadijia fogem, então, para a Argentina. Em Buenos Aires, Jerónimo encontra Daniela, portuguesa e sua ex-namorada, que ali passava umas férias, e propõe-lhe que o tempo restante dessas férias fosse passado na sua companhia e de Khadijia. Louca de ciúmes, a cidadã iraniana, dois dias antes do regresso a Portugal, durante o jantar, ministra uma dose mortal do *veneno X* na comida de Daniela. Constatando, porém, que o organismo de Daniela havia reagido bem ao *veneno X* e que esta apenas sentira uma ligeira indisposição, no jantar seguinte Khadijia ministra uma outra dose de veneno na comida de Daniela, desta feita do *veneno Y*, tido como mais eficiente. Um dia depois, logo após a descolagem do avião da TAP que directamente os trazia de volta a Lisboa, Daniela morre pela ação conjunta das doses dos *venenos X* e *Y*.

Posto isto suponha que:

1. Para o crime de homicídio na forma tentada a lei mais favorável é a chilena, seguida da brasileira e, só depois, da portuguesa. Raul, após cumprir um ano de prisão no Chile, evade-se, vem para Portugal no encalço de Jerónimo e aqui é capturado pelas autoridades portuguesas. As autoridades chilenas não solicitam a sua extradição. *Quid juris?*
2. Para o crime de tráfico de estupefacientes, no momento da prática do facto, a lei mais favorável é a portuguesa, seguida da chilena, da brasileira e, finalmente, da iraniana que pune o crime com pena de morte. No entanto, uma semana depois, em virtude de uma reforma penal ocorrida no Brasil, a lei mais favorável passa a ser a brasileira, seguida da portuguesa, da chilena e da iraniana que não são alteradas. O Irão pede a extradição de Khadijia a Portugal. *Quid juris?*
3. Para o homicídio simples na forma consumada a lei mais favorável é a brasileira, seguida da chilena e, por último, da portuguesa. Qual a lei aplicável ao homicídio que teve como vítima Cármen?

4. Para o homicídio por envenenamento na forma consumada a lei argentina é a mais favorável, seguida da portuguesa e, só depois, da iraniana. Qual a lei aplicável ao homicídio que teve como vítima Daniela?

CASO Nº 51

Na região da Antártida, Diogo, médico-cirurgião português residente em Famalicão, dispara dois tiros letais sobre Ismet, cidadão turco.

Fugido para a Nigéria, é solicitado por seu amigo Obayana, nigeriano, a realizar uma excisão (mutilação genital feminina) em Adanya, filha de Obayana de 12 anos de idade, também nigeriana.

Na embaixada portuguesa da Nigéria, Diogo é detido por difamar o Presidente da República Portuguesa.

Considerando que o Tratado da Antártida de 1 de Dezembro de 1959 estabeleceu que a respetiva região se não encontra sob jurisdição de país algum (sendo considerada património da Humanidade), que a excisão feminina é um costume sociocultural nigeriano e que dois dias após a difamação ao Presidente da República cessava a vigência da *Lei X* (lei temporária que agravara em um terço os limites máximos da pena prevista no artigo 328º, nº 1 do CP), Xavier, advogado de Diogo, desenvolveu a seguinte argumentação:

a) O crime de homicídio (artigo 131º do CP) foi realizado em espaço neutro, pelo que, não havendo violação de qualquer bem jurídico naquele local, Diogo não deve ser punido;
b) A excisão feminina (que entre nós seria punida pelo artigo 144º do CP) não é crime na Nigéria (bem pelo contrário, corresponde a um costume sociocultural), não devendo, também por este facto, ser Diogo punido;
c) Sendo Diogo julgado após cessação da vigência da *Lei X* deve ser-lhe aplicado o artigo 328º, nº 1 do CP por imperativos constitucionais (artigo 29º, nº 4 da CRP).

Destacando cada uma das alíneas enunciadas, aprecie criticamente os argumentos de Xavier.

CASO Nº 52*

Alberto, português emigrante em França, envolveu-se numa acesa discussão com Benevides, cabo-verdiano, num bar de Paris.

Em determinado momento, Alberto, completamente fora de si, pega num bastão e acerta um violento golpe na cabeça de Benevides, provocando-lhe um traumatismo craniano. De seguida, e perante o olhar atónito de todos que no bar se encontravam, foge do local.

Sabendo que a polícia estava no seu encalço e descobrindo que Benevides era amigo de Charles, francês e seu patrão, Alberto, mediante a perspectiva de despedimento, sentiu-se na miséria, dado que ainda não tinha conseguido amealhar dinheiro algum. Decide, então, raptar Nicole, francesa e filha de Charles, com o objectivo de a este pedir um avultado resgate. Ocupando o iate de Charles, de matrícula francesa, e mantendo Nicole em cativeiro, Alberto foge pela costa norte de França e de Espanha, atracando na sua cidade natal, Viana do Castelo.

Ainda mal tinham pisado solo português e Nicole logo conseguia libertar-se e escapar. Alberto pede, então, ajuda ao seu amigo Duarte, português residente em Matosinhos. Após longa perseguição, alcançam Nicole já em terras espanholas, na vila de Los Lobios. Todavia, já Nicole se encontrava na companhia de Igor, ucraniano, e Ghani, egípcio, capangas de Charles, que, após tortura, matam Duarte.

Alberto, mais uma vez, consegue fugir e, já em Portugal, numa entrevista ocasional a uma estação de rádio portuguesa, difama gravemente o Presidente da República Portuguesa por não assegurar emprego para todos no país. Um dia depois, é detido pelas autoridades nacionais.

Algumas semanas volvidas, também Igor e Ghani são detidos pelas autoridades nacionais num luxuoso hotel no Algarve.

Após leitura atenta do caso prático, responda às seguintes questões:

1. Para o crime de *ofensa à integridade física grave* (artigo 144º do CP), suponha que a lei mais favorável é a cabo-verdiana, seguida da francesa e, só depois, da portuguesa. Qual a lei aplicável a Alberto por este crime?
2. Para o crime de *rapto* (artigo 161º do CP), admita que a lei mais favorável é a francesa, seguida da portuguesa e, só depois, da espanhola. Qual a lei aplicável a Alberto por este crime?

3. Para o crime de *homicídio qualificado* (artigo 132º do CP), a lei mais favorável é a portuguesa, seguida da espanhola, da ucraniana (que pune o crime com pena de prisão perpétua) e, só depois, da egípcia (que pune com pena de morte). Qual (ou quais) a(s) lei(s) aplicável (ou aplicáveis) a Igor e Ghani?
4. Pressuponha agora que no dia em que Alberto difamou o Presidente da República Portuguesa decorria o terceiro dia de um período de campanha eleitoral justamente para a presidência da República. Para vigorar durante esse período eleitoral – a saber, 15 dias –, a *Lei X* agravara em um terço os limites mínimo e máximo da moldura penal sufragada pelo artigo 328º do CP em razão de um anormal clima de "crispação política". Alberto é julgado um mês depois das eleições.
   Qual a lei aplicável? Justifique a sua resposta à luz dos mandamentos constitucionais.

**Caso prático resolvido infra, p. 121-127.*

CASO Nº 53*

Após violenta discussão, Américo empurra várias vezes Basílio, ameaçando-o de que, se ele se não calasse, arrepender-se-ia seriamente.

Basílio, que padecia de uma doença cardíaca, nervoso com toda aquela situação, acabou por morrer em consequência de um enfarte do miocárdio.

Atendendo a que Américo desconhecia a doença de Basílio, determine a sua responsabilidade jurídico-penal.

**Caso adaptado da jurisprudência nacional (Ac. STJ de 21/04/1994).*

CASO Nº 54

Havia já algum tempo que António persistia na ideia de matar o seu inimigo, Benedito.

Certo dia, ao entrar numa taberna que ambos por vezes frequentavam, é surpreendido pela voz de Benedito que, por entre gargalhadas de desdém, ridicularizava algumas das suas características físicas.

Foi o suficiente para António levar as suas ideias à prática: enraivecido, dirige-se ao seu inimigo, de punhal em riste, com intenção de matá-lo.

Ao desferir o golpe, porém, Benedito consegue desviar-se e apenas é atingido de raspão. O que António ignorava é que Benedito padecia de hemofilia e que, por isso, veio a morrer em consequência daquele ligeiro golpe que o fez perder algum sangue.

Pronuncie-se acerca da responsabilidade jurídico-penal de António.

CASO Nº 55*

Numa taberna em Lousada, António, de 30 anos, e Baltazar, de 85 anos, discutiam animadamente as incidências do futebol.

Sendo adeptos de clubes diferentes, a razão (que, *a priori*, já não era muita) começou a dar lugar à emoção e, a dado momento, António, exaltado pela incoerência do seu interlocutor que afirmava ser o *jogador X* «muito fraco» (em contradição com aquilo que dizia na época transacta em que *X* pertencia ao clube de Baltazar), empurrou-o com uma certa violência.

Baltazar, pessoa de compleição física débil e de provecta idade, veio a sofrer várias fracturas nos membros inferiores, provavelmente irrecuperáveis.

Determine a responsabilidade jurídico-penal de António.

**Caso adaptado da jurisprudência nacional (Ac. TRP de 17/05/1989).*

CASO Nº 56*

Arsénio, gerente de uma fábrica de pincéis de barbear, entregou para fabrico pêlos de cabra adquiridos a uma firma comercial chinesa sem uma prévia desinfecção que a dita firma comercial informara ser exigível para evitar riscos de contaminação grave.

Quatro trabalhadores contraíram uma infecção provocada por bacilos de carbúnculo e morreram. Uma análise posterior demonstrou que os meios de desinfecção existentes acabariam por se revelar ineficazes para evitar a morte, devido à existência de determinados gérmenes do carbúnculo até então desconhecidos na Europa.

1. Qual a responsabilidade jurídico-penal de Arsénio?
2. Imagine agora que da referida análise resultara apenas uma mera *probabilidade* de ineficácia dos meios de desinfecção existentes. *Quid juris?*

**Caso adaptado da jurisprudência alemã (RGSt, 1929).*

CASO Nº 57*

Alcina, uma jovem solteira de 16 anos de idade, que mantivera, durante algum tempo, relações sexuais com Baltazar, casado, acabou por engravidar.

Logo após o nascimento do seu filho recém-nascido, Alcina não lhe prestou os cuidados necessários pensando na sua morte. A sua decisão foi motivada por razões de vária índole, entre as quais, a possibilidade de ocultar a desonra no meio familiar e social, a vergonha pelo caso que mantivera com Baltazar e, sobretudo, uma certa falta de discernimento em razão das condições psicológicas próprias do período puerperal.

A criança recém-nascida acabou por morrer.

Analise a eventual responsabilidade jurídico-penal de Alcina.

**Caso adaptado da jurisprudência nacional (Ac. STJ de 24/06/1993).*

CASO Nº 58*

Antónia não conseguia ultrapassar um sentimento de repulsa por Bárbara, sua filha, pois esta lembrava-lhe a violação de que fora vítima, há 10 anos atrás, cometida por Carlos, pai da criança.

Antónia mantinha Bárbara sequestrada em condições desumanas e com frequentes agressões. Delfim, o padrasto, que a tudo vinha assistindo ao longo dos anos, nada fazia para se opôr. Nunca ofendeu a integridade física de Bárbara, nem a privou de liberdade, nem sequer, uma só vez, manifestou concordância com o comportamento de sua mulher, mas também é certo que nunca interveio no sentido de evitar que Antónia, de modo reiterado, a seviciasse e a privasse da liberdade.

Descobertos os factos, Antónia e Delfim foram julgados.

Qual a responsabilidade jurídico-penal de Delfim?

**Caso adaptado da jurisprudência nacional (Ac. STJ de 14/10/1993).*

CASO Nº 59*

António, camionista, decidiu ultrapassar um ciclista que seguia na sua frente, mas não manteve a distância necessária à realização da manobra com segurança (em contravenção ao disposto no artigo 38º, nºs 1 e 2, *a)* do Código de Estrada).

Durante a ultrapassagem, o ciclista, que estava embriagado, mudou a direcção ligeiramente para a esquerda, desequilibrou-se e acabou por ser esmagado pela roda traseira do camião.

Das medições feitas no local concluiu-se que o acidente se teria provavelmente verificado, bem como o seu fatal desenlace, ainda que o camionista tivesse mantido a distância devida para a realização da manobra com segurança.

Quid juris?

**Caso adaptado da jurisprudência alemã (BGHSt, 1957).*

CASO Nº 60*

Carlos, médico de um hospital, ministra, por descuido, uma injeção de cocaína para anestesiar Daniel, seu paciente, em vez de novocaína, a substância indicada pela ciência médica para esse efeito. Em consequência da injeção ministrada, Daniel veio a morrer.

Posteriormente, na autópsia, veio a constatar-se que, dada a constituição física de Daniel, a utilização de novocaína também teria provocado a morte.

Determine a responsabilidade jurídico-penal de Carlos.

**Caso adaptado da jurisprudência alemã (RG, 1926).*

CASO Nº 61

Após uma violenta discussão, Armindo acerta um tiro em Benedito com intenção de matar, mas este apenas fica gravemente ferido e consegue dirigir-se ao hospital ainda a tempo de salvar a vida. Porém, Manuel, médico de serviço, por lapso, faz-lhe uma transfusão de sangue correspondente a um grupo sanguíneo que não é o de Benedito, o que acaba por lhe causar a morte.

Qual a responsabilidade jurídico-penal dos intervenientes?

Considere, agora, as seguintes sub-hipóteses:

1. Imagine que Benedito, para não ter que dar qualquer explicação, se não dirige ao hospital e acaba por morrer. *Quid juris*?
2. E se Manuel não atendesse imediatamente Benedito por estar a assistir a um jogo de futebol muito importante para a seleção nacional. Qual seria a sua resposta?
3. E se tudo se passasse num hospital de província e Benedito morresse por não ter sido possível arranjar a tempo sangue do seu grupo sanguíneo, bastante raro. Seria a mesma a sua resposta?
4. E se Manuel tivesse feito o possível para salvar a vida de Benedito, sem, no entanto, ter sucesso?
5. E se Benedito fosse hipertenso e a sua morte se devesse a uma ingestão elevada de sal que ocorrera meia hora antes de ser atingido pelo tiro disparado por Armindo?

CASO Nº 62

Num local ermo, algures em Trás-os-Montes, após uma desavença por questão de terras, Amadeu acerta um tiro em Belmiro com intenção de matar.

Belmiro fica gravemente ferido, prostrado no chão.

Clemente, a única pessoa que surge no local, sem transporte nem telemóvel, apercebendo-se da situação de Belmiro, tenta extrair-lhe a bala, a "sangue frio", com uma faca.

Não tendo Clemente meios para uma intervenção cirúrgica eficaz, nem sendo sequer médico, o mais previsível acaba por acontecer: com a sua atuação mata Belmiro.

Se, porém, Clemente não interviesse, Belmiro igualmente morreria em consequência do disparo.

Qual a responsabilidade jurídico-penal dos intervenientes?

CASO Nº 63

António, Bruno e Carlos, três estudantes que vivem no mesmo apartamento, odeiam-se mutuamente. Durante a noite, António, no intuito de matar Carlos, deita no pacote de leite pelo qual este todas as manhãs bebe, uma dose do *veneno X*.

Nessa mesma noite, duas horas mais tarde, Bruno, sem saber da acção de António, deita uma idêntica dose do *veneno X* no mesmo pacote de leite e, igualmente, com a intenção de matar Carlos.

Pela manhã, Carlos bebe o leite e morre imediatamente. Na autópsia veio a provar-se que cada uma das doses era insuficiente para matar e que Carlos só morreu pela acção conjunta de ambas.

1. Qual a responsabilidade jurídico-penal dos intervenientes?
2. Suponha agora que cada uma das doses era suficiente para matar, mas que o efeito conjunto de ambas antecipou a morte. *Quid juris?*
3. Como responderia as questões anteriores se Bruno tivesse tido conhecimento da ação de António?

CASO Nº 64

Asdrúbal seguia viagem conduzindo o seu automóvel. Em determinado momento, João, um transeunte, ao atravessar a rodovia é atropelado por Asdrúbal, ficando inconsciente e numa situação de manifesto perigo para a vida. Temendo complicações, Asdrúbal decide continuar a sua jornada, abandonando João no local do acidente. Este acaba por morrer, vindo a provar-se que se Asdrúbal o tivesse transportado imediatamente para o hospital lhe teria salvado a vida.

Posto isto, atente nas seguintes hipóteses:

1. Admita que Asdrúbal não infringiu nenhuma regra do Código de Estrada e que não teve hipóteses de evitar o acidente, pois João decidiu atravessar repentinamente a estrada. *Quid juris?*
2. Imagine agora que Asdrúbal seguia pelo lado esquerdo da rodovia por estar a efectuar uma ultrapassagem numa curva de visibilidade reduzida, em contravenção ao disposto no artigo 41º, nº 1, *f)* do Código da Estrada. Imagine ainda que João apanhava pinhas em cima de um pinheiro, caindo-lhe, inadvertidamente, à frente do carro. Sem possibilidades de travar e evitar o acidente, Asdrúbal atropela-o. *Quid juris?*
3. Suponha que o acidente se deve agora ao facto de Asdrúbal seguir em excesso de velocidade. Seria a mesma a sua resposta?
4. Imagine, ainda, que quem atropelara João fora Baltazar, momentos antes. Asdrúbal ao reconhecer em João um velho inimigo decide seguir viagem. Qual seria a sua resposta?
5. E se Asdrúbal tivesse causado o acidente propositadamente por reconhecer em João o seu velho inimigo?

CASO Nº 65

António odiava Bruna.

Pretendendo matá-la, engendrou um plano que logo colocou em prática. Sabendo que Bruna tinha uma estima obsessiva por *Rex*, seu (de Bruna) cão, e que padecia de graves complicações cardíacas, decidiu matar *Rex*, utilizando, para o efeito, uma dose do *veneno X* que ministrou na comida do saudável e genuíno Lobo d'Alsácia.

Tudo correu como António esperava. Ao verificar que *Rex* morrera, Bruna sofreu um ataque cardíaco, vindo também a morrer.

1. Qual a responsabilidade criminal de António?
2. Qual seria a sua resposta à pergunta anterior se António envenenasse *Rex* apenas para aborrecer Bruna, ignorando a sua doença cardíaca?

CASO Nº 66

Numa tarde de domingo, José, de 75 anos de idade, passeava na cidade de Lisboa, com o seu cão, *Boss*. No momento em que atravessavam uma rua num local destinado à travessia de peões, *Boss*, que preso a uma trela seguia um pouco à frente de José, é violentamente atropelado por Vítor, que conduzia o seu automóvel em excesso de velocidade. Deparado com a morte de *Boss*, José sofre um ataque cardíaco que acaba por lhe ser fatal.

1. Imagine que Vítor atropelou *Boss*, apenas porque seguia em excesso de velocidade e não teve tempo de efectuar a travagem. Qual a sua responsabilidade jurídico-penal?
2. Suponha agora que Vítor, sabendo que José sofria do coração e que tinha uma grande estima pelo seu cão, atropelara propositadamente *Boss* com o objectivo final de matar José. *Quid juris*?

CASO Nº 67*

Numa aldeia da região do Douro, Acácio, Belmira e César discutiam acaloradamente.

Em dado momento, Acácio, enervado, empunhou a sua bengala e levantou-a em direcção a Belmira. Esta desviou-se, desequilibrou-se e caíu, batendo com um braço num pedregulho, onde Acácio acabou por acertar.

Em seguida, Acácio voltou a levantar a sua bengala, agora em direcção a César, vindo a mesma a bater no cabo da enxada que este erguera para se defender. A bengala partiu-se, então, em duas partes, atingindo, uma dessas partes, a cabeça de César.

Quid juris?

**Caso adaptado da jurisprudência nacional (Ac. TRP de 08/05/1996).*

CASO Nº 68*

Igor, mendigo russo radicado em Portugal, amputou os braços à *criança X*, de 7 anos de idade, para assim conseguir a compaixão das pessoas que passassem no local onde todos os dias pedia esmolas e, consequentemente, poder auferir maiores proventos económicos.

Passadas algumas horas, porém, a *criança X* acabou por morrer, vítima de complicadas infeções, inviabilizando a estratégia de Igor. Este, acabou por se arrepender de ter amputado os braços a *X*, apenas devido ao facto de, agora, não ter sequer uma criança para mendigar.

Determine a responsabilidade jurídico-penal de Igor.

**Caso adaptado de um exemplo clássico da doutrina alemã (Mezger, Tratado, II, 1957, p. 176).*

CASO Nº 69*

Numa feira, em Lisboa, Adolfo, atirador medíocre, pretendia convencer Bruno de que possuía uma excelente pontaria. Para o efeito, apostou € 100 com o seu amigo em como conseguia acertar numa bola de cristal que Celeste, menina de uma barraca de tiro, segurava na sua mão esquerda.

Adolfo, consciente de que poderia lesionar Celeste, sentia-se um pouco angustiado. Esta, que mantinha a bola na mão esquerda, encontrava-se a uma distância razoável; a espingarda era antiga e, provavelmente, estaria desafinada; o próprio Adolfo não se sentia muito seguro quanto às suas qualidades de atirador. Apesar de tudo, o que ele verdadeiramente pretendia era ganhar a aposta, até porque sabia que Bruno iria, certamente, relatar o feito aos amigos de ambos que ficariam impressionados com a sua destreza e sangue frio.

O tiro, porém, veio a atingir Celeste, provocando-lhe ofensas graves à sua integridade física.

1. Qual a responsabilidade jurídico-penal de Adolfo?
2. Como responderia à pergunta anterior se Adolfo fosse um excelente atirador, a arma estivesse afinada, a bola de cristal na mão da menina se encontrasse a um metro de distância e, ainda assim, o resultado fosse exactamente o mesmo?

**Caso adaptado de um exemplo clássico da doutrina alemã (Lacmann, ZStW, 31, 1911, p. 159).*

CASO Nº 70*

Cacildo, larápio especializado no furto de automóveis, propôs a Anacleto a venda de cinco automóveis de que se havia apropriado ilicitamente, por um preço muito inferior ao do valor de mercado.

Anacleto, que se dedicava precisamente à comercialização de peças usadas de automóveis, vendo naquele negócio a possibilidade de amplos proventos económicos, nem hesitou em aceitar a proposta de Cacildo.

É verdade que Anacleto conhecia as actividades ilícitas de Anacleto, mas não sabia, nem sequer quis perguntar, a proveniência daqueles cinco automóveis.

Quid juris?

**Caso adaptado da jurisprudência nacional (Ac. STJ de 28/01/1998).*

CASO Nº 71*

Américo conduzia o seu automóvel sob a influência do álcool (Tas de 1,48 g/l), quando, inadvertidamente, imprimiu ao veículo uma velocidade que não lhe permitiu o controlo do mesmo numa curva de trajectória bastante apertada.

Perdendo o domínio do veículo, Américo veio a embater no *automóvel X* que circulava em sentido contrário na meia faixa de rodagem que lhe competia e com velocidade reduzida (bastante inferior ao limite máximo permitido naquela via).

Do embate, resultou a morte de Baltazar e Carlos que se faziam transportar no *automóvel X*.

Determine a responsabilidade jurídico-penal de Américo.

**Caso adaptado da jurisprudência nacional (Ac. STJ de 11/11/1998).*

CASO Nº 72

Por volta das três horas da madrugada, Alberto deambulava pelas ruas de Braga, furioso, pois Benevides, seu amigo e empresário, havia-o preterido numa entrevista de emprego.

Ao passar pela moradia de Benevides não resistiu e, após pegar numa pedra que se encontrava no chão, atirou-a a um dos vidros da casa.

Tratava-se do vidro da janela do quarto de Clotilde, filha de Benevides.

A pedra arremessada por Alberto partiu o vidro e acabou por atingir a cabeça de Clotilde que, só em casa, se encontrava a dormir.

Clotilde sofreu um ferimento grave, mas a saída de ar, em consequência do vidro partido, acabou por evitar que viesse a morrer durante a noite devido a uma fuga de gás existente na casa.

Determine a responsabilidade jurídico-penal de Alberto.

CASO Nº 73

António e Bento, caçadores, sentiam-se um pouco desesperados, pois havia já quatro horas que percorriam as planícies alentejanas e não conseguiam encontrar uma única peça de caça.

Decidem então separar-se.

Uma hora mais tarde, António ouve um ruído e vislumbra um arbusto em movimento. Pensando tratar-se de um coelho dispara na direcção do arbusto. Quando se preparava para ir buscar o animal verifica que quem se encontrava escondido no arbusto era Bento que acabara de morrer em consequência do disparo.

Quid juris?

CASO Nº 74

Amadeu e Bráulio, caçadores, vagueavam pelas serranias transmontanas, havia já algumas horas, sem que vislumbrassem qualquer peça de caça.

Decidem então separar-se.

Mais uma hora decorrida, Amadeu depara-se com uma lebre. Precipitadamente dispara dois tiros na sua direção sem fazer cuidada pontaria, falhando o alvo.

Desafortunadamente, o segundo dos tiros acertou em Bráulio que se encontrava, um pouco mais à frente, no enfiamento da lebre. O tiro apenas o atingiu de raspão num braço, mas Bráulio acabou por morrer ao perder demasiado sangue, pois padecia e hemofilia.

Se Amadeu tivesse tido o cuidado devido teria visto o seu companheiro de caça antes de efetuar os disparos.

Determine a eventual responsabilidade criminal de Amadeu.

CASO Nº 75*

Num restaurante em Bragança, após acalorada discussão, Aníbal, exaltado, puxa da sua arma e dispara na direção do seu interlocutor, Bruno, com intenção de matar.

O tiro, porém, apenas atinge Bruno de raspão no ombro esquerdo e, após ricochete, vem a acertar na mão direita de Clotilde que se preparava para iniciar a sua refeição.

Foi chamada uma ambulância que transportou Bruno e Clotilde para o hospital.

Entretanto, no meio da confusão, *Rex*, cão de Daniel, o cozinheiro, devorou a refeição que estava destinada a Clotilde e acabou por morrer.

Provou-se mais tarde que a comida ingerida por *Rex* continha uma dose mortal do *veneno X* que Daniel, por puro engano, ministrara enquanto preparava a refeição de Clotilde.

Clotilde só não morreu envenenada devido ao tiro disparado por Aníbal que a atingiu na mão.

No hospital, e após tratamento médico, Bruno e Clotilde apenas ficaram com ligeiras escoriações.

Qual a responsabilidade jurídico-penal de Aníbal e Daniel?

* *Caso prático resolvido infra, p. 128-131.*

CASO Nº 76*

Américo dirigiu-se a casa de Bráulio com intenção de matá-lo.

Após conseguir entrar, deparou-se com um vulto deitado no sofá que supôs ser Bráulio que ali se encontraria, decerto, a descansar.

Américo disparou sobre o vulto, provocando-lhe morte imediata.

Afinal tratava-se de Carlos e não de Bráulio. Quando Américo disparou, já Carlos se encontrava deitado no sofá, inanimado, prestes a morrer. É que, alguns minutos antes, por brincadeira de mau gosto, Bráulio apontara ao seu amigo Carlos uma arma que pensava estar descarregada e premira o gatilho. A arma continha, todavia, uma bala, o suficiente para que o tiro desferido por Bráulio atingisse Carlos e este caísse no sofá inanimado, aparentando estar a dormir.

Bráulio, pensando que matara Carlos, fugira.

Se Américo não tivesse disparado o tiro sobre Carlos, este igualmente morreria dali a uns instantes.

Qual a responsabilidade jurídico-penal de Américo e Bráulio?

* *Caso prático resolvido infra, p. 132-136.*

CASO Nº 77

Khalid, terrorista árabe, deslocou-se a Portugal para cumprir a missão de assassinar o Presidente dos Estados Unidos da América que se encontrava de visita ao nosso país.

Em sintonia com o plano que havia sido traçado pelos mentores da sua organização, subiu ao topo de um prédio situado na Avenida da Liberdade e, munido de uma arma de longo alcance, aguardou que o Presidente norte-americano e a sua comitiva passassem naquela avenida.

Tudo corria em conformidade com o previsto, mas no momento em que Khalid disparou na direção daquele que supôs ser o mencionado dirigente político, também Manolo, terrorista cubano que se encontrava no décimo andar de um outro prédio, acabara de disparar com uma arma idêntica e com a mesma intenção.

O que ambos não contavam era com o facto de o Presidente dos Estados Unidos, por medidas de segurança, haver percorrido um outro trajeto. Afinal, acabaram por acertar num jornalista australiano de fisionomia muito idêntica.

Foi a ação conjunta das duas balas que acabou por se revelar fatal para a vítima.

1. Qual a responsabilidade jurídico-penal dos intervenientes?
2. Imagine agora que Manolo pretendia efetivamente matar o jornalista australiano pelos seus inúmeros artigos críticos do regime cubano. Qual seria a sua resposta?
3. E se ambos pretendessem matar o jornalista?

CASO Nº 78

Havia já muito tempo que Américo não conseguia ter uma noite de sono em descanso por causa de *Rex*, cão de seu vizinho Bernardo, que passava toda a noite a ladrar.

Numa dessas noites por volta das 4 horas, Américo, desesperado com o barulho, pega na sua espingarda, dirige-se à janela do seu quarto e, apontando para o quintal do vizinho, atira na direcção de um vulto que parecia ser o de *Rex*, atingindo-o letalmente.

Afinal tratava-se de Bernardo que tinha ido ao quintal com a intenção de tentar acalmar o seu genuíno pastor alemão.

Quid juris?

CASO Nº 79

Albino, Bernardo, Carlos e Daniel, amigos, combinaram passar uma tarde na praia para praticar desporto. Bernardo, sabendo que o mar estava de feição, levou a sua prancha de *surf*. Albino transportou a sua mota aquática.

Em dado momento, Bernardo, encontrando-se no mar, sentiu-se atrapalhado com uma onda mais forte e acabou por perder o contacto com a sua prancha, ficando em sérias dificuldades até porque se encontrava longe da costa. Carlos, ao constatar a situação de perigo em que Bernardo se encontrava e ao ouvi-lo gritar por socorro, pediu a mota aquática a Albino a fim de salvar o amigo.

Albino, no entanto, que nunca gostara de Bernardo, a pretexto de não querer gastar gasolina, recusou-se a emprestar a mota. Carlos, desesperado, acertou-lhe um violento soco, pegou na mota e dirigiu-se para o mar.

Daniel, convencido de que a actuação de Carlos fora ilegítima, empunhou a sua pistola disposto a exercer aquilo que lhe parecia ser um justo direito de defesa. O tiro disparado por Daniel em direcção a Carlos veio, porém, a atingir Evaristo, que por ali passava, ferindo-o gravemente.

Entretanto Carlos conseguia salvar Bernardo.

Analise a eventual responsabilidade jurídico-penal dos intervenientes.

CASO Nº 80*

Amaro começava a sentir-se desesperado. Já por várias vezes e por diversas formas tentara expulsar, de sua propriedade, uma cabra, pertencente ao seu vizinho, Belmiro, que causara múltiplos danos em árvores e videiras. Chegou mesmo a ir ao posto da GNR por duas ocasiões que pouco caso fez das suas queixas.

Perante nova investida da cabra, Amaro empunhou, então, a sua caçadeira e disparou dois tiros na direção do animal. Se o primeiro tiro errou completamente o alvo, vindo a atingir letalmente *Bóris*, cão de Carlos, o segundo abateu a cabra.

Vendo o seu cão morto, Carlos foi averiguar de onde vinha o tiro. Ao ver Carlos, Amaro pensou tratar-se de Belmiro. Carregou novamente a caçadeira, apontou-a ao suposto Belmiro e (enquanto murmurava: "*o melhor é ires fazer companhia à tua cabra*") disparou um tiro provocando-lhe morte imediata.

Determine a eventual responsabilidade penal dos intervenientes.

**Caso adaptado da jurisprudência nacional (Ac. TRC de 27/10/1999).*

CASO Nº 81

Adélio, médico, sentia-se desesperado. A sua filha, Bruna, necessitava, urgentemente, de um transplante de um rim para conseguir sobreviver e não havia meio de se conseguir um doador.

Adélio acabou por ceder aos seus mais sórdidos pensamentos: durante a noite, no hospital onde trabalhava e acompanhado de Benedito (médico anestesista que Adélio convencera a ajudá-lo) entrou no quarto de Clara, uma sua jovem paciente, decidido a extrair-lhe um rim. Porém, após Benedito anestesiar a paciente, e quando se preparavam para a intervenção cirúrgica, surge Heitor, namorado de Clara, que exigiu a Adélio que interrompesse imediatamente o que estava a fazer.

«*Não posso...*», retorquiu Adélio, «*...trata-se da minha filha, tenho de a salvar*».

Heitor avançou sobre Adélio para o segurar e Benedito, na esperança de não ter sido reconhecido, fugiu do local. Seguiram-se momentos de alguma violência que atraíram ao local a enfermeira Odete que nada sabia quanto às intenções de Adélio, médico com quem trabalhava. Assim, para o defender, atingiu a cabeça de Heitor com um ferro, deixando-o numa situação de perigo para a vida. Não obstante, acabou por sobreviver.

Qual não foi o espanto de Adélio, porém, quando foi informado que precisamente algumas horas antes de todos estes acontecimentos tinha sido obtido, finalmente, um rim para o necessário transplante. Adélio andava tão obcecado com toda aquela situação que nem reparara num envelope deixado em cima da sua secretária que continha essa informação.

Analise a responsabilidade jurídico-penal dos intervenientes.

CASO Nº 82*

Durante uma acesa discussão, António e Bento investiram violentamente contra Carlos. Após sucessivas agressões físicas, Carlos conseguiu colocar-se em fuga, mas foi por eles imediatamente perseguido. Para dissuadi-los, Carlos, que se encontrava armado, disparou dois tiros para o ar, mas António e Bento, impávidos e serenos, continuaram a perseguição.

Quando António se preparava para agarrar Carlos, este, vendo-se na iminência de voltar a ser violentamente agredido por ambos os seus oponentes, disparou sobre aquele, provocando-lhe a morte.

Quid juris?

**Adaptado da jurisprudência nacional (Ac. STJ de 16/01/1990).*

CASO Nº 83

Numa aldeia próxima do Douro, após um grave desentendimento devido a uma questão de terras, Amadeu apontou o seu revólver na direção da cabeça de Benevides.

No preciso momento em que se preparava para disparar com intenção de matar, surgiu, por detrás, Clemente, amigo de Benevides, que, perante toda aquela situação, empunhou o seu cajado e infligiu um golpe no braço de Amadeu que segurava o revólver.

Reflexamente, Amadeu baixou o braço e disparou, vindo o tiro a atingir a perna direita de Benevides, causando-lhe ofensa grave.

Após ricochete, a bala atingiu ainda *Rex*, cão de Daniel, que perseguia *Tareco*, gato de Evaristo.

Qual a responsabilidade jurídico-penal dos intervenientes?

CASO Nº 84

Por volta das três horas da madrugada, Alberto deambulava pelas ruas de Braga, furioso, pois Benevides, seu amigo e empresário, havia-o preterido numa entrevista de emprego.

Ao passar pela moradia de Benevides não resistiu e, após pegar numa pedra que se encontrava no chão, atirou-a a um dos vidros da casa.

Tratava-se do vidro da janela do quarto de Clotilde, filha de Benevides.

A pedra arremessada por Alberto partiu o vidro e acabou por atingir a cabeça de Clotilde que, só em casa, se encontrava a dormir.

Clotilde sofreu um ferimento grave, mas a saída de ar, em consequência do vidro partido, acabou por evitar que viesse a morrer durante a noite devido a uma fuga de gás existente na casa.

Determine a responsabilidade jurídico-penal de Alberto.

CASO Nº 85*

Aurélio, soldado da GNR, foi chamado a intervir por um popular, que suspeitou haver um assalto a uma mina. Uma vez lá chegado, vê dois vultos na escuridão que caminham na sua direcção, encontrando-se a cerca de quinze metros. Seguidamente, ouve um ruído que lhe parece produzido pelo engatilhar de uma pistola e fica perturbado, convencendo-se de que se trata de ladrões que se preparavam para assaltar a mina e se encontravam armados.

Aurélio, dispara, então, dois tiros para o ar, separando-se os dois vultos, um para cada lado. Esta situação, foi interpretada pelo soldado da GNR como uma estratégia de ataque contra ele para o alvejarem com as suas armas. Este dispara mais um tiro na direcção de um deles, para os desencorajar e evitar a todo o custo ser atacado.

O tiro vem a atingir um dos vultos causando-lhe a morte. Tratava-se, afinal, de um engenheiro da mina que, acompanhado de um amigo, viera apurar, também ele, se a mina estava a ser assaltada.

Analise a responsabilidade jurídico-penal dos intervenientes.

**Caso adaptado da jurisprudência nacional (Ac. STJ de 27/05/1987).*

CASO Nº 86

Xavier sentia-se desesperado. Contraíra uma enorme dívida de jogo e não vislumbrava maneira de conseguir pagá-la. Pediu ajuda a Daniel, mas este revelou-lhe a sua falta de liquidez em virtude de uns investimentos recentes. No futuro talvez pudesse ajudá-lo. O problema era o mau feitio de Alberto, credor de Xavier. Dizia-se que os seus devedores pagavam imediatamente. Ou com dinheiro ou com a vida. O desespero de Xavier aumentava e Daniel sentia-se muito preocupado com o amigo.

Certo dia, para descontrair, Xavier e Daniel foram à caça. Entretanto, num momento em que se não encontravam juntos, Daniel viu, por entre uns arbustos, Alberto de caçadeira em punho apontando na direcção de Xavier. Alberto preparava-se para matar um javali, mas Daniel, supondo que ele queria matar o seu amigo Xavier, assustado, disparou dois tiros na direção de Alberto. O primeiro tiro atingiu-o num orgão vital. O segundo tiro passou-lhe de raspão no braço e foi atingir Xavier num ombro.

Ao deparar-se com Alberto caído no chão a gemer, Daniel decidiu chamar imediatamente uma ambulância. Alberto foi transportado ainda com vida. No entanto, a caminho do hospital, a ambulância embateu numa camioneta cujo condutor, Emílio, não respeitou o sinal *Stop*. Alberto acabou por morrer em consequência do acidente.

Analise a eventual responsabilidade jurídico-penal dos intervenientes.

CASO Nº 87

Numa quente tarde de Junho, Maria pediu à sua irmã Joana que levasse os seus filhos, João e André, de 6 e 8 anos de idade, num passeio até à praia, ao que Joana aquiesceu.

Já na praia, e após algumas brincadeiras com os seus sobrinhos, Joana, sentindo-se um pouco fatigada, decidiu deitar-se ao sol para descansar, ordenando às crianças para que se não afastassem para longe, nem se dirigissem para o mar, até porque a praia não estava vigiada e estava praticamente deserta.

Uma hora depois, Joana, que entretanto se deixara adormecer, acordou com uns sonoros e desesperados gritos de socorro de duas crianças que se encontravam no mar, em locais distintos, mas ambas na iminência de se afogarem. Joana, pensando tratar-se de João e André, atirou-se imediatamente à água na direcção daquele que supunha ser André que acabou por conseguir salvar.

Quando se preparava para socorrer João, deparou-se, porém, com a infeliz tragédia do seu afogamento. Mais horrorizada ficou ainda, quando reparou que a criança que salvara era desconhecida, ficando posteriormente a saber que André se encontrava num parque de diversões perto da praia. Se Joana se tivesse decidido por socorrer primeiro João, teria conseguido salvar-lhe a vida.

Qual a responsabilidade jurídico-penal de Joana?

CASO Nº 88

Altas horas da madrugada, viajava Asdrúbal de automóvel, quando, na berma da estrada, vislumbra o automóvel do seu inimigo Belchior que parecia encontrar-se no seu interior.

«*É desta!..*», pensou Asdrúbal enquanto acelerava na direção do automóvel de seu inimigo com a intenção de lhe provocar uma ofensa à integridade grave.

O embate foi violento e, efetivamente, provocou ofensa grave à integridade física de Belchior.

Porém, dentro do veículo, encontrava-se também Carlos.

Em razão de negócios menos claros entre ambos, Belchior e Carlos discutiam acaloradamente e Belchior acabara de empunhar uma arma carregada, preparando-se para disparar e matar o seu interlocutor.

Só assim não aconteceu por causa do violento embate protagonizado por Asdrúbal que infligiu ofensa à integridade física grave não só em Belchior, como também em Carlos.

Determine a responsabilidade penal de Belchior e Asdrúbal.

CASO Nº 89

Pelas três horas da madrugada, durante uma acesa discussão, Abel puxa de uma faca de "ponta e mola" determinado a matar Bruno.

Quando Abel levanta o braço direito para golpear o seu interlocutor, este ergue uma "arma de fogo" e consegue disparar um tiro que atinge precisamente o braço que segurava a faca. Em razão da dor provocada pelo tiro, Abel deixa cair a faca por terra.

O tiro, porém, após ricochete no braço de Abel, vem a atingir a janela de um bar pertencente a Carlos. A saída de ar originada pela quebra do vidro acabou por evitar a morte de cinco pessoas, que ali se encontravam a dormitar, devido a uma fuga de gás existente nas condutas do bar.

Conduzido Abel ao hospital, e devido a uma infeção grave no braço (originada pelo tiro disparado por Bruno), Daniel, médico de serviço, decidiu amputá-lo para que a infeção não alastrasse.

Determine a eventual responsabilidade penal dos intervenientes.

CASO Nº 90

Pelas duas horas da madrugada, Xavier, dono de um bar, começava a perder a paciência, com Alcides, Bráulio e Clemente, seus clientes, que, já um pouco embriagados, provocavam distúrbios no seu estabelecimento, nomeadamente pegando nos copos e garrafas que se encontravam no balcão e atirando-os de propósito para o chão. Como Xavier os ameaçava de que chamaria a polícia se partissem mais alguma coisa,

Alcides, empunhando um copo, gritou, dirigindo-se-lhe: «*Ah é?! Pois, o próximo vou parti-lo nesse teu "focinho" para ver se ficas caladinho!..*».

Xavier retira, então, de uma lareira um pedaço de madeira roliça e atinge-o na cabeça, deixando-o inanimado. Bráulio e Clemente, perante o sucedido, pegam em Alcides e transportam-no para o hospital onde se apurou que a ofensa não provocara lesões graves.

No dia seguinte, ao início da tarde, estava Xavier a contar o dinheiro das máquinas de diversão do seu estabelecimento, quando, subitamente, entra Clemente que, metendo a mão no bolso lhe diz que têm contas a ajustar.

Xavier, assustado, pensando que Clemente iria sacar de uma pistola, pega no seu revólver de calibre 6,35 mm e dispara um tiro que acertou no hemitórax esquerdo do seu pretenso agressor, perfurando-lhe o coração e causando-lhe a morte.

Ora, Clemente meteu a mão no bolso apenas para retirar dinheiro, pretendendo, efectivamente, ajustar contas, pois na madrugada anterior, com toda aquela confusão, ele e os seus amigos não haviam pago as bebidas e os copos partidos.

Determine a responsabilidade jurídico-penal dos intervenientes.

CASO Nº 91*

Alberto, que chegara mais uma vez embriagado a casa, agarra em Rosa, sua mulher, e, em estado de grande exaltação, fecha-a no quarto, ameaçando que a vai matar assim como aos filhos de ambos, ao mesmo tempo que começa a puxar de uma faca de cozinha.

Rosa, agarra num machado que escondera debaixo da cama, empunha-o e vibra violentas e sucessivas pancadas na cabeça do marido, com a parte metálica aposta à lâmina, prostrando a vítima.

Rosa tenta fugir do quarto sem, no entanto, conseguir abrir a porta. Ao olhar para trás, vê o marido levantar-se, todo ensanguentado, e, dirigindo-se-lhe, aperta-lhe os braços.

«*Queres matar-me!*», gritava furiosamente, «*mas quem vai morrer és tu!*»

Continuando a recear pela sua vida, Rosa vibra mais algumas pancadas na cabeça de Alberto, fazendo-o cair no chão e, nessa posição, acerta-lhe, ainda, mais pancadas com o machado, algumas com a lâmina e por várias partes do corpo, causando-lhe a morte.

Determine a responsabilidade jurídico-penal dos intervenientes.

**Caso adaptado da jurisprudência nacional (Ac. STJ de 13/01/1989).*

CASO Nº 92

Pelas duas horas da madrugada de uma quente noite de Julho, António passeava pela zona da Ribeira, no Porto, quando, subitamente, ouviu num tom ameaçador: «*chegou, finalmente, a tua hora!*»

Em frente a António encontrava-se um vulto que parecia empunhar uma faca. Sentindo a sua vida em perigo, António, com uma rapidez notável puxou a sua arma e disparou um tiro na direcção do vulto. Tratava-se, afinal, do seu amigo Baltazar que, segurando um inofensivo "corta-papeis" na mão, se preparava para abraçar António.

A bala, porém, veio a atingir Carlos, que saía de uma taberna próxima. Carlos era o verdadeiro autor da ameaça e preparava-se para cumpri-la contra Daniel, com quem estivera envolvido numa rixa na referida taberna. Carlos só não matou Daniel porque a bala saída do revólver de António lhe causou morte imediata.

Pronuncie-se acerca da responsabilidade jurídico-penal dos intervenientes.

CASO Nº 93

Leonel, industrial de tabaco, utilizava no fabrico dos seus cigarros, 0.9 mg. de nicotina por cada unidade.

Entretanto, no dia 1 de Outubro de há dois anos atrás, entrou em vigor uma lei que punia com pena de prisão até 3 anos quem fabricasse cigarros com um teor de nicotina superior a 0.5 mg.

Leonel, desconhecendo a existência dessa lei, continuou a fabricar os cigarros com o mesmo teor de nicotina que sempre utilizou (0.9 mg.).

Xavier, que fumava cigarros da marca fabricada por Leonel, morreu com cancro de pulmão em 2 de Dezembro do ano passado.

Maria, mulher de Xavier, indignada, apresentou queixa-crime contra Leonel.

Quid juris?

CASO Nº 94*

Amadeu e Victor levaram Lucylene, uma prostituta brasileira, para a casa de Amadeu. Aí, Lucylene manifestou a sua intenção de não voltar para o bordel onde até então tinha estado.

Passados alguns dias, Brízida, dona do bordel, Cláudio e Evaristo, guarda-costas, irromperam casa adentro, agrediram Amadeu, danificaram-lhe o telefone, mas não encontraram Lucylene.

Foi apresentada queixa à polícia que ordenou a Brízida que não voltasse a casa de Amadeu.

Dois dias mais tarde, porém, Brízida, desrespeitando a ordem policial, dirigiu-se novamente a casa de Amadeu, acompanhada, mais uma vez, por Cláudio e Evaristo. Tendo Brízida à porta de casa para proceder a nova revista, Amadeu, desta feita, empunhou uma caçadeira e disparou contra a sua oponente, provocando-lhe a morte.

Quid juris?

**Caso adaptado da jurisprudência nacional (Ac. STJ de 21/01/1998).*

CASO Nº 95

Todas as tardes, Alberto, dono de um vastíssimo pomar, costumava sentar-se na varanda do 2º andar de sua casa, admirando a propriedade.

Numa dessas tardes, Bártolo, de 16 anos de idade, entrou no pomar e subtraiu uma maçã. Quando se preparava para fugir foi avistado por Alberto que, do alto da varanda, o mandou parar. Bártolo, apercebendo-

-se de que Alberto não teria tempo de descer para capturá-lo, precipitou-se para o muro da propriedade.

Enquanto pegava na sua espingarda de caça, Alberto gritou: «*Se escalas esse muro com a maçã levas um tiro! Atenção, rapaz! Não estou a brincar!*»

Assustado, o jovem saltou para cima do muro no preciso momento em que foi atingido por um tiro que o feriu com gravidade.

Passados alguns dias, Bártolo acabou por morrer em consequência do ferimento sofrido. Cícero, pai de Bártolo, completamente desnorteado, jurou vingança contra "o dono daquele maldito pomar".

Dirigiu-se a casa de Alberto, entrou pela porta que estava aberta e deparou com Daniel, irmão de Alberto. Pensando tratar-se de Alberto, Cícero, de pistola em punho, proferiu vários insultos. Daniel, atónito, não percebia o que se estava a passar e apenas pedia a Cícero para se acalmar. Este continuava: «*O senhor é um crápula; um velhaco! Mas vai morrer agora mesmo!..*»

Apontando a arma para Daniel, Cícero disparou. O tiro, porém, veio a acertar em Alberto que, naquele momento, entrava na sala para ver o que se passava.

Analise a responsabilidade jurídico-penal dos intervenientes.

CASO Nº 96

António odiava *Bóris*, feroz cão, propriedade do seu vizinho Célio.

Certa noite, da janela de sua casa, António, armado com uma espingarda faz pontaria para o quintal vizinho na direcção de *Bóris*. Tentando alvejar o genuíno lobo da Alsácia, vem contudo a atingir letalmente Célio que se encontrava escondido num arbusto.

Célio preparava-se para matar Daniel, que por ali perto passava, o que só não aconteceu devido à sua morte.

Analise a eventual responsabilidade jurídico-penal dos intervenientes.

CASO Nº 97

César e Luís, após um grave acidente, chegam ao banco de urgências de um hospital. Mário, único médico de serviço, após rápido diagnóstico, decide socorrer César por lhe parecer o caso mais urgente.

Eduardo, amigo de Luís, que o acompanhara até ao hospital, ao perceber que este seria preterido em favor de César, sem que ninguém notasse, ministra-lhe um veneno de acção rápida que o mata imediatamente.

Mário, ao perceber que César se encontrava morto, acabou por socorrer Luís com sucesso.

A autópsia veio confirmar a morte por envenenamento. Todavia, mesmo que César tivesse sido prontamente socorrido, o desenlace fatal era inevitável devido à gravidade das lesões que sofrera.

Quanto a Luís, o socorro médico imediato salvou-lhe a vida.

Qual a responsabilidade jurídico-penal dos intervenientes?

CASO Nº 98

Beatriz odiava Cassandra desde que esta lhe "roubara" António, seu antigo namorado. Louca de ciúmes, Beatriz conjecturava sórdidos planos para levar a cabo uma "merecida vingança". Escolheu, entretanto, executar aquele que lhe parecia mais satisfatório. Telefonou ao seu amigo Dário, persuadindo-o de que Cassandra tinha por ele uma forte atracção e que, por conseguinte, obcecadamente desejava praticar relações sexuais com violência. E acrescentou: «*Se ela resistir, não faças caso; faz tudo parte das suas fantasias*».

Dário, convencido da veracidade da história de Beatriz, tentou levar a cabo a tarefa. Perante o assédio sexual, Cassandra, perplexa, opôs resistência. Dário, através de violência, conseguiu, não obstante, os seus intentos.

Analise a eventual responsabilidade jurídico-penal dos intervenientes.

CASO Nº 99

Pelas 3 horas de uma madrugada de Verão, Ana e Balbina sofrem um grave acidente, em consequência de um despiste do automóvel em que seguiam.

Chegadas ao banco de urgência de um hospital encontram-se bastante feridas e com várias escoriações. Carlos, único médico de serviço, após rápido diagnóstico, conclui que ambas se encontram em situação de perigo para a vida e que, por conseguinte, a morte de cada uma delas só poderá ser evitada através de uma demorada intervenção cirúrgica.

«*Só tenho tempo de salvar uma destas jovens*», pensou Carlos, olhando para ambas.

Resolve, então, salvar Ana por esta lhe parecer mais bonita.

Uma vez terminada a intervenção cirúrgica, Carlos descobre, porém, que o estado de Ana não era assim tão grave, e que, afinal, não havia necessidade da operação ora efectuada.

Entretanto Balbina, por não ter sido socorrida imediatamente, morrera.

Analise a responsabilidade jurídico-penal de Carlos.

CASO Nº 100

Gervásio e Delfim, amantes da natureza, encontravam-se acampados em plena Serra do Gerês.

Delfim ausentava-se, diariamente, do local do acampamento para ir pescar num belo lago onde abundavam gordas trutas, regressando normalmente ao entardecer.

Num desses dias, porém, Delfim deixou-se adormecer acabando por passar a noite naquele local de pesca. Entretanto, Gervásio, no acampamento, não conseguia conciliar o sono devido ao frio que sentia. Decidiu, então, acender uma fogueira utilizando para o efeito uma velha cadeira de madeira pertencente a Delfim, convencido de que este com isso se não importaria.

Puro engano. No dia seguinte, Delfim, ao tomar conhecimento do facto, ficou tão furioso quanto espantado. Não conseguia compreender como o seu amigo fora capaz de destruir uma cadeira que já pertencia à sua familia desde o século XVIII, situação que Gervásio conhecia perfeitamente.

Indignado com tal leviandade decidiu apresentar queixa-crime.

Quid juris?

CASO Nº 101

Asdrúbal encontrava-se na janela de sua casa apreciando as brincadeiras do seu gato, *Barnabé*, no quintal.

De repente surge *Teddy*, feroz pastor alemão propriedade de Daniel, seu vizinho. Quando *Teddy* se preparava para atacar *Barnabé* e, provavelmente matá-lo, Asdrúbal aponta a sua espingarda disposto a matar o bravio animal.

No preciso momento em que ia premir o gatilho é, todavia, ele quem é atingido com um tiro no braço que segurava a arma. O autor do disparo fora Daniel que, apercebendo-se das intenções de Asdrúbal, não vislumbrou outra forma de defender *Teddy*.

Asdrúbal, após tratamento hospitalar, viu o seu braço ser amputado.

Determine a responsabilidade jurídico-penal dos intervenientes.

CASO Nº 102

António, cidadão alentejano, caminhava, altas horas da madrugada, pelas ruas do Bairro Alto. António sentia-se bastante perturbado, pois ouvira dizer que naquela zona da cidade de Lisboa se praticavam muitos assaltos.

Em determinado momento, um vulto, com um revólver na mão, dirigiu-se a António. Este, imaginando que se tratava de um assalto, amedrontado, puxou da sua arma e acertou três tiros no vulto que morreu imediatamente.

Tratava-se, afinal, de Baltazar, vendedor clandestino de armas, que tinha apenas a intenção de negociar o dito revólver com António.

Qual a responsabilidade jurídico-penal de António?

CASO Nº 103

Artur sentia-se nervoso e perto do desespero. Soubera que Bruno, seu sócio na *empresa X*, perpetrara um enorme desfalque e planeara fugir em breve. Humilhado e ressentido, pois ajudara Bruno nos seus tempos de juventude, só conseguia vislumbrar uma solução: matá-lo.

Assim, por volta das 23:00 h, acompanhado de uma garrafa de *vodka*, esperava, dentro do seu automóvel, perto da casa de Bruno, que este regressasse de um bar que costumava frequentar. Bebia, nervosamente, para ganhar mais coragem e nem sequer hesitar em matá-lo quando o avistasse.

À meia-noite, Bruno regressa a casa. Artur, que já tinha esvaziado a garrafa de *vodka*, completamente embriagado, sai do automóvel e dispara seis tiros na direção do seu inimigo. Apenas um dos tiros acertou em Bruno, o suficiente para lhe causar a morte.

1. Qual a responsabilidade jurídico-penal de Artur?
2. Imagine agora que Artur esperava Bruno apenas para lhe pedir explicações, sem qualquer intenção criminosa, mas que, no dito estado de completa embriaguez e após uma troca de palavras mais acesa, vem a matá-lo. Qual seria a sua resposta?

CASO Nº 104

Pelas 2 horas da madrugada de uma quente noite de Julho, Aurélio, credor de Bráulio, dirigiu-se a um jardim da cidade do Porto, local onde este costumava dormir desde que ficara sem casa após venda em hasta pública. Os propósitos de Aurélio consistiam em "ajustar contas" com o seu devedor que havia ficado sem quaisquer bens e sem emprego. Agora, segundo Aurélio, só havia uma solução: pagar com o seu mais precioso bem, valia por dizer, a própria vida.

Depois de se certificar de que era efetivamente Bráulio quem se encontrava deitado no banco, aparentando dormir, Aurélio preparava-se para desferir um tiro, momento em que surgiu no local Celeste. Esta nutria uma grande amizade por Bráulio e, para o defender, disparou na direcção de Aurélio, atingindo-o perto da coluna cervical.

Aurélio ainda conseguiu fugir, mas não se dirigiu ao hospital para evitar complicadas explicações. Acabou por ficar paraplégico, em consequência do ferimento que se agravou por falta de tratamento médico.

Mais tarde veio a saber-se que Bráulio já tinha sido assassinado por Delfim, igualmente seu credor, uma hora antes, durante o sono no mesmo banco de jardim. Afinal, quando Aurélio se preparava para disparar, Bráulio já estava morto, facto que, tanto aquele como Celeste ignoravam.

Determine a responsabilidade criminal dos intervenientes.

CASO Nº 105*

António viajava de automóvel acompanhado por seu pai, Baltazar, quando, subitamente, o veículo atrás de si, conduzido por Clemente, começa a buzinar insistentemente e a bater várias vezes na traseira do seu veículo. António, amedrontado, acelera, mas acaba por ser ultrapassado por Clemente que pára de imediato, obrigando António também a parar.

Clemente sai do seu carro e abeira-se de António empunhando um pau com 1, 24 metros de comprimento, ordenando-lhe que saísse do automóvel, pois se o não fizesse lhe "ralaria" o carro todo. Mal António abre a porta, Clemente agride-o com um murro na cara e com uma pancada desferida com o pau, ao mesmo tempo que diz a Daniel, que o acompanhava no automóvel, que pegasse na caçadeira e matasse Baltazar, pois talvez assim António se "dignasse" pagar o que lhe devia.

António, ainda abalado com a pancada que sofrera, vê Clemente dirigir-se-lhe com o pau empunhado. Receando ser de novo agredido, puxa do seu revólver e dispara dois tiros na direcção de Clemente, ficando com a arma descarregada. Daniel, para defender Clemente, supondo que António continuaria a disparar, atinge-o com um tiro no braço. Clemente acabou por morrer em consequência dos dois tiros disparados por António que o atingiram no peito.

Determine a responsabilidade jurídico-penal dos intervenientes.

**Caso adaptado da jurisprudência nacional (Ac. TRP de 13/02/2002).*

CASO Nº 106

Carlos, rapaz inseguro e obsessivo, não se conformava com o casamento de António com Beatriz, sua ex-namorada. Numa noite de Verão, altas horas da madrugada, Carlos afogava as suas mágoas e alimentava o seu ódio acompanhado de uma garrafa de *whisky*. Os seus desejos ocultos tornavam-se incontroláveis e a decisão acabou por ser tomada: Carlos iria matar António nessa mesma noite.

Elaborou então um plano que logo colocou em prática: dirigiu-se a casa de António munido de uma pistola e, chegado ao local, telefonou-lhe fazendo-se passar pelo seu irmão, Daniel. Relatou-lhe então a falsa ocorrência de que Edna, mãe de António, estava muito doente e que era necessário transportá-la para o hospital. Pretendia Carlos que o seu rival saísse de casa para o poder matar.

No entanto, quando se preparava para sair, António torceu um pé ficando impossibilitado de caminhar. Solicitou então a Beatriz para ir no seu lugar, ao que esta acedeu. Saíu de casa rapidamente, entrou no automóvel que se encontrava estacionado em frente à casa e arrancou a toda a velocidade esquecendo-se de ligar as luzes do veículo. Esta distração acabou por se tornar trágica para Carlos que foi violentamente atropelado no preciso momento em que se preparava para disparar para o interior do automóvel, pensando que aí se encontrava António.

A distração de Beatriz acabou por lhe salvar a própria vida.

Carlos ficou paraplégico.

Analise a eventual responsabilidade jurídico-penal dos intervenientes.

CASO Nº 107

Américo, estudante de Direito, após ter frequentado uma das aulas da disciplina de Introdução ao Estudo do Direito, logo se convenceu que entendera, na íntegra, o instituto da legítima defesa.

Numa fria noite de Dezembro, passeava Américo pela Avenida da Boavista quando se cruzou com Carlos, um jovem de 14 anos de idade. Este, dirigindo-se a Américo, meteu a mão no bolso para tirar um relógio com o objectivo de o vender. Américo, pensando tratar-se de um assalto, puxou do seu revólver e desferiu 4 tiros à queima-roupa contra Carlos que teve morte imediata.

Américo supôs que agira em legítima defesa, pois, além de pensar que ia ser assaltado, convenceu-se de que o instituto da legitima defesa conferia o direito de repelir as agressões da forma mais eficaz possível.

Quid juris?

CASO Nº 108*

Albino, de 18 anos de idade, dirigiu-se a casa de Odete, sua avó materna, para lhe fazer uma visita. Uma vez aí chegado, sentou-se no sofá com ela enquanto conversavam. Quando Odete se deslocou à cozinha, Albino aproveitou para agarrar na carteira dela e preparar-se para sair de casa. Quando se dirigia para a porta, porém, a avó barrou-lhe a saída, empunhando uma faca, fazendo-lhe saber que não lhe permitia que se ausentasse dali com a carteira. Albino desferiu, então, diversas pancadas na face da sua avó, causando-lhe várias lesões, tendo-se em seguida apoderado da faca. Com ela golpeou oito vezes o tórax da sua avó, o que lhe determinou a morte.

Quando a vítima se encontrava inanimada, Albino retirou-lhe um anel de brilhantes, duas alianças, um fio com uma pedra preciosa, uma pulseira e um relógio, objectos com um valor global próximo dos € 2.500, apoderando-se ainda de € 500 em dinheiro.

Antes de abandonar a residência da avó, Albino, para não deixar pistas, lançou fogo a uns papéis e abriu os bicos de gás do fogão, pois queria pegar fogo à casa e fazê-la explodir, o que não aconteceu devido à pronta intervenção dos bombeiros.

Determine a responsabilidade jurídico-penal de Albino.

**Caso adaptado da jurisprudência nacional (Ac. STJ de 25/06/1997).*

CASO Nº 109

Almerinda frequentemente desabafava com Belmira, sua amiga, os maus tratos que Carlos, seu marido, lhe infligia. Belmira, outrora namorada de Carlos (o que Almerinda nem desconfiava), recordava-se, igualmente, das situações humilhantes e dos maus tratos físicos e psíquicos de que também fora vítima.

Decidida a vingar-se de Carlos, até porque este a tinha abandonado sem quaisquer explicações, Belmira convence Almerinda de que aquele tipo de situações deveria ter um fim: «*Isso tem de acabar de uma vez por todas! Trata-se de uma situação insuportável; é a tua dignidade que está em causa.... Tens de fazer alguma coisa...*»

«*Mas fazer o quê?!*», perguntava Almerinda descrente e já quase conformada com a situação, «*Não há nada que eu possa fazer...*»

«*Não?! E se usasses isto...*», sugeriu-lhe Belmira, mostrando-lhe uma arma com silenciador, «*...pega, é tua!*»

Nos dias que se seguiram, Almerinda sentia-se renitente em usar a arma. Nunca pensara sequer em matar alguém...no entanto, a verdade é que começava a odiar Carlos...enfim, por via das dúvidas, guardava a arma com todo o cuidado.

Um mês depois, precisamente no dia do seu aniversário, Almerinda recebeu de Carlos, como "presente", uma violenta sessão de pancadaria. Foi a "gota de água que fez transbordar o copo". Telefonou a Belmira manifestando-lhe as suas intenções...que não passava de hoje, que quando o apanhasse a dormir lhe acertava dois tiros na cabeça.

Belmira concordou, mas intimamente começavam a predominar sentimentos de angústia e arrependimento. Apesar de tudo, de Carlos não guardava apenas más recordações e, quanto a Almerinda, a verdade é que nunca sentira por ela grande amizade!...

Nessa noite, Almerinda tentava ganhar coragem para matar Carlos. Este encontrava-se na cama, completamente embriagado, dormindo profundamente. Em dado momento, Almerinda decidiu-se a cumprir o que a si mesma prometera. Bebeu um pouco de aguardente para ganhar coragem, foi buscar a arma com o silenciador e entrou no quarto. Porém, no preciso momento em que se preparava para disparar, foi, ela própria, atingida por um tiro. Tratava-se de Belmira que havia entrado na casa (utilizando uma chave que subtraíra a Almerinda) para defender

Carlos caso a sua amiga se decidisse realmente a matá-lo, como veio a suceder.

Esforço inglório, todavia, o de Belmira, pois Carlos havia já morrido uma hora antes, durante o sono, vítima de uma paragem cardíaca. Em consequência do disparo, Almerinda ficou paraplégica.

Determine a eventual responsabilidade penal de Almerinda e Belmira.

CASO Nº 110

Após ter sentido o desgosto de ver a sua empresa entrar em processo de falência, de saber que sua mulher estava disposta a interpor uma ação de divórcio e de ter perdido algum do dinheiro que ainda possuía "numa roleta de Casino", Guilherme começava a sentir uma vontade cada vez maior de pôr termo à vida.

Hugo, enfermeiro, que, apesar de aparentar ser seu amigo, secretamente não gostava dele desde os tempos do Liceu, reforça aquela vontade de suicídio: «*Viver não é só respirar...*», insistia Hugo, por entre algumas doses de whisky que ambos bebiam, «*...são necessárias determinadas condições para se viver com dignidade!.. E tu, meu caro, estás a perder essas condições! Devemos ou não ser donos do nosso destino?!*»

Convencido por toda esta argumentação e pelo whisky que já ingerira (em quantidades bastante superiores às engolidas pelo seu pretenso amigo), dirige-se à janela do apartamento de Hugo, num quarto andar, e, subitamente, atira-se para a rua. Perante o facto, Hugo começa a sentir alguns remorsos: afinal já conhecia Guilherme há uns trinta anos. É certo que nunca o apreciara muito, mas, provavelmente, iria sentir a sua falta. Por outro lado, ao atirar-se da janela de sua casa, Guilherme podia torná-lo suspeito de homicídio.

Hugo imediatamente chama uma ambulância, desce pelo elevador e presta alguns socorros a Guilherme que ainda se encontrava vivo. Com a rápida chegada da ambulância e com um tratamento médico exemplar no hospital, Guilherme acabou por sobreviver.

Posto isto:
Determine a eventual responsabilidade jurídico-penal de Hugo.

Atente, ainda, nas seguintes hipóteses:

1. Imagine que após Guilherme se lançar pela janela, Hugo se arrepende do que fizera, mas, assustado, nada consegue fazer. Guilherme, no entanto, cai em cima de uma caixa de camião que transportava colchões e almofadas e apenas fica com ligeiras escoriações. *Quid Juris*?
2. Admita a mesma situação da questão anterior, mas Hugo conseguira, desta feita, chamar uma ambulância e descer imediatamente pelo elevador para prestar socorro a Guilherme, não obstante tudo isto ter acabado por se revelar desnecessário. Como responderia?
3. Suponha, ainda, que no momento em que Guilherme se ia lançar pela janela, aparecia Edite, mulher de Hugo, que, apercebendo-se da iminência do suícido, lhe acertava com o guarda-chuva que segurava na mão, por não encontrar outra forma de impedir Guilherme. Este, com a ajuda do álcool, momentaneamente perdia os sentidos, o suficiente para lhe salvar a vida. Como solucionaria a questão?
4. E se Hugo lhe emprestasse um revólver supondo, erradamente, que estava carregado. Guilherme, completamente embriagado, disparava e, com o susto, desistia da ideia de se suicidar. Haveria responsabilidade criminal?

CASO Nº 111*

Abel, Bruno e Célio traçaram um plano para, em conjugação de esforços, se dirigirem a um estabelecimento comercial, com o propósito de aí entrarem e se apoderarem de bens que lhes não pertenciam.

Uma vez lá chegados, partiram o vidro da porta. Quando se preparavam para entrar, Abel decidiu não prosseguir no plano, dando conhecimento aos seus comparsas da decisão que tomara, dizendo-lhes que «nunca se tinha metido numa coisa daquelas» e que «não queria arranjar problemas para o futuro». Além do mais, conhecia a dona do estabelecimento que era «uma senhora muito simpática».

Abel afastou-se do referido estabelecimento, nada levando consigo. Os seus camaradas prosseguiram com o plano e apoderaram-se de alguns bens.

Qual a responsabilidade jurídico-penal dos intervenientes?

**Caso adaptado da jurisprudência nacional (Ac. STJ de 06/05/1998).*

CASO Nº 112

António, Baltazar, Carlos e Diogo, amigos, viajavam de helicóptero.

Em dado momento, António, que pilotava o giroplano, ficou bastante alarmado, uma vez que sobrevoavam uma densa floresta e o ponteiro do combustível indicava o sinal de reserva. Atendendo ao peso transportado, a quantidade de combustível sinalizada não seria suficiente para atingir um local que permitisse uma aterragem de emergência. Pelos cálculos de António (correctos dada a indicação do ponteiro) seria necessário aliviar 150 kgs. do interior do helicópetro.

Desfizeram-se imediatamente das bagagens que pesavam cerca de 50 kgs. Como Diogo pesava cerca de 120 kgs., Baltazar não teve dúvidas:

«*Vamos ter de lançar o Diogo para a floresta...é o mais pesado de todos nós!*»

«*Mas não temos nenhum pára-quedas*», objetou António, «*ele provavelmente morrerá...*»

«*Ou ele ou nós*», afirmou Baltazar peremptório, «*o que achas?!*»

Carlos, apavorado, concordou imediatamente com Baltazar. Ambos agarraram em Diogo, tentando atirá-lo para fora.

António, porém, era o melhor amigo de Diogo. Perante tais acontecimentos, puxou da sua arma e disparou atingindo letalmente Baltazar.

«*Se é para morrer, prefiro que morram vocês os dois!*», afirmou, dirigindo-se a Carlos, «*Juntos, aliás, pesam bem mais do que o Diogo!*»

Se bem o disse, melhor o fez: disparou na direção de Carlos que teve também morte instantânea.

Diogo imediatamente lançou os corpos para a floresta. Quinze minutos depois, conseguiram aterrar; mas qual não foi o espanto de ambos quando verificaram que, afinal, ainda havia muito combustível no depósito. Tragicamente o ponteiro indicador estava avariado.

Determine a eventual responsabilidade jurídico-penal dos intervenientes.

CASO Nº 113

No aeroporto de Lisboa, Abdallah, terrorista da *Al-Qaeda*, através da mala de um passageiro, consegue introduzir uma bomba num avião das linhas aéreas turcas com destino a Washington, procedência de Istambul e escala em Lisboa. A sua intenção era matar William, dirigente político norte-americano, que supostamente viajaria nesse avião, ainda que isso custasse a vida dos outros passageiros. Situação que, ao cabo e ao resto, bem vistas as coisas, até acabaria por se revelar positiva: parte desses passageiros seriam "infiéis ocidentais" cuja morte seria uma benção; os outros, filhos de *Alá*, seriam felizardos "mártires da *Jihad* islâmica".

Uma hora depois da descolagem, ao descobrir que afinal William não se encontrava no avião (por desistência nos últimos instantes) e que nele seguiam, ao invés, vários dirigentes políticos de países árabes, Abdallah tenta, por todos os meios, que o comandante do vôo seja informado da existência da bomba para que efectuasse uma aterragem de emergência. Estava previsto que a bomba explodisse, meia hora depois de o avião sobrevoar o arquipélago dos Açores.

Esforço infrutífero, porém, pois repentinamente o avião despenha-se em pleno Oceano Atlântico a cerca de 7 milhas marítimas do referido arquipélago, em consequência de uma avaria mecânica. Todos os passageiros tiveram morte imediata.

Determine a responsabilidade jurídico-penal de Abdallah.

CASO Nº 114

Pela política administrativa que vinham estruturando ao longo dos últimos tempos, *A*, *B* e *C*, administradores *empresa* petrolífera *X* (sociedade anónima com modelo de governação clássico, o previsto no artigo 278º, nº 1, *a)* do CSC), revelavam uma atitude (colectiva) pouco sensível (bem ao contrário) aos cuidados de protecção ambiental. Esta atitude era facilmente percebida por funcionários e colaboradores da empresa, pois as ordens e instruções que desses administradores dimanavam envolviam normalmente a contenção de custos a suportar com a dita protecção ambiental e eram vulgarmente acompanhadas de comentários favoráveis a tal contenção.

Num certo dia, o *administrador A*, com o objectivo de aumentar a produção, dá ordens ao *funcionário D* para reactivar uma pequena refinaria da empresa (que se encontrava desactivada há alguns anos). Nessa pequena refinaria um dos compressores da unidade operacional apresentava falhas mecânicas susceptíveis de, uma vez colocado em funcionamento, emitir poluentes na atmosfera em níveis suficientes para colocar em risco o equilíbrio ambiental e a própria saúde humana das populações mais próximas.

Quando transmitiu a ordem, fizera questão de sublinhar o *administrador A* que a reactivação da refinaria era necessária para aumentar a produção e assim obter proventos económicos que permitissem custear taxas ambientais impostas pelo poder político para (segundo *A*) "*calar algumas vozes* no sector dos fundamentalistas ambientais".

O *funcionário D*, embora consciente dos riscos de funcionamento do compressor, mas com receio de desagradar ao administrador (que nem tinha percepção das referidas falhas mecânicas), não o informa devidamente da necessidade de proceder à reparação daquela máquina. Reactivada a refinaria por acção de *D*, os resíduos gasosos lançados na atmosfera provenientes do referido compressor acabam por colocar em efectivo e eminente perigo a saúde e, mesmo, a vida das populações próximas.

1. Qual a responsabilidade jurídico-penal dos intervenientes, *empresa X* incluída?
2. Qual seria a sua resposta à pergunta anterior se os administradores da *empresa X* revelassem uma atitude (colectiva) favorável à protecção ambiental e, nesse pressuposto, o *funcionário D* procedesse, não obstante, do mesmo modo, mas, desta feita, por motivação própria?

CASO Nº 115

E, recentemente empossado como administrador da *empresa K* (do ramo da indústria química), ordena ao *funcionário Y* que, durante a noite, vertesse para um rio, abrindo as respectivas válvulas, enormes quantidades de águas residuais cujo nível de poluição ultrapassava, em muito, os limites admissíveis pelas autorizações da entidade competente.

Desconfiado, o *funcionário Y* interpela o *administrador E* quanto aos riscos inerentes a tal tarefa, ao que este responde que se não preocupasse, pois os níveis de poluição envolvidos estavam muito aquém dos limites das quotas de poluição impostos (consciente, *E*, da falsidade da informação prestada).

O *funcionário Y*, acreditando na falsa versão de *E*, cumpriu, então, as ordens, o que veio a provocar uma intensa poluição das águas fluviais impeditiva da fruição das mesmas por toda a população de uma cidade situada na margem do rio em causa. Esta situação deixou em "estado de choque" os restantes administradores da *empresa K* que, na verdade, sempre se mostraram muito ciosos no cumprimento das regras ambientais.

Qual a responsabilidade jurídico-penal dos intervenientes, incluindo a *empresa K*?

CASO Nº 116

António seguia viagem no seu automóvel. Subitamente, deparou com Bernardo, um transeunte que atravessava a estrada numa passadeira. Apesar da forte travagem que efectuou, António não conseguiu evitar o atropelamento devido ao excesso de velocidade. Ao ver Bernardo prostrado no chão sangrando abundantemente, António, pensando que a sua vítima se encontrava morta, fugiu para se eximir das suas responsabilidades.

Carlos, agente da GNR que a tudo assistira, apesar de admitir que Bernardo necessitava de cuidados médicos e que corria perigo de vida, decidiu, contudo, perseguir António convencido de que era esta a sua primeira obrigação. Depois de quinze minutos de perseguição, concluiu que a sua motorizada não tinha capacidade para alcançar o automóvel do infractor, pelo que voltou para junto de Bernardo. Ao verificar que este continuava vivo, chamou uma ambulância através do telemóvel que trazia consigo, tentando ainda com o seu lenço e a sua camisa estancar o sangue que corria das feridas de Bernardo. Mais dez minutos volvidos, chegou a ambulância ao local, mas já Bernardo se encontrava morto. Uma perícia médica posterior concluiu, porém, que se a ambulância tivesse chegado ao local quinze minutos antes, isto é, se tivesse sido chamada no momento em que Carlos assistiu ao atropelamento, Bernardo não teria morrido.

Determine a eventual responsabilidade jurídico-penal dos intervenientes.

CASO Nº 117

Por volta das 3 horas da madrugada de uma quente noite de Julho, Alzira, conduzindo o seu automóvel, cogitava num modo de provocar um «valente susto a Bento» que detestava desde que este a assediara em pleno local de trabalho. «Nem de propósito», pensou Alzira quando reparou que, em frente ao seu automóvel, Bento se preparava para atravessar a rua, àquela hora aparentemente deserta. Com mera intenção de o assustar, Alzira acelera bruscamente antevendo que, num último momento, desviaria o seu automóvel da trajectória de Bento. "Cega" com o seu objetivo, Alzira nem atentara em Carvalho, agente da PSP, que, encontrando-se naquele local e ao verificar a súbita aceleração, imediatamente decide empurrar Bento, tentando salvá-lo. Decisão fatal, porém, pois o preciso momento em que se dá o empurrão coincide com o desvio protagonizado por Alzira, acabando Bento por ser atropelado.

Ao verificar que Bento, prostrado no chão, sangrava abundantemente, Alzira foge do local para se eximir às suas responsabilidades. Carvalho, apesar de admitir que Bento necessitava de cuidados médicos e que corria perigo de vida, enceta, no entanto, uma perseguição a Alzira, convencendo-se de que esta seria a sua mais importante obrigação. Quinze minutos volvidos acaba por concluir, todavia, que a sua motorizada não tem capacidade para alcançar o automóvel de Alzira, pelo que se decide a voltar para junto de Bento. Constatando que este continuava vivo, chama então uma ambulância através do telemóvel que trazia consigo e, utilizando o seu lenço e a sua camisa, tenta ainda estancar o sangue que corria das feridas de Bento. Desafortunadamente, porém, mais dez minutos passados, quando a ambulância chega ao local, já Bento se encontrava morto. Uma perícia médica posterior conclui que se a ambulância tivesse chegado ao local quinze minutos antes, isto é, se tivesse sido chamada logo após o atropelamento, Bento não teria morrido.

1. Determine a eventual responsabilidade jurídico-penal dos intervenientes.
2. Suponha agora que quanto ao primeiro parágrafo do caso, Carvalho não empurrara Bento e que Alzira o atropelara com intenção de matar. Quanto ao segundo parágrafo, suponha ainda que o que motivara Carvalho a perseguir Alzira fora a falsa suposição de que Bento morrera imediatamente, logo após o atropelamento. Seria a mesma a sua resposta?

CASO Nº 118

Mediante a promessa de avultada quantia, Augusto convenceu Bruno a matar Carlos.

Pelas 4 horas da madrugada de uma quente noite de Julho, Bruno esperava que Carlos saísse de um bar que costuma frequentar. Quando finalmente Bruno viu Carlos, acompanhado de Damião e Elias, a abandonar o referido bar, apontou a sua arma na direcção da vítima. Bruno esquecera-se, todavia, de carregar a arma e, no momento em que ia premir o gatilho, Francisco, amigo de Carlos, aparecendo nas costas do pretenso agressor, desfere-lhe uma violenta bastonada na cabeça, deixando-o no chão inanimado. Ao verificar que Bruno sangrava abundantemente e que provavelmente morreria, Francisco abandona o local pensando que se o salvasse, poderia, um dia mais tarde, vir a atacar novamente Carlos.

Dez minutos volvidos, Carlos, Damião e Elias que haviam permanecido à porta do bar em amena cavaqueira, apercebem-se de que se encontrava um indivíduo prostrado no chão um pouco mais adiante. Deslocando-se na sua direcção, constatam que ele se encontrava a perder sangue. Carlos imediatamente pede o telemóvel a Elias que era o único que ainda tinha bateria. Elias, porém, que reconheceu em Bruno um perigoso assassino a soldo, recusa-se a emprestá-lo. Carlos, que algumas horas antes, assistira na TV a um debate entre advogados sobre direitos humanos, entusiasmado afirmou: «*até o mais desprezível dos seres humanos é portador de dignidade e, como tal, merece o nosso respeito e solidariedade*». Esquecendo-se de que Elias era também um ser humano, golpeia-o violentamente com um murro na cara. Elias desequilibra-se e cai; depois de o ver no chão, Carlos ainda o pontapeou duas vezes na face, fazendo-o sangrar copiosamente. Retirou-lhe o telemóvel e chamou uma ambulância.

Já no hospital, a vida de Bruno é salva, enquanto Elias morre em consequência dos ferimentos provocados por Carlos.

Analise a eventual responsabilidade jurídico-penal dos intervenientes.

CASO Nº 119

Américo, que pretendia matar Bento, diligenciou junto de Cipriano, seu amigo, no sentido de averiguar se este não conheceria alguém que pudesse efectuar o "serviço". Cipriano apresentou-lhe então Manolo, venezuelano, que, a troco de algum dinheiro, se encontrava disponível para o efeito.

Apalavrado o "negócio", Américo adiantou-lhe € 5000 e comprometeu-se a entregar-lhe outro tanto, assim que o facto pretendido se consumasse. Entregou-lhe, ainda, uma fotografia de Bento e informou-o que este tinha por hábito frequentar um determinado bar todas as noites.

Na noite seguinte, Manolo, munido de uma pistola com silenciador, aguardava que Bento saísse do bar. Por volta das 2:30 horas, finalmente, o bar fecha e Bento retira-se do mesmo, acompanhado dos seus amigos António e Fábio, todos completamente embriagados. Manolo aponta na direcção de Bento, mas, no momento em que dispara, a sua potencial vítima tropeça e cai, e a bala acaba por atingir o vidro de uma das janelas do bar. Como havia uma fuga de gás numa das condutas existentes no estabelecimento comercial, a saída de ar provocada pelo tiro salvou a vida de duas pessoas que ali se encontravam a dormitar, embriagadas, e que, não raras vezes, acabavam por lá passar a noite.

Manolo, já um pouco nervoso, volta a disparar na direcção de Bento, mas, desta feita, a mão encontrava-se trémula e o tiro veio a atingir António que teve morte imediata.

Determine a eventual responsabilidade jurídico-penal dos intervenientes.

CASO Nº 120

Numa das ruas do Bairro Alto, em Lisboa, por volta das quatro horas da madrugada, Francisco, militante da extrema-esquerda trotskista, envolve-se numa acesa discussão de índole política com Adolfo, *skin-head.*

Com os ânimos já bastante exaltados, Francisco pega num pau com cerca de 90 cm de comprimento e, levantando-o, direcciona-o contra Adolfo com intenção de lhe acertar na cabeça. Este, através de um prodigioso golpe de rins, consegue desviar-se e o pau acaba por cair no chão. Agora quem o agarra é Adolfo que, sem hesitar, desfere quatro violentas pancadas na cabeça de Francisco, deixando-o inanimado.

Nesse momento aparece Bernardino, amigo de Adolfo, que, tendo assistido a tudo o que se passara, aconselha Adolfo a fugir imediatamente.

«*Fugir?! Porquê?! Ele tentou agredir-me... Eu apenas reagi... Foi em legítima defesa! Vamos levá-lo ao hospital?*»

«*Nem pensar! Podes arranjar grandes complicações!*», retorquiu Bernardino, «*...não vês que exageraste na "dose"? Ele ainda respira, mas pode vir a morrer... Acabas por ir preso uns bons anos!..*»

Após verificar que não havia mais nenhuma testemunha no local, Adolfo decide seguir o incitamento de seu amigo para abandonar o local e ambos desaparecem.

Uma hora depois, Francisco recupera os sentidos e, não obstante as várias escoriações e hematomas na cabeça, consegue levantar-se, tentando dirigir-se a um estabelecimento hospitalar que ficava perto de sua casa. Uma vez aí chegado, o seu espírito é invadido por pensamentos preconceituosos de cariz político-ideológico: «este hospital é privado ...o presidente do conselho de administração é o João, aquele maldito capitalista...é melhor ir para casa...não vou alimentar esse bando de imperialistas inimigos do povo, da classe operária e de todos os trabalhadores...».

Francisco vem a morrer algumas horas depois, em sua casa, devido a lesões traumáticas e crânio-encefálicas provocadas pelas pancadas de que fora vítima. Ficou provado que se tivesse sido socorrido no hospital teria sobrevivido.

Analise a responsabilidade jurídico-penal dos intervenientes.

CASO Nº 121

Havia já muito tempo que Albino pretendia matar Carlos, um jovem africano, por puras razões de ódio racial. Ao ficar a saber que Carlos ficara noivo de sua irmã, Joana, ficou desesperado. Foi a "gota de água que fez transbordar o copo". Albino não queria sequer admitir a mais ténue possibilidade de Carlos vir a ser seu familiar. Como ele tinha confidenciado ao seu amigo Bruno, havia que «*cortar o mal pela raiz*».

Bruno apresentou-lhe, então, Duarte, um conhecido:

«*Aqui o Duarte não falha*», afiançou Bruno, «*já "limpou o sebo" a uns quantos... O problema dele é que anda com dificuldades económicas...*»

Albino mostrou-se disposto a pagar-lhe € 20.000 pela morte de Carlos, o que Duarte aceitou de imediato.

Nessa mesma noite, Duarte dirigiu-se à discoteca onde se encontrava Carlos. Ao vê-lo com um grupo de amigos, lembrou-se de que tivera uma desavença com alguns deles uns meses antes, principalmente com Evaristo, tendo mesmo chegado a trocar alguns socos e pontapés.

Duarte aproximou-se do grupo empunhando discretamente a sua arma equipada com um silenciador e, a cerca de 20 metros, dispara na direcção de Carlos. O tiro, porém, veio a acertar precisamente no braço direito de Evaristo que, tendo reconhecido Duarte, se preparava para o matar, o que só não aconteceu porque foi atingido. Evaristo segurava a sua arma com a mão direita, largando-a imediatamente ao sentir uma profunda dor provocada pelo disparo. O braço acabou por ter de ser amputado.

Analise a responsabilidade jurídico-penal dos intervenientes.

CASO Nº 122

Numa discoteca de Lisboa, António e Bruna, namorados, dançavam animadamente. Subitamente, António toma consciência de que um indivíduo de aspecto duvidoso, Clemente, não parava de olhar para Bruna, tentando chamar-lhe a atenção. Sem hesitar, António vai pedir explicações a Clemente. Este, sem que aquele notasse, saca de uma navalha, preparando-se para golpear o seu opositor. No preciso momento em que o ia fazer, Xavier, amigo de António, que a tudo assistira, desfere um tiro em Clemente, atingindo-o na barriga, ainda que a sua pretensão fosse atingi-lo no braço que empunhava a navalha. Clemente, ao ser atingido, reflexamente, movimenta os braços e, de raspão, acaba por golpear António numa perna, causando alguns ferimentos não muito graves.

Daniel e Eduardo, amigos de Clemente, perante o sucedido e vendo que este começava a perder algum sangue, transportam-no imediatamente em direcção ao hospital mais próximo. Na viagem, Daniel, que conduzia o automóvel, ao ver que um transeunte, Félix, atravessava a estrada numa passadeira, decidiu acelerar. «Não posso perder tempo», pensou Daniel, «acelerando, pode ser que este *tipo* fuja...». A verdade é que Félix, assustado, não esboçou sequer uma reacção e acabou mesmo por ser atropelado, ficando desmaiado em plena via pública. Daniel ainda parou o veículo, conjecturando se o transportaria também ao hospital, mas, de acordo com o que lhe disse Eduardo, não valia a pena; o importante era salvar Clemente.

Xavier, que seguia também para o hospital para se inteirar do estado de saúde de Clemente, ao ver um indivíduo prostrado no chão, pára o veículo e, certificando-se de que ainda estava vivo, transporta-o para o hospital.

Félix chega ao banco de urgências do hospital segundos depois de Clemente. Guilherme, único médico de serviço, ao fazer um diagnóstico sumário a ambas as vítimas, decide socorrer primeiro Félix por lhe parecer o caso mais grave. Realmente assim era. Porém, os ferimentos de Félix eram tão graves que qualquer intervenção seria inútil e este acabou por morrer. A tentativa de Guilherme salvar Félix, veio entretanto a revelar-se fatal para Clemente. Se o médico o tivesse socorrido imediatamente, Clemente teria sobrevivido.

Determine a eventual responsabilidade jurídico-penal dos intervenientes neste caso.

CASO Nº 123

Por volta das duas horas da madrugada, no bar *pecatto mio*, situado nos arredores da cidade de Bragança, Adélio, lisboeta, filho único de Camilo, tentava convencer Basílio, dono do estabelecimento, a ministrar uma dose do *veneno X* na bebida de seu pai, para assim poder herdar a sua avultada fortuna. «*Ouvi o velho comentar que amanhã à noite virá a este bar... só tens que dissolver o veneno...*», insistia Adélio, «*se me ajudares com "isto" dou-te 20% de tudo o que vier a herdar*». Basílio, que atravessava graves dificuldades financeiras devido a alguns negócios menos claros mal sucedidos, acabou por ceder. A próxima noite de Camilo, seria "a última da sua já longa vida". Não se lembrava com rigor, porém, "das feições do velho" que já há alguns anos não aparecia por ali. Adélio deixou-lhe então uma fotografia que costumava trazer consigo.

Na noite seguinte, pelas 23:00 horas, Daniel, irmão de Camilo, dirigiu-se ao *pecatto mio*. Dadas as semelhanças físicas, Basílio pensou tratar-se do idoso milionário. Conforme o combinado, dissolveu o veneno na bebida pedida e serviu-o, esperando ansiosamente que a sua vítima o bebesse.

Entretanto, numa outra mesa, Rosângela era o motivo de uma acesa discussão que levou Elias a puxar da sua arma e a disparar na direcção do seu interlocutor, Faustino. A bala fere-o num ombro e, após um caprichoso ricochete, acaba por atingir o copo de Daniel, estilhaçando-o, no preciso momento em que este o segurava com a mão direita e se preparava para beber o seu conteúdo. Daniel, hemofílico (o que Elias ignorava), ao ver o sangue a escorrer-lhe pela mão direita, começou a entrar em pânico e a pedir socorro. Basílio, apercebendo-se subitamente de que se não tratava de Camilo, para se redimir transporta-o ao hospital. Na viagem, atropela Guilherme, embriagado, que inadvertidamente atravessara a rua. Com receio de não chegar a tempo de salvar Daniel, Basílio abandona Guilherme no meio da via pública, com graves ferimentos e escoriações.

No hospital, Daniel acaba por morrer, devido a uma transfusão de sangue mal efectuada por Helena, médica de serviço, que, equivocada, utilizou sangue correspondente a um grupo sanguíneo não adequado ao paciente.

Entretanto, Guilherme, devido ao facto de não ter sido socorrido, falece, na via pública, no local do atropelamento.

Determine a responsabilidade jurídico-penal dos intervenientes.

CASO Nº 124

Aurélio, Baltazar e Carlos resolvem assaltar a casa de Daniel, industrial abastado.

Após combinarem o plano de assalto, os três comparsas dirigem-se então a casa de Daniel. Baltazar arromba a porta e entra na casa acompanhado de Carlos. Aurélio fica à porta para alertar os outros no caso de a polícia aparecer.

O que os larápios não contavam era com a presença de Emília, empregada de Daniel, que assistia a um filme na televisão acompanhada de Faustino, seu namorado. Baltazar, assustado, logo dispara um tiro na direcção de Emília provocando-lhe morte imediata. Desesperado, Faustino, que se encontrava armado, puxa do seu revólver e responde a Baltazar com um outro tiro. A bala porém apenas atinge Baltazar de raspão num ombro e vai acabar por atingir também Carlos que fica cego de um dos olhos. Baltazar, ferido, cai por terra. Faustino, esquecendo-se que gastara a única bala que tinha na sua arma, dirige-se a Baltazar enquanto gritava com ódio:

«*Vais morrer, assassino! Maldito sejas... vou acabar contigo!*»

Baltazar, julgando-se na iminência de ser morto, dispara sobre Faustino que fica paraplégico.

Entretanto Carlos fugira. Já fora da casa, interrogado por Aurélio sobre o que se estava a passar, responde que lá dentro estão todos tombados, provavelmente mortos. Aurélio, por sua vez, responde-lhe:

«*Então só faltas tu!*»

Logo de seguida, crava um punhal em Carlos que cai sem vida. Aurélio introduz-se então em casa de Daniel e mete num saco vários objectos valiosos. Quando se preparava para sair, Baltazar, que se encontrava no chão a perder sangue, pede-lhe auxílio. No entanto, Aurélio ignora-o e desaparece do local. No dia seguinte, Baltazar acaba por morrer.

Analise a eventual responsabilidade jurídico-penal dos intervenientes.

CASO Nº 125

Antónia, uma jovem de 17 anos de idade, sentia-se completamente confusa e desnorteada. Havia já dois dias, nascera Benedita, sua filha, e Antónia encontrava-se, ainda, sob a influência perturbadora do parto. Os seus sentimentos eram contraditórios, pois não tinha a certeza se queria o nascimento de Benedita. Havia sido enganada por Cláudio, pai da recém-nascida, que se fizera passar por solteiro e lhe havia prometido casamento. Durante a gravidez, Cláudio tentara insistentemente convencê-la a abortar, mas Antónia, embora hesitante, sempre recusara.

Estes pensamentos invadiam o seu espírito quando recebeu precisamente a visita de Cláudio que, não perdendo tempo, tenta convencê-la, mais uma vez, a matar Benedita. Os argumentos eram os mesmos de sempre: aquela criança ia atrapalhar a vida de ambos. Ele, Cláudio, seria obrigado a escondê-la da sua família e não tinha pretensões de a sustentar; ela, Antónia, mãe solteira com poucos recursos económicos, não conseguiria dar-lhe uma educação digna.

«*Será o melhor para nós os três*», sussurrava-lhe Cláudio, «*se o fizeres, dou-te algum dinheiro e desapareço da tua vida! Deixo-te aqui € 10.000. Fala com a enfermeira Dalva, acho-a capaz de fazer o serviço. Ela comigo não fala, tivemos um desentendimento há uns meses atrás...*»

Pela influência perturbadora do período puerperal, Antónia sentia-se cada vez mais vulnerável aos argumentos de Cláudio que começavam a fazer todo o sentido.

Nessa noite, oferece € 5.000 à enfermeira Dalva que se dedicava à prática ilícita do aborto. Este serviço era um pouco diferente, mas nada que se não fizesse com a ajuda de um bom dinheiro.

«*A Benedita está no berço nº 33*», segredou-lhe Antónia, «*vai lá e mata-a o mais rapidamente possível! Quando voltares, dou-te o dinheiro!*»

Durante a noite, Dalva dirige-se ao berçário do hospital, aproxima-se do berço nº 33 e mata a criança, que aí dormia, por asfixia.

No dia seguinte, Antónia sente um misto de felicidade e angústia. Soubera que Dalva matara, afinal, Eduarda, uma outra recém-nascida. O engano fora dela, Antónia, pois Benedita encontrava-se no berço nº 23.

Pronuncie-se acerca da responsabilidade jurídico-penal dos intervenientes.

CASO Nº 126

Numa bela tarde de Verão, António e Geraldo, amigos, viajavam de automóvel em direção ao Algarve.

Quando se encontravam já em pleno coração do Alentejo, António, que conduzia o veículo, vislumbrou, ao longe, um indíviduo deitado que parecia estar ferido. Tratava-se, com efeito, de Baltazar, um jovem motociclista, que acabara de sofrer um acidente, haviam decorrido alguns minutos.

António perguntou a Geraldo se não seria melhor parar para ver o que se passava. Geraldo, porém, apercebendo-se de que o indíviduo estava efetivamente ferido e preferindo não parar, afirmou em tom jocoso:

«Meu caro António! Até parece que não conheces os alentejanos!.. Não vês que aquele homem está ali deitado a dormir?!..»

António, convencido de que efetivamente se trataria de um cidadão alentejano em repouso, decidiu seguir viagem. A verdade é que Baltazar acabou por morrer algumas horas mais tarde em consequência dos ferimentos provocados pelo acidente.

Analise a eventual responsabilidade jurídico-penal dos intervenientes.

CASO Nº 127

César encontrava-se à porta de casa de Xavier em dificuldades, pois tentava abri-la com uma gazua, mas não estava a lograr os seus intentos. Subitamente surge Eduardo, velho conhecido de César com o qual havia já participado em alguns assaltos, que, ao ver as dificuldades do seu companheiro, apenas lhe dirige um olhar que faz com que este lhe entregue a gazua. Não defraudando as expectativas de especialista no assunto, Eduardo abre imediatamente a porta.

César, agradecido, diz agora a Eduardo para esperar ali, junto à porta, e avisar se aparecer alguém. Naquela casa, havia diversos objetos valiosos e César estava disposto a dividir o que conseguisse transportar num saco com Eduardo. Este manifesta a sua concordância através de um gesto afirmativo com a cabeça.

Porém, enquanto César subtraía os ditos objetos valiosos, Eduardo, que jurara a si mesmo nunca mais cometer crimes, desiste e, num assomo de honestidade, desaparece do local.

Qual a responsabilidade jurídico-penal dos intervenientes?

CASO Nº 128*

Ivone, de 43 anos de idade, que ganhava algum dinheiro em troca de favores sexuais com Alberto, de 45 anos, apercebia-se que este olhava com alguma cobiça para a sua filha, Carla, que tinha apenas 15 anos de idade.

Mediante o pagamento de avultada quantia, Ivone, a quem a sua filha declarara opôr-se a ter relações sexuais com Alberto, combina com este ajudá-lo «a fazer por mal o que Carla não queria fazer por bem».

Assim, numa noite, Ivone e Alberto entram no quarto de Carla, amordaçando-a. Depois, enquanto Ivone, através da força física, segurava a filha, Alberto consumava o acto sexual, tornando-se infrutífera a resistência de Carla.

Qual a responsabilidade jurídico-penal dos intervenientes?

**Caso adaptado da jurisprudência nacional (Ac. STJ de 27/11/1991).*

CASO Nº 129

Álvaro, de 15 anos de idade, filho de Bernardo e seu herdeiro universal, vivia revoltado com o pai, pois este apesar de ser dono de uma vastíssima fortuna não lhe proporcionava o modo de vida que ele tanto desejava. Só havia uma solução: herdar a dita fortuna o mais rapidamente possível.

Álvaro contactou então Clemente, oferecendo-lhe € 30.000 para efectuar o "serviço", o que este prontamente aceitou. Para que tudo fosse executado na perfeição, e como fora sugerido por Clemente, Álvaro tentou convencer Daniel, motorista de Bernardo, para que, no regresso a casa, no dia seguinte, desviasse para um determinado descampado, longe de qualquer olhar curioso, para aí matarem Bernardo. Afiançou-lhe que, no local, um amigo os aguardaria e executaria todo o "trabalho sujo". Que eles "não manchariam as mãos de sangue". Daniel vacilava e Álvaro insistiu: «*O "velho" é um avarento...quanto é que ganhas?! Uma miséria... Muito menos do que mereces! Além dos € 40.000 por este "serviço", quando for eu o teu patrão triplico-te o salário!*»

Após mais algumas hesitações, Daniel acabou por ceder.

No dia seguinte, conforme o combinado, quando Bernardo regressava a casa, Daniel desviou o automóvel em direcção ao local descampado. Perante as insistentes perguntas de Bernardo, Daniel apenas lhe respondia que Álvaro lhe preparara uma surpresa. Chegados ao local, Clemente disparou imediatamente dois tiros que atingiram letalmente Bernardo no interior do veículo. Acto contínuo aproximou-se de Daniel, ainda com a arma empunhada, reconhecendo nele um velho inimigo.

«*Maldito sejas! ... Há anos que te procurava...*»

Daniel, estupefacto e assustado, ainda consegue arrancar a grande velocidade. Clemente dispara, então, vários tiros, mas apenas o consegue atingir num ombro, provocando-lhe alguns ferimentos. Um dos tiros, porém, errou completamente o alvo, acabando por atingir letalmente Eurico, um larápio que carregava um valioso quadro subtraído a Francisco. Eurico percorria, pelo seu próprio pé, o trajecto desde casa de Francisco (onde subtraíra o quadro), localizada a cerca de um quilómetro deste local descampado, até ao seu esconderijo, situado perto deste mesmo local.

Determine a responsabilidade jurídico-penal dos intervenientes.

CASO Nº 130

Alberto, cidadão lisboeta, pretendia matar Camilo, abastado agricultor residente em Beja, em razão de alguns negócios menos claros que entre eles se encontravam pendentes.

Com tal intuito, Alberto conseguiu convencer Dário a matar Camilo mediante a promessa de pagamento de € 50.000. Apalavrado o negócio, Alberto adiantou € 10.000, assegurando que pagaria o resto assim que o "serviço" estivesse efectuado.

Quando Dário, no dia seguinte pela manhã, se deslocava a casa de Camilo e, se encontrava já próximo da cidade de Beja, avistou, ao longe, um vulto que trabalhava no campo. Dário, utilizando os seus binóculos, identificou Camilo e, imediatamente, puxou da sua espingarda de longo alcance. Neste preciso momento, surgiu o seu amigo Emílio que viajava em direcção a Espanha. Dário teve então uma brilhante ideia: convencer Emílio de que o vulto de Camilo era o de um espantalho e pedir-lhe que experimentasse a espingarda para averiguar se estava afinada. Para o convencer afirmou:

«Tu és muito melhor atirador do que eu. Se não acertares no espantalho é porque a minha arma está desafinada...»

Dito e feito, Emílio pegou na espingarda, apontou na direcção daquilo que pensava ser um espantalho, e disparou. A sua pontaria não era, afinal, assim tão boa e o disparo acabou por atingir letalmente Florbela, irmã de Camilo, que se encontrava alguns metros mais adiante.

Qual a responsabilidade jurídico-penal dos intervenientes?

CASO Nº 131

Albino, Bráulio, César, Demétrio e Eurico traçavam, em conjunto, um plano para assaltar uma dependência do *Banco X*. Após algumas horas de discussão, as tarefas de cada um ficaram distribuídas: na manhã seguinte, pelas 8:00 horas, encontrar-se-iam num jardim próximo da dependência bancária visada. Albino conduziria o seu automóvel e apenas se devia dirigir ao local do crime dez minutos depois de todos os outros para que estes, após a consumação do assalto, entrassem na viatura e se pusessem em fuga; Bráulio e César munir-se-iam cada um de sua arma para ameaçar funcionários e clientes que se encontrassem na agência bancária; Demétrio levaria um enorme saco para transportar o produto do assalto; Eurico ficaria à porta para avisar os outros caso aparecesse a polícia.

No dia seguinte, porém, nem Albino nem Eurico compareceram no local combinado. Albino sentia-se profundamente doente, com temperatura altíssima e não conseguiu sair de casa. Eurico, por sua vez, arrependera-se de entrar neste plano. Nunca, na sua vida, havia praticado um crime de tamanha gravidade e, qual rebate de consciência, não seria agora que o iria fazer. Por outro lado, tinha sérias dúvidas de que tudo desse certo; o melhor seria mesmo nem sair de casa.

Bráulio, ao verificar que Albino e Eurico não apareciam, indignou-se, mas não desistiu:

«*Só faz falta quem cá está!*», afirmou com mais raiva do que convicção, «*César, dá-me a tua arma, vai buscar o teu carro e aparece daqui a dez minutos à porta do Banco! Eu e o Demétrio já sabemos o que temos a fazer...*»

Dito e feito. César foi imediatamente buscar o automóvel, enquanto Bráulio e Demétrio se dirigiram para a dependência bancária. Uma vez lá chegados, Bráulio de arma em punho ameaçava tudo e todos, enquanto o empregado da caixa colocava o dinheiro no saco que Demétrio segurava. No preciso momento em que as últimas notas enchiam o saco por completo, surgiu a polícia que, imediatamente, procedeu à detenção de Bráulio e Demétrio. Quando César chegou ao local, viu o carro-patrulha da polícia à porta da dependência bancária e não hesitou nem um segundo em colocar-se imediatamente em fuga.

A polícia soubera do assalto, devido a um telefonema de Filomena, mulher de Eurico, que, após ouvir os desabafos e dúvidas do marido sobre a participação no assalto, sem nada lhe dizer avisara as autoridades.

Determine a responsabilidade jurídico-penal dos intervenientes.

CASO Nº 132

Américo e Bruno, amigos, resolveram convidar as suas namoradas Carla e Daniela, para um piquenique à beira rio. No entanto, Bruno ficou furioso ao saber que Eliseu, sobrinho de Daniela, os acompanharia. Bruno detestava o irrequieto e inconveniente rapaz, de 12 anos de idade, que frequentemente lhe impedia momentos de intimidade com Daniela.

Chegados ao local, Carla e Daniela apressaram-se a diligenciar um saboroso repasto, enquanto Américo, Bruno e Eliseu se divertiam jogando futebol. No auge de tal diversão, Américo empurrou Eliseu para o rio, desconhecendo que este não sabia nadar. Eliseu, aflito, bracejava e gritava. Quando Américo se preparava para se lançar ao rio, a fim de o salvar, Bruno, com esperança na morte do rapaz, exclamou: «*Américo! Tem calma, não vás! O miúdo está a brincar; ele não tem medo!.. É um excelente nadador!*»

Américo não mergulhou, acreditando em Bruno. Este pensava: «*É hoje que me livro desta peste para sempre...*». Eliseu, cansado de bracejar, afunda. Enquanto Américo ficava preocupado, Bruno, excitadíssimo, pensava na morte do pequeno. Porém, eis que o miúdo apareceu de volta à superfície... afinal o rio não tinha mais do que 70 cm de profundidade. Eliseu estava vivo!

Já em terra firme, começou a chorar. Carla e Daniela, tentando acalmá-lo, faziam ainda mais barulho do que a própria criança.

Neste momento surgiu Filipe a passear com o seu feroz cão, *Rex*. O animal estava habituado a viver na paz campestre, não surpreendendo que perante toda aquela "algazarra", confuso e desnorteado, arreganhasse os dentes e se lançasse, furioso, em direcção a Carla. Américo, para evitar que a sua namorada fosse atacada, puxou de um revólver com o objectivo de atingir o saudável e genuíno pastor alemão. Filipe, que tinha um amor obsessivo pelo cão, conseguiu ser mais rápido a puxar da sua pistola, e atirou na direcção da mão armada de Américo, esmigalhando-a.

Bruno, Carla e Daniela, furiosos ao verem o seu amigo sem a mão direita, dirigiram-se a Filipe, para o agredir. *Rex*, assustado com a situação, fugiu.

Tendo ouvido o tiro, surgiram no local, Gustavo, Helena e Inês, amigos de Filipe. O inevitável aconteceu: gerou-se uma rixa, da qual resultaram vários arranhões nos intervenientes e o aborto de Inês, que estava grávida.

Dias depois, Inês, com sede de vingança, convencida de que o aborto resultara de um pontapé na barriga dado por Daniela, persuade Joaquim, mediante avultada quantia, a praticar actos de tortura sobre Daniela.

Joaquim assim o fez. Porém, constatou, com aterradora surpresa, que Daniela havia morrido em consequência de uma pancada das muitas por si desferidas enquanto a torturava. Em pânico, Joaquim fugiu do local. Ao atravessar uma ponte, deparou-se com Bruno que, entretanto, ficara a par dos planos de Inês.

Munido de um bastão e desconfiado de que Joaquim executara já os referidos planos, Bruno ameaçou: «*Vou dar cabo de ti, covarde!.. Vais sofrer na pele o dobro do mal que possas ter feito!..*»

Desnorteado, Joaquim decidiu atirar-se ao rio, na esperança de conseguir sobreviver. O vento forte, porém, projectou-o contra um dos pilares da ponte, o que lhe provocou a morte.

Analise a eventual responsabilidade jurídico-penal dos intervenientes.

CASO Nº 133

Após uma longa conversa, Abel conseguiu convencer Bernardo e Carlos a raptar Diogo, filho de Fausto, abastado industrial de Famalicão, para obterem um resgate no valor de cinco milhões de euros. Para o efeito, Abel sugeriu a Bernardo que persuadisse a sua bela mulher, Elvira, a atrair Diogo para a casa de Carlos que se situava num local discreto. Depois de conseguido este objectivo Bernardo e Carlos tinham todas instruções de Abel de como proceder não só para vigiar Diogo enquanto este ali estivesse enclausurado, como também para conseguir obter o resgate de Fausto. «*Tenho plena confiança que tudo farão conforme as minhas instruções*», afirmava Abel, «*e se assim for, tudo correrá bem! Depois dividiremos os cinco milhões entre nós e nunca mais ninguém nos põe a vista em cima!*».

Como Elvira se recusava a participar no plano criminoso, Bernardo, que não queria desagradar Abel, convenceu-a de que se ela não colaborasse morreria. «*O Abel já contratou dois homens para te matar se não fizeres o que ele me pediu! É melhor colaborares... não tens grande escolha!*». Elvira sabendo que Abel "não era para brincadeiras" acabou por aceitar a tarefa.

Assim, dois dias depois, Elvira dirigiu-se à Universidade onde Diogo estudava, conseguindo com ele travar conhecimento. Conversaram durante cerca de uma hora e, no final, pediu-lhe uma boleia para casa ao que Diogo acedeu. Mal entraram no "descapotável", Elvira apontou-lhe uma pistola, ordenando-lhe que se dirigisse para o local onde se situava a casa de Carlos. Já no final do percurso, a cerca de 200 metros da casa de Carlos, porém, o automóvel embateu numa carrinha que parou à sua frente e a arma de Elvira caiu. Quando Elvira se debruçava para apanhá-la, Diogo puxou de uma arma que Fausto lhe dera para sua defesa pessoal e ordenou a Elvira que se imobilizasse imediatamente, dando-lhe "voz de prisão".

Guilherme, que por ali passava, ao ver Diogo de arma apontada em direcção a Elvira e pensando que iria disparar e matá-la, pegou na raquete de ténis que trazia no seu saco. No preciso momento em que, agitado, ia golpear Diogo, escorrega e a raquete vem a atingir violentamente a cabeça de Elvira, provocando-lhe um perigoso traumatismo craniano. Diogo tentou arrancar, mas não conseguiu, pois o automóvel encontrava-se danificado. Ao ver Elvira a sangrar abundantemente e constatando que ela corria perigo de vida, Diogo descobre naquele momento que por ela se apaixonara. Esclarece, então, Guilherme do que realmente se havia passado e pede-lhe o telemóvel emprestado para chamar uma ambulância, pois esquecera-se do seu em casa. Como Guilherme se recusava a emprestá-lo, Diogo golpeou-o com um tremendo soco para obtê-lo, chamando de seguida uma ambulância.

No hospital, Elvira acabou por se salvar. Se Diogo não tivesse chamado a ambulância, provavelmente morreria.

Analise a responsabilidade jurídico-penal de:

1. Bernardo, Carlos e Elvira
2. Abel
3. Guilherme
4. Diogo

CASO Nº 134

Amélia odiava secreta e obsessivamente Bruna desde que esta encetara um romance com Carlos. Os ciúmes e a raiva eram cada vez mais intensos, a razão teimava em escassear e a dor tornava-se insuportável. Só havia uma decisão possível: matar Bruna!

Sabendo que Bruna tinha o hábito diário de lanchar na pastelaria de Daniel, Amélia conquistou a amizade de Emília, empregada da pastelaria.

Algum tempo volvido, pelas cinco horas de uma tépida tarde de Junho, nessa pastelaria, e após Bruna haver pedido um refrigerante, Amélia, num momento em que Emília se encontrava distraída, conseguiu ministrar uma dose mortal do *veneno X* na bebida destinada à sua rival. Quis o destino, todavia, que no preciso momento em que Emília servia a bebida envenenada a Bruna, surgisse Carlos que de imediato se senta na mesa da sua namorada. «*Estás com um ar muito cansado* – afirmou Bruna – *Vieste a correr?.. Pega! Bebe o meu refrigerante, vais sentir-te melhor!*».

Carlos, que realmente se encontrava com muita sede, bebeu-o sofregamente, logo começando a sentir um terrível mal-estar com insuportáveis dores estomacais, náuseas e tonturas. Bruna, ao verificar o estado de saúde do namorado e ao constatar que se esquecera do seu telemóvel (e de que naquele estabelecimento não havia qualquer telefone), dirigiu-se a Fausto, único cliente que, para além de Bruna e Carlos, ali se encontrava. Este porém recusou-se a emprestar o seu telemóvel para chamar uma ambulância convencido de que nenhuma obrigação tinha de o fazer. Bruna, desesperada, com a ajuda de Amélia – que entretanto saíra pela porta das traseiras e acabara de entrar pela porta principal, simulando uma entrada ocasional –, transporta-o para o hospital no seu próprio automóvel.

Chegados ao hospital, Guilherme, único médico de serviço, recusa-se a tratar Carlos, pois, um outro paciente, Hélder, acabara também de chegar ao banco de urgências do hospital, vítima de um acidente de viação. Esta decisão do médico acabou por se revelar fatal para Carlos que morreu dez minutos depois. Hélder, contudo, também não resistiu aos ferimentos, vindo a provar-se que qualquer tentativa de tratamento, ao contrário do que Guilherme diagnosticara, teria sido ineficaz.

Determine a eventual responsabilidade criminal de:

1. Emília
2. Bruna
3. Amélia
4. Fausto
5. Guilherme

CASO Nº 135

Numa segunda-feira de uma bela tarde primaveril, Abel, Bruno e Carlos, amigos, encontram-se a almoçar numa esplanada da zona da Ribeira, na cidade do Porto. Abel comenta que se encontra em situação económica difícil e que, como tal, precisava de mais dois comparsas para realizar um assalto deveras lucrativo. Bruno e Carlos logo se interessam pelo teor da conversa e perguntam a Abel o que este tem em mente. Abel relata então que conhece uma faustosa vivenda sita na zona de Miramar, em Vila Nova de Gaia, pertencente a um abastado industrial que apenas costuma lá passar os fins-de-semana. A dita vivenda encontra-se num local relativamente isolado, parecendo fácil lá penetrar. Convencido de que o recheio seria muito valioso, Abel propõe a Bruno e Carlos que a assaltassem, reiteradamente, todas as noites, até sexta-feira. Deste modo, conseguiriam uma avultada fortuna. Bruno e Carlos ficam entusiasmados. Abel aconselha todos a irem armados «não fosse acontecer algum azar».

Assim, nessa noite, por volta das duas horas da madrugada, Abel, com uma gazua, consegue abrir a porta e, na companhia de Bruno, entra no interior da vivenda. Carlos permanece no exterior em missão de vigilância. Abel e Bruno apropriam-se de alguns objectos valiosos que colocam num saco. Tendo tudo corrido com a normalidade desejada, dividem os objectos em três partes iguais.

Satisfeitos com os resultados obtidos, na noite seguinte, novamente cerca das duas horas da madrugada, repetem o mesmo plano. O que Abel e Bruno não esperavam era encontrar Joaquim, o dono da casa, que nela se encontrava por ter tido necessidade de ir recolher uns documentos que ali havia esquecido durante o último fim-de-semana. Surpreendido, Joaquim, puxa do seu revólver apontando-o na direcção de Abel e Bruno. Estes, aterrorizados, rapidamente se põem em fuga, sem sequer se lembrarem de utilizar as armas que transportavam.

Quando Carlos, no jardim da vivenda, vê Abel e Bruno a serem perseguidos, saca da sua pistola e dispara dois tiros com intenção de acertar em Joaquim, vindo um deles, porém, a atingir de raspão uma perna de Abel e o outro a atingir Joaquim num órgão vital. Na fuga, a coxear, Abel despenha-se numa ribanceira e cai num quintal junto à capoeira das galinhas, partindo várias costelas. Inácio, dono da quinta, ouvindo toda aquela algazarra, pega na sua caçadeira (que, sem o saber, se encontrava descarregada) e do alto da sua varanda vociferou:

«*Ah, velhaco, ladrão de galinhas! Vais levar dois tiros!..*»

Abel, supondo-se na iminência de ser atingido, puxa da sua arma, dispara e fere Inácio letalmente.

Analise a responsabilidade criminal dos intervenientes.

CASO Nº 136*

Havia já dois anos que Asdrúbal se enlevara por Julieta. Sendo a relação entre ambos de forte amizade, faltava-lhe, todavia, a coragem para revelar a sua verdadeira afeção. Quis o cruel destino, ironicamente, que, no preciso dia em que Asdrúbal se decidira, finalmente, a revelar o seu arrebatamento, Xavier, um seu amigo, lhe confidenciasse a suspeita de a sua apaixonada se haver comprometido com Romeu. Despeitado, Asdrúbal confronta Julieta com tal suposição. Esta, que havia já algum tempo se apercebera que Asdrúbal pretendia algo mais do que ser apenas seu amigo, para evitar problemas e aproveitando o facto de as respetivas famílias (dela e de Romeu) se encontrarem desavindas, disse-lhe em tom de ironia e de um certo escárnio: «*Boa!.. Vinha mesmo a calhar!.. Comprometer-me com o inimigo!.. Só me faltava essa!..*». Asdrúbal sentiu-se confortado com tais palavras, mal sabendo que elas correspondiam à verdade. Na realidade, Julieta sentia-se encantada com Romeu e pouco lhe importava a inimizade entre as respetivas famílias.

Uma semana depois, Asdrúbal ganhara novamente coragem para se declarar a Julieta. Enquanto bebia uma cerveja num bar, antes de se dirigir a casa de sua pretendida, vem contudo a saber, pelos comentários de amigos, que, no dia anterior, Romeu ficara noivo de Julieta. Asdrúbal sentiu-se em estado de choque. Não queria acreditar no que ouvira. Começou, então, a sentir um ódio profundo contra Romeu que ia crescendo dia após dia. Até que, numa bela tarde, após surpreender Romeu e Julieta num piquenique campestre, muito divertidos, tomou uma decisão: Romeu tinha de morrer.

Para o efeito, *contrata* Bento, adiantando-lhe € 10.000 como *sinal* e prometendo-lhe o pagamento de mais € 40.000 quando o *serviço* estivesse realizado. Bento, que por acaso conhecia Romeu, não querendo "sujar as mãos", engendra um plano que rapidamente coloca em prática.

Sob o pretexto da proximidade do Carnaval, sabendo que Romeu, rapaz alegre e folgazão, era partidário das "brincadeiras" próprias da época e que Carlos, conhecido de ambos, revelava espírito assustadiço, Bento empresta a Romeu uma *bisnaga* que aparentava ser uma arma verdadeira. «*Não queres pregar um valente susto ao Carlos?..*», perguntava Bento sorridente enquanto lhe entregava o brinquedo; «*... se ele se depara com esta "arma" apontada à cabeça fica apavorado... Vai ser divertido!..*». Romeu, imaginando a situação, entusiasmou-se com a brincadeira.

No dia seguinte, dando sequência ao seu plano, Bento provoca um encontro com Carlos. «*Soube que o Romeu anda aborrecido...*», dizia-lhe; «*... ele acha que queres "roubar-lhe" a Julieta. Bem sei que são suspeitas infundadas, mas como convencê-lo do contrário?!*». Ao ouvir estas palavras, Carlos começava a ficar assustado. «*Tem cuidado!.. Agora que se aproxima o Carnaval, ainda te aponta uma bisnaga!..*», continuava Bento, franzindo o sobrolho quando pronunciou a palavra "bisnaga".

Com estas palavras, que surtiram o efeito desejado por Bento, Carlos ficou completamente aterrorizado. Convenceu-se de que, a qualquer momento, Romeu lhe iria apontar uma arma verdadeira e tentar matá-lo. Mal chegou a casa, pegou no seu velho revólver e, a partir daí, não mais o largou.

Alguns dias depois, em plena noite de Carnaval, Romeu encontra Carlos e aponta-lhe a *bisnaga*. Este, pensando tratar-se de uma verdadeira arma, atendendo ao que lhe dissera Bento, rapidamente puxa o seu revólver e, trémulo, dispara dois tiros em direcção a Romeu, errando, todavia, o alvo. O segundo dos tiros acaba mesmo por atingir Eliseu no preciso momento em que este se preparava para subtrair a carteira do bolso de Frederico, um folião de Carnaval que por ali passava. Foi o tiro disparado por Carlos que evitou a consumação do furto.

Eliseu, gravemente ferido, é conduzido ao banco de urgências de um hospital. Gabriel, médico de serviço, só o atendeu uma hora depois da sua chegada por ser um indefectível aficionado de futebol e estar a assistir a um jogo muito importante. Foi o suficiente para que Eliseu, não resistindo aos ferimentos, acabasse por morrer.

Após leitura atenta do caso prático, determine a responsabilidade jurídico-penal de:

1. Carlos e Bento
2. Asdrúbal
3. Eliseu
4. Gabriel

* *Veja-se a resolução deste caso prático infra, p. 137-146.*

CASO Nº 137

A Asdrúbal, que vivia na companhia de seu cão, Rex, agradava-lhe pregar partidas. Principalmente a pessoas que detestava, como era o caso de Benevides, seu vizinho, e respetiva mulher, Clotilde. A próxima vítima iria ser, precisamente, Clotilde.

Sabendo que Rex odiava o perfume de Dalila, sua irmã, e que Benevides e Clotilde não gostavam de cães, Asdrúbal oferece um frasco da malfadada fragrância a Clotilde, por ocasião de seu aniversário.

Alguns dias depois, numa solarenga manhã de domingo, Benevides e Clotilde saem de casa para um habitual passeio. Asdrúbal, que se encontrava no seu jardim e sentindo o aroma que de Clotilde exalava, apercebe-se que esta havia utilizado o perfume com que a presenteara. Liberta, então, Rex, que, em grande velocidade, se dirige a Clotilde, ladrando ferozmente. Benevides, porém, encontrava-se armado com o seu revólver. «*É hoje que calo este animal para sempre!..*», pensou enquanto apontava a arma ao genuíno Lobo d'Alsácia e, sem piedade, o fuzilava com três tiros letais.

«*Não havia necessidade...*», choramingava, mais tarde, Asdrúbal, «*o Benevides bem sabia que o Rex apenas ladrava e que mal nenhum faria*». «*Mas isto não fica assim!*», o seu olhar expressava agora uma raiva incontida: «*aquele velhaco vai pagá-las!..*»

Asdrúbal contacta, então, Eliseu, um velho amigo que passava por dificuldades económicas, oferecendo-lhe € 5.000 pela morte de Benevides. Eliseu prontamente aceitou.

Sabendo que todas as quintas-feiras Benevides frequentava, ao fim da tarde, um ginásio em local relativamente isolado, Eliseu, numa dessas quintas-feiras, esperava-o, furtivo, nas imediações. Em dado momento, pela porta do ginásio sai Félix, irmão gémeo de Benevides. Pensando tratar-se de Benevides, Eliseu aponta a sua arma a Félix e dispara dois tiros. O primeiro, erra completamente o alvo; o segundo, acerta de raspão no ombro direito de Félix e, após caprichoso ricochete, vem a acertar em Gustavo, um transeunte que repentinamente havia surgido no local.

Eliseu, assustado, foge. Félix, ligeiramente ferido, chama, por telemóvel, uma ambulância, pois Gustavo parecia estar em situação de grave perigo para a vida.

Gustavo chega ao banco de urgências do hospital ao mesmo tempo que Hélder, um jovem que também se encontrava gravemente ferido após acidente de viação. Igor, único médico de serviço e apenas tendo tempo para salvar um dos pacientes, socorre Hélder por haver reconhecido em Gustavo um velho colega de escola que detestava.

Igor consegue salvar Hélder e Gustavo morre. Vem, mais tarde, a provar-se que, dada a gravidade dos ferimentos sofridos, a morte de Gustavo era inevitável, mesmo que tivesse sido prontamente socorrido. Prova-se, ainda, que Gustavo era um perigoso terrorista brasileiro de ascendência turca ligado à *Al-Qaeda* e que tinha viagem marcada com destino a Florianópolis (capital do Estado de Santa Catarina, Brasil) para breve. Essa viagem tinha como objectivo fazer explodir um hotel que iria acolher vários turistas norte-americanos.

Após leitura atenta do caso prático, determine a responsabilidade jurídico-penal de:

1. Benevides
2. Eliseu
3. Asdrúbal
4. Igor

CASO Nº 138

Em virtude de anomalia grave de que padecia (o suficiente para ser considerado inimputável), Benevides, cidadão nacional de origem macaense, acreditava em espíritos malignos.

Artur, que pretendia matar Cláudia, decide, para o efeito, aproveitar-se da deficiência mental de Benevides. Forja, então, uma narrativa segundo a qual Benevides viria a ser brevemente amaldiçoado por Cláudia. De acordo com a maldição Benevides seria perseguido por espíritos malignos "até ao fim dos seus dias" e mesmo, quiçá, "para toda a eternidade". Só havia, segundo Artur, um modo de evitar tão dramático e tormentoso destino: matar Cláudia o mais rápido possível, antes que esta viesse a concretizar os seus malévolos intentos.

Assim, durante a noite, Benevides, de revólver em punho, consegue sub-repticiamente entrar na residência de Cláudia por uma janela que inadvertidamente ficara aberta. Após entrar no quarto onde a dona da casa dormia profundamente, aponta-lhe a arma, mas, no preciso momento em que ia disparar, é surpreendido por um violento golpe na cabeça desferido por Daniel (irmão de Cláudia) que se havia apercebido da invasão de Benevides e dos seus desígnios. O golpe, executado com um valioso candelabro de prata, provocara lesões crânio-encefálicas graves em Benevides, colocando-o numa situação de perigo para a vida.

A atuação de Daniel veio, porém, a revelar-se inútil, pois, por lapso de Benevides, o revólver encontrava-se descarregado.

Cláudia e Daniel chamaram imediatamente uma ambulância e Benevides foi conduzido ao hospital mais próximo. Edmundo, único médico de serviço, decidiu, após rápido diagnóstico, socorrer primeiro Francisco que, com idênticas lesões, acabara também de chegar ao banco de urgências do hospital, vítima de acidente de viação. Esta decisão do médico (motivada por razões de índole racista após descortinar nas feições de Benevides a sua origem asiática) acabou por salvar a vida de Francisco, vindo, no entanto a revelar-se fatal para Benevides.

Se Benevides fosse prontamente assistido teria sobrevivido, ainda que, nesse caso, em detrimento de Francisco que morreria inevitavelmente.

Determine a eventual responsabilidade penal de:

1. Benevides
2. Artur
3. Daniel
4. Edmundo

CASO Nº 139*

Pelas 3 horas da madrugada, António conduzia o seu automóvel em excesso de velocidade e com teor de álcool no sangue superior ao legalmente permitido. Devido ao excesso de velocidade e ao teor de álcool no sangue que lhe diminuiu os reflexos, não conseguiu evitar, apesar de abrupta travagem, o choque com a motorizada de Benevides num cruzamento em que este (Benevides) tinha prioridade.

Em razão do choque, não muito violento (atenuado pela travagem), Benevides acabou por se desequilibrar da motorizada e, desgraçadamente, cair em cima de um pedaço de vidro que lhe perfurou as costas até ao coração, causando-lhe morte imediata. Este pedaço de vidro era o resultado de uma garrafa de vidro partida por Xavier, de 16 anos de idade, que a colocara na estrada, algumas horas antes, para, por brincadeira de terrível mau gosto, furar pneus de eventuais veículos que por ali passassem.

António, pensando que Benevides estava vivo (dado que o seu corpo, prostrado no chão, ocultava o pedaço de vidro que lhe perfurara as costas), mas gravemente ferido (já que, na queda, lhe parecera que Benevides batera violentamente com a cabeça), não o socorreu, pois nele reconheceu um velho inimigo. Desejando a sua morte, que realizou como provável por conjeturar ferimentos graves em Benevides e por se tratar de uma estrada sem movimento (diminuindo as hipóteses de socorro), António seguiu viagem. Cerca de 1 km mais à frente foi surpreendido por uma operação *stop* na qual lhe foi detetada uma taxa de álcool no sangue de 0,9 g/l (em contravenção ao disposto no artigo 81º do Código de Estrada).

Clemente, que sofria de insónia e passeava pelas redondezas, assistiu ao choque entre António e Benevides, reconhecendo-os a ambos. Do seu telemóvel ligou a David, irmão de Benevides, contando-lhe o sucedido. David, que já não gostava de António, decidiu vingar-se, não se coibindo de desabafar com Clemente: «*olho por olho…! Esse velhaco do António vai pagá-las com a própria vida! Não chames a polícia, amigo Clemente, eu tenho o direito de acabar com ele! Chama-se a isto "legítima defesa da honra de terceiro"!*»

Convencido da veracidade jurídica deste seu último asserto, David contactou Eduardo a quem ofereceu €10.000 pela morte de António, o que Eduardo prontamente aceitou.

Dois dias depois, esperava Eduardo na esquina da rua onde se situava a discoteca em que António trabalhava, quando, pelas 5 horas da madrugada, vislumbra António a sair da discoteca. De imediato saca uma arma equipada com silenciador e dispara na sua direção. O tiro, porém, não atinge António, vindo a acertar letalmente em Rex, um saudável e genuíno pastor alemão, propriedade de Francisco, que se preparava para morder Gabriela que por ali passava. Não fora o tiro disparado por Eduardo e Rex teria provocado grave ofensa à integridade física de Gabriela.

Determine a eventual responsabilidade penal de:

1. António
2. Xavier
3. Eduardo
4. David

**Caso prático resolvido, infra, p. 147-156.*

CASO Nº 140

Numa esplanada de Lisboa, Alberto, Baltazar e Cícero riam ruidosamente das anedotas que, ao ritmo do consumo de bebidas, cada um ia contando. Em determinado momento, as piadas começaram a revestir um tom racista; foi então que Diniz, um jovem angolano de raça negra sentado numa mesa próxima, se levantou e exigiu um pouco de respeito.

Alberto, entusiasmado com a presença dos amigos, puxou de uma arma e, apontando às pernas de Diniz, gritou: «*Levantaste-te muito depressa, preto desgraçado! Mas pode ser que fiques sentado para o resto da tua vida!*»

No preciso instante em que Alberto ia disparar foi alvejado no ombro por Evaristo que, sendo amigo de Diniz, pretendia defendê-lo. Alberto, porém, ao sentir uma profunda dor no seu ombro, levantou reflexamente o braço e disparou, acertando ingloriamente na cabeça de Diniz que teve morte imediata. Em consequência do ferimento no ombro, Alberto teve que amputar o seu braço direito. Félix, pai de Diniz, ao saber da morte do filho, jurou vingança.

Alguns dias depois, mediante a promessa de avultada quantia, Félix convenceu Guilherme a matar Alberto. Para o identificar, mostrou-lhe uma fotografia que entretanto conseguira obter. Guilherme, que se encontrava em liberdade condicional, não querendo *sujar as mãos* com aquele crime, convenceu Heitor, um jovem de 15 anos de idade, a efectuar o *serviço*.

Assim, numa madrugada de domingo, Heitor esperava na esquina de uma rua deserta que Alberto regressasse de um bar que costumava frequentar. Quando finalmente apareceu, Alberto vinha acompanhado de Igor, seu irmão. Heitor, confundindo-os, disparou em Igor que ficou gravemente ferido. Alberto, ao aperceber-se que Heitor fugia, atirou na sua direcção com intenção de matar, convencido de que actuava em legítima defesa. No entanto, a mão esquerda de Alberto era demasiado trémula e o tiro veio a atingir *Bóris*, um saudável pastor alemão pertencente a João, que se preparava para morder Vanessa que por ali passava.

Levado ao hospital, Igor veio a morrer em consequência da negligência do médico que o assistiu. Na autópsia ficou provado, contudo, que dada a gravidade dos ferimentos, Igor, provavelmente, não teria hipóteses de sobreviver.

Determine a responsabilidade criminal dos intervenientes.

Casos Práticos
de Direito Penal resolvidos

(CASO Nº 39)

No dia 10 de janeiro do ano passado, Manolo, cubano com residência em Miami, matou Wilson, norte-americano. Nesse mesmo dia, um pouco mais tarde, Joaquim, português com residência em Évora, matou Chang, chinês. Ambos os crimes ocorreram em pleno centro da cidade de Dallas, no Estado norte-americano do Texas.

Perseguidos pelas autoridades norte-americanas, juntos fugiram para Portugal. Entre nós, Joaquim, a 5 de junho ainda do ano transato, cometeu o crime de incêndio p.p. pelo artigo 272º do Código Penal.

Em 2 de fevereiro já do corrente ano, Joaquim, que viajara até Paris, ajuda Carla, portuguesa emigrada em França, a suicidar-se.

Hoje, em território português, são capturados pelas autoridades nacionais e o Estado do Texas pede a extradição de ambos pelos respetivos crimes de *homicídio*. A China pede a extradição de Joaquim e o governo cubano a de Manolo, não só pelo crime de *homicídio*, mas também por *delito de opinião*, pois havia manifestado uma opinião negativa sobre o regime político cubano numa entrevista concedida em Madrid, a 3 de março do corrente ano, ao jornal *El País*.

Agora suponha:

- No Estado do Texas o *homicídio* (entre nós p.p. pelo artigo 131º do CP) é punido com *pena de morte* tal como na China e em Cuba. Neste país, o *delito de opinião* é ainda punido com pena de *prisão perpétua*. Em França, o *incitamento ou ajuda ao suicídio* (no Código Penal português constitui crime p.p. pelo artigo 135º) é punido com pena de prisão até um ano.

- No dia 5 de janeiro do ano passado entrara em vigor, em Portugal, uma lei, a *lei x*, que passara a punir o *homicídio* com uma pena de prisão de 15 a 30 anos. No dia 21 de junho também do ano passado, e devido à previsão de inúmeros incêndios, a *lei w* agravou em um terço as penas previstas no artigo 272º do Código Penal para os incêndios praticados "*durante o período do Verão" desse ano.*

Posto isto, quais as leis aplicáveis a Manolo e a Joaquim pelos crimes praticados?

RESOLUÇÃO DO CASO PRÁTICO

No que respeita à competência da lei penal portuguesa no espaço internacional, analisemos, em primeiro lugar, se esta é aplicável ao crime de homicídio cometido por Manolo contra Wilson.

O facto ocorreu na cidade de Dallas, no Estado norte-americano do Texas, pois aí se verificaram tanto a ação de matar quanto o resultado morte. Temos, assim e em conformidade com o artigo 7º do CP, um crime praticado fora do território nacional, não operando, desse modo, o princípio da territorialidade enquanto elemento de conexão com a lei penal portuguesa previsto no artigo 4º do CP.

Levanta-se, no entanto, a possibilidade de a nossa lei penal ser aplicável a este crime, por força do artigo 5º, nº 1, *f)* do CP. Na verdade, Manolo, cubano, foi encontrado em Portugal e a sua extradição foi requerida pelo Estado do Texas. E apesar de se tratar de um crime que pela sua natureza admite extradição (não se encontra abrangido pelo artigo 7º da Lei nº 144/99, de 31 de Agosto), esta, por imperativos constitucionais (artigo 33º, nº 6 da CRP), não pode ser concedida pelo Estado português, dado que, segundo o Direito do Estado (requisitante) do Texas, ao crime de homicídio corresponde pena de morte.

Ainda que Portugal não tenha qualquer elemento de conexão com o crime em causa, a verdade é que se recusa a extradição deve, então, assumir a responsabilidade de julgar Manolo até para que este se não quede, pura e simplesmente, imune a qualquer processo penal (e, consequentemente, impune) em Portugal. É, basicamente, esta a lógica que preside ao princípio da administração supletiva da lei penal portuguesa sufragado pelo artigo 5º, nº 1, *f)* do CP, pelo que, a este crime de homicídio praticado por Manolo contra Wilson, é aplicável a lei penal portuguesa.

No que toca à entrada em vigor da *lei x* em 5 de janeiro do ano passado, esta é aplicável a este homicídio, posto que, não obstante ser menos favorável do que a lei anterior, já se encontrava em vigor quando o crime ocorreu (10 de janeiro, em conformidade com o artigo 3º do CP). Prevalece aqui a regra do artigo 2º, nº 1 do CP (*tempus regit actum*), até porque não existe, verdadeiramente, um problema de sucessão de leis penais no tempo, uma vez que não é relatado no texto do caso prático qualquer sucessão de leis entre a ocorrência do homicídio e algum momento posterior.

Quanto ao homicídio de Chang, cidadão chinês, perpetrado por Joaquim, cidadão nacional, importa dizer, antes de mais, que o *locus deliti* é, tal como no caso anterior, a cidade de Dallas, no Texas (segundo os critérios do artigo 7º do CP), e, portanto, também agora, não é aplicável o artigo 4º do CP.

Suscita-se, então, a hipótese de ser a lei penal portuguesa competente *ex vi* do artigo 5º, nº 1, desta feita alínea *e)*, do CP. Desentranha-se desta norma o princípio da nacionalidade ativa, ou seja, aqui se preveem crimes praticados por portugueses contra estrangeiros no qual se enquadra, pois, o homicídio praticado por Joaquim contra Chang.

Mas para que esta alínea efetivamente opere torna-se necessária a verificação dos três requisitos que aí se prescrevem:

I)– O primeiro requisito verifica-se, pois Joaquim foi capturado pelas autoridades portuguesas em Portugal;

II) – Também o segundo requisito funciona, já que no lugar da prática do facto (no caso, Estados Unidos da América) o facto (homicídio) é, tal como em Portugal, punível;

III)– Sendo um crime que admite extradição (não se enquadra no artigo 7º da Lei nº 144/99, de 31 de Agosto) e tendo o Estado do Texas requerido essa extradição (para julgar Joaquim), não pode a mesma ser concedida por duas razões: *prima*, Joaquim é cidadão nacional; *altera*, o crime é punível com pena de morte no estado requerente. Ora, a nossa Constituição (artigo 33º, nº 6) proíbe a extradição quer de cidadãos nacionais, quer de cidadãos de qualquer nacionalidade se, já o vimos, o crime for punível com pena de morte no Estado requerente. Também este requisito se verifica.

Pode, assim, afirmar-se que a situação concreta do homicídio praticado por Joaquim contra Chang se subsume no artigo 5º, nº 1, *e)* do CP e, portanto, concluir-se pela aplicabilidade da lei penal portuguesa.

Já no que à questão de aplicação da lei penal no tempo concerne, tal como no crime de homicídio anterior, aplica-se a *lei x*, por ser esta a lei do momento da prática do facto, em sintonia com a regra geral consagrada no artigo 2º, nº 1 do CP (não se verificando, *in casu*, qualquer das exceções que para esta regra se preveem).

Em Portugal, a 5 de junho do ano transato, Joaquim cometeu o crime de incêndio p.p. pelo artigo 272º do CP.

Tendo o facto sido praticado em Portugal (segundo o critério do artigo 7º do CP), a lei penal portuguesa é aplicável por força do artigo 4º, *a)* do CP (nem existe aqui, em rigor, um crime internacional).

A *lei w* prevê uma agravação da moldura penal prevista no artigo 272º do CP. Porém, a sua entrada em vigor, em 21 de junho do mesmo ano, é posterior ao momento da prática do facto (5 de junho, em conformidade com o artigo 3º do CP). Não é aplicável a *lei w* a este crime de incêndio, dado que tal aplicação implicaria uma sua aplicação retroativa em contrariedade ao estatuído nos artigos 29º, nº 1 da CRP e 1º, nº 1 do CP. Também neste caso prevalece a regra geral ínsita no artigo 2º, nº 1 do CP (*tempus regit actum*).

De referir, ainda, que não obstante ser a *lei w* uma lei temporária (pois define, formal e inequivocamente, o seu período de vigência) e de as leis temporárias serem objeto de regime especial, não opera neste caso tal regime (consagrado no artigo 2º, nº 3 do CP), na medida em que o facto não foi praticado durante o seu período de vigência (como expressamente impõe o mencionado artigo 2º, nº 3 do CP), mas alguns dias antes.

É aplicável a Joaquim, pelo crime de incêndio que cometeu, o artigo 272º do CP.

Em 2 de fevereiro do corrente ano, em França, Joaquim ajuda Carla a suicidar-se, cometendo o crime de incitamento ou ajuda ao suicídio (artigo 135º do CP).

Sendo, em conformidade com o artigo 7º do CP, o crime praticado fora de Portugal, atendendo a que tanto o comportamento de ajuda ao suicídio como o próprio suicídio (resultado não previsto no tipo legal de crime, pois trata-se de mera condição objetiva de punibilidade) ocorreram em território estrangeiro (França), não funciona a territorialidade como elemento de conexão com a lei penal portuguesa, vale por dizer, não funciona o artigo 4º do CP.

Estamos, porém, mediante um crime praticado contra uma cidadã nacional (Carla) por um outro cidadão nacional (Joaquim), residente habitualmente, este último, em Portugal (Évora). Pela conjugação de todos estes elementos de conexão com Portugal (*lex patriae* do infrator e da vítima do crime, *lex domicilii* do infrator), enquadra-se este crime na previsão da alínea *b)* do nº 1 do artigo 5º, sendo-lhe, assim, aplicável a lei penal portuguesa. E ainda que seja mais favorável a lei francesa (pena até um ano de prisão contra pena até três anos de prisão em Portugal), não vale neste caso o preceituado no artigo 6º, nº 2 do CP em razão das limitações impostas pelo nº 3 do próprio artigo 6º.

Importa, ainda, referir o entendimento de Taipa de Carvalho segundo o qual é necessária uma intenção de fraudar a lei portuguesa por parte do autor do crime para que opere esta alínea *b)* nº 1 do artigo 5º do CP. Taipa de Carvalho desentranha este requisito (implícito) da exigência da *lex domicilii* reportada ao agente do crime. «Ao mencionar e considerar a residência habitual em Portugal como pressuposto da aplicabilidade deste princípio» – diz Taipa de Carvalho – «o legislador está a exigir, implicitamente, que o português se desloque ao estrangeiro com o objetivo principal de aí praticar o facto. É esta pré-ordenação ("criminosa") da deslocação ao estrangeiro, que configura uma fraude ou forma de contornar a lei penal portuguesa, o que constitui a *ratio* e determina o âmbito da eficácia normativa deste princípio» [da nacionalidade ativa e passiva que se consagra na alínea em questão] (Taipa de Carvalho, *Direito Penal. Parte Geral. Questões Fundamentais/Teoria Geral do Crime*, Coimbra Editora, Coimbra, 2ª ed., 2011, §415) De acordo com esta perspetiva, não operaria esta alínea *b)* do nº 1 do artigo 5º do CP no nosso caso, pois tudo leva a crer que Joaquim se encontrava acidentalmente em França e que, portanto, não se deslocara propositadamente a este país para aí cometer o crime.

Não parece ser este, todavia, o entendimento mais sensato. Não só pelas enormes dificuldades que implicaria ao nível da prova, mas sobretudo por não estar expresso na lei. A exigência da residência habitual em Portugal terá o seu principal fundamento na circunstância de se dever tratar de um infrator cujo ambiente cultural seja o nacional, devendo respeitar, acima de tudo, os respetivos valores penalmente protegidos. Tratando-se de um emigrante português no estrangeiro, por exemplo, compreender-se-ia melhor que adotasse comportamentos enquadrados na valoração cultural do país em que residisse e que, enquanto tal, não fosse punido (ou o fosse de modo mais favorável) por tais comportamentos, ainda que estes fossem considerados crime (ou crime mais grave) em Portugal (neste sentido, ainda que com outra argumentação, Figueiredo Dias, *Direito Penal. Parte Geral. Questões Fundamentais/A Doutrina Geral do Crime*, Coimbra Editora, Coimbra, 2ª ed., 2ª reimp., 2012, 9º Cap., §37).

Por este crime de incitamento ou ajuda ao suicídio (artigo 135º do CP) seria a lei portuguesa aplicável Joaquim.

No que concerne ao delito de opinião cometido por Manolo contra o regime cubano, não consubstancia este comportamento crime em Portugal.

Encontrando-se Manolo em Portugal, Cuba requer ao nosso país a extradição do cidadão cubano. O Estado português não deve, porém, extraditar, pois trata-se de um crime puramente político e, enquanto tal, crime que por sua natureza não admite extradição conforme se prescreve no artigo 7º, nº 1, *a)* da Lei nº 144/99, de 31 de Agosto (em sintonia com o artigo 33º, nº 6 da CRP), o que de resto bem se compreende, atendendo a que criminalizar este género de comportamentos atenta contra os princípios basilares de um democracia liberal e plural.

(CASO Nº 52)

Alberto, português emigrante em França, envolveu-se numa acesa discussão com Benevides, cabo-verdiano, num bar de Paris.

Em determinado momento, Alberto, completamente fora de si, pega num bastão e acerta um violento golpe na cabeça de Benevides, provocando-lhe um traumatismo craniano. De seguida, e perante o olhar atónito de todos que no bar se encontravam, foge do local.

Sabendo que a polícia estava no seu encalço e descobrindo que Benevides era amigo de Charles, francês e seu patrão, Alberto, mediante a perspectiva de despedimento, sentiu-se na miséria, dado que ainda não tinha conseguido amealhar dinheiro algum. Decide, então, raptar Nicole, francesa e filha de Charles, com o objectivo de a este pedir um avultado resgate. Ocupando o iate de Charles, de matrícula francesa, e mantendo Nicole em cativeiro, Alberto foge pela costa norte de França e de Espanha, atracando na sua cidade natal, Viana do Castelo.

Ainda mal tinham pisado solo português e Nicole logo conseguia libertar-se e escapar. Alberto pede, então, ajuda ao seu amigo Duarte, português residente em Matosinhos. Após longa perseguição, alcançam Nicole já em terras espanholas, na vila de Los Lobios. Todavia, já Nicole se encontrava na companhia de Igor, ucraniano, e Ghani, egípcio, capangas de Charles, que, após tortura, matam Duarte.

Alberto, mais uma vez, consegue fugir e, já em Portugal, numa entrevista ocasional a uma estação de rádio portuguesa, difama gravemente o Presidente da República Portuguesa por não assegurar emprego para todos no país. Um dia depois, é detido pelas autoridades nacionais.

Algumas semanas volvidas, também Igor e Ghani são detidos pelas autoridades nacionais num luxuoso hotel no Algarve.

Após leitura atenta do caso prático, responda às seguintes questões:

1. Para o crime de *ofensa à integridade física grave* (artigo 144º do CP), suponha que a lei mais favorável é a cabo-verdiana, seguida da francesa e, só depois, da portuguesa. Qual a lei aplicável a Alberto por este crime?
2. Para o crime de *rapto* (artigo 161º do CP), admita que a lei mais favorável é a francesa, seguida da portuguesa e, só depois, da espanhola. Qual a lei aplicável a Alberto por este crime?

3. Para o crime de *homicídio qualificado* (artigo 132º do CP), a lei mais favorável é a portuguesa, seguida da espanhola, da ucraniana (que pune o crime com pena de prisão perpétua) e, só depois, da egípcia (que pune com pena de morte). Qual (ou quais) a(s) lei(s) aplicável (ou aplicáveis) a Igor e Ghani?
4. Pressuponha agora que no dia em que Alberto difamou o Presidente da República Portuguesa decorria o terceiro dia de um período de campanha eleitoral justamente para a presidência da República. Para vigorar durante esse período eleitoral – a saber, 15 dias –, a *Lei X* agravara em um terço os limites mínimo e máximo da moldura penal sufragada pelo artigo 328º do CP em razão de um anormal clima de "crispação política". Alberto é julgado um mês depois das eleições.
   Qual a lei aplicável? Justifique a sua resposta à luz dos mandamentos constitucionais.

RESOLUÇÃO DO CASO PRÁTICO

1. O artigo 7º do CP define os critérios determinantes do lugar da prática do facto. Segundo este preceito «o facto considera-se praticado tanto no lugar em que [...] o agente actuou [...] como naquele em que o resultado típico [...] se tiver produzido». No caso concreto, acção e resultado do crime de *ofensa à integridade física grave* (artigo 144º do CP) ocorreram num bar de Paris, em França, logo fora do território nacional.

A aplicação espacial do direito penal português não é, assim, convocada pelo princípio da territorialidade consagrado no artigo 4º do CP. Prevê, ainda, no entanto, o artigo 5º do mesmo diploma a possibilidade de a lei penal portuguesa ser aplicável a factos praticados fora do território nacional, desde que observados outros elementos de conexão.

O crime em questão (*ofensa à integridade física grave*) foi cometido por um cidadão nacional (Alberto, emigrante em França) contra um cidadão estrangeiro (Benevides, cabo-verdiano). Verifica-se, então o princípio da nacionalidade activa sufragado pelo artigo 5º, nº 1, *e)* do CP. Exige este preceito a verificação de três requisitos para a efectiva aplicação da lei nacional:

I)– que o agente seja encontrado em Portugal. O que aconteceu como se pode comprovar no penúltimo parágrafo do caso prático;

II)– Que o facto seja punível no lugar em que tiver sido praticado. A *ofensa à integridade física grave* é um crime também punível, naturalmente, em França (de modo mais favorável do que em Portugal, conforme se menciona na presente questão, mas, ainda assim, punível);

III)– que o facto constitua crime que admita extradição, mas que esta não possa ser concedida. E, realmente, não pode, em regra, Portugal conceder a extradição (ou a entrega) de um cidadão nacional para um outro país por força do artigo 33º, nº 3 da CRP (no caso concreto não se verifica a excepção a esta regra, excepção, também ela, prevista neste artigo 33º, nº 3 da Lei Fundamental). Tem razão Taipa de Carvalho quando afirma, a propósito do presente requisito, não ser exigível um pedido de extradição e a correspondente recusa, até porque, se assim não fosse, a aplicação da lei penal portuguesa estava sempre dependente de um ato de um país estrangeiro (de um pedido de extradição). Ademais, o pedido de extradição dificilmente ocorreria quando o crime fosse praticado, por exemplo, num local onde se não exercesse o poder punitivo e o país da nacionalidade do autor do crime não punisse o facto (mais desenvolvidamente, quanto aos argumentos utilizados para defesa desta posição, veja-se Taipa de Carvalho, *Direito Penal. Parte Geral. Questões Fundamentais/Teoria Geral do Crime*, Coimbra Editora, Coimbra, 2ª ed., 2011, §§ 405 a 407).

O direito penal português é, assim, aplicável ao crime em questão. Todavia, sendo a lei francesa mais favorável devem os nossos tribunais aplicá-la conforme impõe o artigo 6º, nº 2 do CP.

2. Alberto, português, rapta Nicole, francesa, em França, mantendo-se o rapto em águas territoriais espanholas e portuguesas a bordo de um iate de matrícula francesa. O facto deve, assim, considerar-se praticado em França, Espanha e Portugal de acordo com o princípio da ubiquidade que do artigo 7º do CP resulta. Com efeito, e como refere Paulo Pinto de Albuquerque para o crime continuado e para o que rotula como "crime de trânsito" (isto é, «crime em que o agente ou o objecto do crime atravessa vários lugares», como é o caso do rapto no presente caso prático), deve considerar-se «que o facto tem lugar em qualquer um dos lugares em que a conduta ocorreu» (*Comentário do Código Penal*, Universidade Católica Editora, 2ª ed., 2010, Artigo 7º, nº m. 7).

Coloca-se, no entanto, aqui a questão: se o facto se iniciou em França e se prolongou num iate de matrícula francesa não deveria considerar-se todo o facto praticado em França independentemente das águas territoriais em causa?

Na resposta a esta questão coloca-se o problema de saber se o *princípio do pavilhão*, consagrado no artigo 4º, *b)* do CP, apenas opera em águas internacionais ou também em águas territoriais de outros países.

Os navios ou aeronaves militares portugueses consideram-se território nacional (Paulo Pinto de Albuquerque, *Comentário do Código Penal*, Universidade Católica Editora, 2ª ed., 2010, Artigo 4º, nº m., na linha, de resto, de Eduardo Correia, *Actas das sessões da comissão revisora do Código Penal, Parte Geral*, Tomo I, sem data, AAFDL, p. 72.). Assim, para o mencionado princípio do pavilhão previsto no artigo 4º, *b)* do CP restam os navios e aeronaves civis. Este princípio é complementar face ao princípio da territorialidade e, enquanto tal, a este não pode se sobrepor. Se da soberania sobre o território de uma nação fazem parte as respectivas águas territoriais (conforme se dispõe na Convenção das Nações Unidas sobre o Direito do Mar, Convenção de Montego Bay de 1982), não vale logicamente o princípio do pavilhão (que é complementar) sobre essas águas territoriais. Portanto, o princípio do pavilhão só abrange os factos cometidos a bordo de navios ou aeronaves civis portugueses que circulem em espaço internacional. E este entendimento (que se sintoniza com a mencionada Convenção de Montego Bay, pois, segundo esta Convenção os navios estrangeiros estão sujeitos à jurisdição do Estado em cujas águas territoriais se encontrem, exceptuando-se os navios militares que gozam de imunidade de jurisdição) deve aplicar-se, *mutatis mutandis* (atento o princípio da reciprocidade), aos navios e aeronaves estrangeiros civis, donde, em águas territoriais portuguesas, os factos praticados a bordo de tais navios (e aeronaves em espaço aéreo sobre estas águas territoriais) devem ser considerados como tendo sido praticados em Portugal.

Deste jeito, basta que, no caso concreto, parte do crime de rapto tenha sido praticado em águas territoriais portuguesas para que se entenda que tenha ocorrido em Portugal. A ordem jurídico-penal portuguesa é, assim, chamada pelo artigo 4º, *a)* do CP. Apesar de o (ou parte do) facto ter sido também praticado fora do território nacional (mais concretamente em França e em Espanha), a verdade é que não deve operar *in casu* o preceituado no artigo 6º, nº 2 do mesmo diploma, posto que este artigo 6º só é aplicável se a ordem jurídico-penal portuguesa for chamada pelo artigo 5º do CP. Ainda que seja mais favorável a lei francesa, deve, pois, no tribunal nacional, ser a lei penal portuguesa aplicável a Alberto pelo rapto de Nicole.

3. Após tortura, Igor, ucraniano, e Ghani, egípcio, matam Duarte, português, em Espanha. Trata-se de um crime de *homicídio qualificado* (artigo 132º, nº 2, *d)* do CP) praticado fora do território nacional. Não operando aqui, pois, o princípio da territorialidade, resta saber se, nos termos do artigo 5º do CP, algum elemento de conexão com a lei penal portuguesa existe que possa determinar a sua competência. E, com efeito, ao verificar-se neste crime o *princípio da nacionalidade passiva* (a vítima, Duarte, era cidadão nacional) levanta-se a possibilidade de ser aplicável a alínea *e)* do nº 1 do citado artigo 5º. Torna-se, então, necessário preencher os requisitos previstos neste preceito, *scilicet*:

I)– que os agentes sejam encontrados em Portugal. Igor e Ghani foram detidos pelas autoridades portuguesas no Algarve, verificando-se, portanto, este requisito;

II)– que o facto seja punível no lugar em que foi praticado. No caso concreto, a lei do lugar da prática do facto, a lei espanhola, pune o crime de homicídio com pena ainda mais grave do que a portuguesa.

III)– que o crime, admitindo extradição, esta não possa ser concedida. No caso, Portugal não pode extraditar Igor para a Ucrânia, posto que neste país o crime é punível com pena de prisão perpétua e a extradição de Portugal para países estrangeiros relativamente a crimes a que corresponda pena privativa da liberdade com carácter perpétuo (nesses países) só é admissível nos termos e condições previstos no nº 4 do artigo 33º da CRP, o que no caso se não verifica. Também Ghani não pode ser extraditado de Portugal para o Egipto dada a pena de morte aplicável ao crime em causa neste país (artigo 33º, agora nº 6 da CRP).

Só para Espanha poderia haver extradição (ou melhor, entrega), mas é pouco crível que o Estado espanhol viesse a solicitar a entrega de Ghani e Igor uma vez que estes foram encontrados em Portugal e a vítima era portuguesa. De qualquer modo, na hipótese nada é referido quanto a um eventual pedido de entrega por parte de Espanha.

Posto isto, é a lei penal portuguesa aplicável a Ghani e Igor, nos termos do artigo 5º, nº 1, *e)* do CP.

4. A *Lei X*, sendo uma lei de emergência, é também uma lei temporária propriamente dita. É, desde logo, uma lei de emergência na medida em que visa prevenir a prática de um facto criminoso – *ofensa à honra do Presidente da Republica* (artigo 328º do CP) – durante um período de emergência, isto é, enquanto perdurar o período eleitoral que gerou um anormal clima de "crispação política". Trata-se portanto, neste sentido, de uma lei de emergência ou de uma lei penal temporária em sentido material. É também uma lei penal temporária em sentido formal posto que ao definir o seu período de vigência (o período eleitoral) o faz de modo formal e inequívoco.

Estão, assim, reunidos os dois pressupostos (o material e o formal) da legitimidade constitucional e político-criminal do regime jurídico (especial) das leis penais temporárias propriamente ditas (basicamente neste sentido quanto ao pressuposto material e formal da lei penal temporária, Taipa de Carvalho, *Direito Penal. Parte Geral. Questões Fundamentais/Teoria Geral do Crime*, Coimbra Editora, Coimbra, 2ª ed., 2010, § 374).

Tal regime jurídico, previsto no artigo 2º, nº 3 do CP, expressa-se na aplicabilidade da lei temporária a todas as condutas que, estando nela previstas, se pratiquem durante a sua vigência, independentemente de, no momento do julgamento, estar ou não em vigor. Isto vale por dizer que o facto cometido durante o período de vigência da lei temporária continua a ser punível após a sua cessação, não sendo aplicável retroactivamente a lei penal mais favorável.

Trata-se, então, de um regime jurídico que, à partida, se afigura incompatível precisamente com o princípio da aplicação retroactiva da lei penal mais favorável sufragado pelo artigo 29º, nº 4, *in fine*, da CRP. Se, com efeito, de uma verdadeira excepção se tratasse a este preceito constitucional, o artigo 2º, nº 3 do CP seria inconstitucional. Todavia, pressuposto do artigo 29º, nº 4, *in fine*, da CRP é a existência de uma nova lei mais favorável que, através de um acto legislativo positivo, revogue a lei anterior (menos favorável), o que só se compreende que suceda por *alteração da valoração político-criminal* dos factos constantes nas respectivas previsões normativas. É um regime jurídico que se fundamenta na hegemonia da prevenção (geral e especial) positiva no nosso direito penal.

Nas leis temporárias, não obstante, o sentido político-criminal é outro. Com efeito, elas não implicam uma alteração da valoração político-

-criminal, apenas envolvendo uma *alteração (anormal) da situação fáctica*. O que se pretende com a lei temporária, através da ameaça de uma pena menos favorável (ou de uma pena *tout court*, caso o facto não fosse anteriormente considerado crime), é a dissuasão de determinados comportamentos enquanto perdurar essa anormal situação fáctica, como, de resto, acontece no caso *sub judice* (isto é, pretende-se evitar ao máximo que, durante um "período quente" de "crispação política" em razão de eleições presidenciais, as pessoas em geral ofendam a honra do Presidente da Republica que o "calor" da disputa eleitoral parece propiciar).

Ora, este escopo dissuasor seria completamente defraudado se, uma vez cessada a vigência da lei temporária, se aplicasse a nova lei mais favorável. Até porque, sendo curto esse período de vigência (como acontece no nosso caso: 15 dias) dificilmente se conseguiria julgar os prevaricadores ainda durante esse período, o que levaria (aplicando-se a lei mais favorável) à completa ineficácia da lei temporária.

A lei temporária tem, assim, um escopo dissuasor pela via, essencialmente, da prevenção geral *negativa* (que a anormal situação fáctica justifica) conducente a um sentido e alcance que não colide com o sentido e alcance do artigo 29º, nº 4, parte final, da CRP. Quando cessa a vigência da lei temporária, não se altera a valoração político-criminal do facto (essa vigência estava, aliás, já pré-definida pela própria lei temporária), donde se não justifica a aplicação retroactiva da lei mais favorável. Já no artigo 29º, nº 4, parte final, da CRP se prevêem casos em que a entrada em vigor da lei mais favorável se deve a uma alteração dos valores político-criminais, implicando, portanto, um acto legislativo positivo que revogue a lei anterior e dê corpo a essa alteração de valores. Aqui sim, já se justifica a aplicação retroactiva da lei mais favorável.

A previsão normativa do artigo 2º, nº 3 do CP não interfere, pois, com a previsão normativa da parte final do nº 4 do artigo 29º da CRP, não sendo, por conseguinte, o seu regime jurídico prejudicado pelo preceito constitucional. *In casu*, a *Lei X* seria, então, aplicável a Alberto, ainda que este, tendo praticado o crime na sua vigência, só tenha sido julgado um mês após a cessação dessa mesma vigência.

(CASO Nº 75)

Num restaurante em Bragança, após acalorada discussão, Aníbal, exaltado, puxa da sua arma e dispara na direção do seu interlocutor, Bruno, com intenção de matar.

O tiro, porém, apenas atinge Bruno de raspão no ombro esquerdo e, após ricochete, vem a acertar na mão direita de Clotilde que se preparava para iniciar a sua refeição.

Foi chamada uma ambulância que transportou Bruno e Clotilde para o hospital.

Entretanto, no meio da confusão, *Rex*, cão de Daniel, o cozinheiro, devorou a refeição que estava destinada a Clotilde e acabou por morrer.

Provou-se mais tarde que a comida ingerida por *Rex* continha uma dose mortal do *veneno X* que Daniel, por puro engano, ministrara enquanto preparava a refeição de Clotilde.

Clotilde só não morreu envenenada devido ao tiro disparado por Aníbal que a atingiu na mão.

No hospital, e após tratamento médico, Bruno e Clotilde apenas ficaram com ligeiras escoriações.

Qual a responsabilidade jurídico-penal de Aníbal e Daniel?

RESOLUÇÃO DO CASO PRÁTICO

Responsabilidade penal de Aníbal:

Ação: Aníbal dispara na direção de Bruno, atingindo-o de raspão no ombro esquerdo. Após ricochete, o tiro vem ainda a acertar na mão direita de Clotilde. Bruno e Clotilde ficaram com ligeiras escoriações. Tendo Aníbal disparado com uma intenção final (qual seja, a de matar Bruno), estamos perante um comportamento *humano* (porque) desencadeado pela *vontade*, o que corresponde a uma exteriorização anímico-espiritual da respetiva personalidade. Trata-se, portanto, de uma ação suscetível de valoração jurídico-penal.

Relativamente a Bruno

Tipicidade objetiva: o disparo na direção de Bruno é idóneo a matar, ainda que, ao ser apenas atingido de raspão no ombro, a pessoa visada não tenha morrido. Com o seu comportamento, Aníbal preenche a previsão normativa do artigo 22, nº 2, *b)* juntamente com a do artigo 131º, ambos do CP, isto é, tentativa de homicídio.

É verdade que o disparo executado por Aníbal provoca, ainda, ofensa à integridade física simples em Bruno ao atingi-lo de raspão num ombro, enquadrando-se também o seu comportamento no tipo legal de crime p.p. no artigo 143º do CP. A situação é, todavia, de mero concurso aparente, pois entre as normas existe uma relação de consunção, na medida em que a execução de um(a tentativa de) homicídio abrange logico-conceptualmente a (eventualidade de uma) ofensa à integridade física, pelo que esta é consumida por aquela. Punir em concurso efetivo seria, aliás, inconstitucional, porquanto violaria o conteúdo material do *non bis in idem* (seria uma dupla reprovação do mesmo comportamento), princípio sufragado pelo artigo 29º, nº 5 da *Lex Fundamentalis*.

Tipicidade subjetiva: Aníbal *sabia* que o seu comportamento (disparo de um tiro na direção de Bruno) era apto a matar o seu interlocutor (elemento *intelectual* do dolo) e quando disparou, conforme se lê no caso prático, teve *vontade* de matá-lo (elemento *volitivo* do dolo). Aníbal praticou, neste conspecto, um ato de execução "de um crime que decidiu cometer", subsumindo-se a sua conduta no tipo subjetivo de homicídio na forma tentada (artigos 22º, nº 1 e 2, *b)* e 131º, ambos do CP)

Ilicitude e culpa: não existe qualquer causa de justificação do facto nem da culpa do agente.

Punibilidade: quanto a Bruno deve Aníbal ser punido por tentativa de homicídio nos termos do artigo 73º, nº 1, *a)* e *b)* (com referência ao artigo 131º), *ex vi* do artigo 23º, nº 2, todos do CP.

Relativamente a Clotilde

Tipicidade objetiva: o tiro disparado por Aníbal vem a acertar, após ricochete, na mão direita de Clotilde que ficou com ligeiras escoriações.

Indicia-se o preenchimento do tipo objetivo de ofensa à integridade física simples (artigo 143º do CP). Havia, porém, uma situação de risco pré-existente dirigido à vida de Clotilde. Este risco fora desencadeado por Daniel que, por puro engano, ministrara uma dose do *veneno X* na refeição destinada a Clotilde e que esta se preparava para iniciar quando foi atingida pelo tiro. Isto implica que o *risco* pré-existente para a vida de Clotilde foi *diminuído*, pelo comportamento de Aníbal, para ofensa à integridade física (bem jurídico de valor inferior ao bem jurídico vida). Assim, e aplicando a teoria da conexão do risco, pode dizer-se que mediante uma situação de risco pré-existente, Aníbal não aumentou esse risco, bem ao contrário diminuiu-o, pelo que, tratando-se de uma situação de *diminuição do risco*, falha o primeiro pressuposto de imputação objetiva segundo a teoria do risco (qual seja, criação de risco proibido ou potenciação de risco pré-existente).

Não existe assim imputação objetiva da ofensa à integridade física de Clotilde à ação de Aníbal, não sendo esta, por conseguinte típica.

Responsabilidade penal de Daniel

Ação: por puro engano, Daniel ministra uma dose do *veneno X* na comida destinada a Clotilde que, por sua vez, não a ingeriu. *Rex*, cão de Daniel, acabou por devorar a refeição de Clotilde, vindo a morrer. É uma ação humana e voluntária, dado que Daniel agiu com o objetivo de preparar a refeição de Clotilde, portanto, com uma intenção final, o que significa uma exteriorização anímico-espiritual da sua personalidade.

Tipicidade objetiva: sendo a dose do *veneno X* (ministrada na comida de Clotilde) mortal, Daniel agiu de modo idóneo a matar a cliente do restaurante. Esta só não morreu devido ao imprevisto de ter sido atingida na mão pelo tiro disparado por Aníbal (como se viu *supra*). A atuação de Daniel enquadra-se, portanto, na previsão dos artigos 22º, nº 2 *b)* e 131º (ou 132º, nº 2, *i)*), ambos do CP.

Tipicidade subjetiva: Daniel encontra-se numa situação de erro-ignorância sobre a factualidade típica, pois não se apercebeu de ter ministrado ("por puro engano") o *veneno X* (ato idóneo a matar) na comida de Clotilde. Esta é uma situação de erro prevista no artigo 16º, nº 1 do CP ("erro sobre elementos de facto [...] de um tipo de crime") cuja estatuição impõe a exclusão do dolo, como bem se compreende (falta o respetivo elemento intelectual ou cognitivo). Como a tentativa de consumação de um crime é necessariamente dolosa (não está prevista na forma negligente), como se pode constatar pelo preceituado no artigo 22º, nº 1 do CP (exige a decisão de querer consumar um crime), a atuação de Daniel não é típica.

Quanto ao facto de *Rex* ter ingerido a comida envenenada e ter, consequentemente, morrido, a verdade é que Daniel matou o seu próprio cão. Este comportamento não é, contudo típico, pois o crime de dano (artigo 212º do CP) só ocorre se for alheia a coisa móvel destruída.

(CASO Nº 76)

Américo dirigiu-se a casa de Bráulio com intenção de matá-lo.

Após conseguir entrar, deparou-se com um vulto deitado no sofá que supôs ser Bráulio que ali se encontraria, decerto, a descansar.

Américo disparou sobre o vulto, provocando-lhe morte imediata.

Afinal tratava-se de Carlos e não de Bráulio. Quando Américo disparou, já Carlos se encontrava deitado no sofá, inanimado, prestes a morrer. É que, alguns minutos antes, por brincadeira de mau gosto, Bráulio apontara ao seu amigo Carlos uma arma que pensava estar descarregada e premira o gatilho. A arma continha, todavia, uma bala, o suficiente para que o tiro desferido por Bráulio atingisse Carlos e este caísse no sofá inanimado, aparentando estar a dormir.

Bráulio, pensando que matara Carlos, fugira.

Se Américo não tivesse disparado o tiro sobre Carlos, este igualmente morreria dali a uns instantes.

Qual a responsabilidade jurídico-penal de Américo e Bráulio?

RESOLUÇÃO DO CASO PRÁTICO

Responsabilidade penal de Américo

Ação: Américo disparou sobre Carlos (pensando tratar-se de Bráulio) que teve morte imediata. Américo agiu com uma intenção final, matar Bráulio, pelo que o seu comportamento (sendo desencadeado pela vontade humana) é humano e voluntário (i.e., controlável pela vontade humana), correspondendo, nessa medida, a uma exteriorização anímico-espiritual da sua personalidade. Trata-se de um comportamento passível de qualificação jurídico-penal.

Tipicidade objetiva: O comportamento de Américo subsume-se no tipo legal de crime de homicídio (artigo 131º do CP). Sendo este um crime de resultado, coloca-se a questão da imputação objetiva: com o disparo, Américo aumentou o risco (proibido) pré-existente (Carlos já se encontrava em risco de morte quando foi atingido pelo tiro disparado por Américo) de matar Carlos (é previsível, segundo critérios de experiência comum, que o disparo de Américo sobre Carlos lhe provoque a morte) e a morte deste é a materialização desse risco criado. A morte de Carlos imputa-se, assim, a Américo.

É referido no caso prático que se "Américo não tivesse disparado o tiro sobre Carlos, este igualmente morreria dali a uns instantes". Significa que a *causa real* da sua morte foi o disparo de Américo, mas que haveria uma outra *causa* (*virtual*) dessa morte (de Carlos) se Américo não tivesse disparado: o disparo efetuado por Bráulio. Poder-se-ia, então, levantar a questão de tal *causa virtual* relevar no sentido de *negar* a imputação do resultado típico ao comportamento de Américo. Seria, pois, uma situação de *relevância negativa da causa virtual*. É pacífico na doutrina, contudo (veja-se, por todos, Figueiredo Dias, *Direito Penal – Parte Geral. Questões Fundamentais. A Doutrina Geral do Crime*; Tomo I, Coimbra Editora, Coimbra, 2ª ed., 2007, 12º Cap., § 41), que em direito penal (e diferentemente do que sucede em específicas situações legalmente previstas nos artigos 497º, 498º e 499º do CC, no domínio da responsabilidade civil) a causa virtual não releva nem para negar a imputação objetiva, nem para realizar essa mesma imputação (*irrelevância negativa e positiva da causa virtual*), pelo que a morte de Carlos não deixa, por esse motivo, de se imputar a Américo.

Tipicidade subjetiva: ao disparar sobre Carlos, Américo *sabia* que estava a disparar sobre uma pessoa e fê-lo com *intenção* de matar. Agiu, portanto, com dolo de homicídio, pois representou a possibilidade de morte de outrem (elemento *cognitivo* do dolo) e atuou com intenção de realizá-lo (elemento *volitivo* do dolo), em conformidade com o que se prescreve no artigo 14º, nº 1 do CP (categoria de dolo direto).

É verdade que cogitou Américo ser Bráulio e não Carlos o objeto do seu disparo. Todavia, o *erro sobre a identidade do objeto* da ação do facto típico é *irrelevante*. Esta é uma matéria que gerou alguma controvérsia no passado, mas que, como assegura Figueiredo Dias (com referência a alguns acórdãos, tais como os Acórdãos do STJ de 30-05-1984 e de 30-10-1996), «não é hoje mais [...] discutido; uma vez que a lei proíbe a lesão não de um determinado objecto ou indivíduo, mas de todo e qualquer objecto ou pessoa compreendidos no tipo de ilícito» (*Direito Penal*

– *Parte Geral. Questões Fundamentais. A Doutrina Geral do Crime*; Tomo I, Coimbra Editora, Coimbra, 2ª ed., 2ª reimp., 2012, 13º Cap., § 30). E, com efeito, se o tipo objetivo de ilícito *apenas* prevê o comportamento de "matar outra pessoa" (artigo 131º do CP), basta-se, então, o dolo com a consciência e vontade de matar outra pessoa (consciência do facto típico e vontade de realizá-lo, como prevê o artigo 14º, nº 1 do CP), independentemente de se tratar de Bráulio, Carlos ou qualquer outra pessoa.

Está, assim, preenchido o tipo subjetivo de homicídio doloso consumado, em conformidade com os artigos 13º, 14º, nº 1 e 131º, todos do CP).

Ilicitude e culpa: não existem causas de justificação do facto nem de exclusão da culpa do agente.

Punibilidade: deve Américo ser punido pelo crime de homicídio consumado, nos termos do artigo 131º do CP.

Responsabilidade penal de Bráulio

Ação: Bráulio disparou sobre Carlos pensando estar a arma descarregada. Esta é uma ação humana e voluntária, dado que Bráulio agiu com uma intenção final, qual seja, a de protagonizar uma brincadeira (de mau gosto) com Carlos (corresponde a uma exteriorização anímico-espiritual da personalidade do agente).

Tipicidade objetiva: Carlos acabou por morrer e a verdade é que Bráulio ao disparar um tiro que o atingiu criou o risco (proibido) de matá-lo, pois tal resultado, segundo um juízo de prognose póstuma baseado em critérios de experiência comum, era previsível. A morte de Carlos não é, contudo, a concretização do risco criado por Bráulio, porque, entretanto, Carlos voltou a ser atingido, uns instantes volvidos, por um outro tiro, disparado desta feita por Américo, que veio a revelar-se a *causa-mortis*. Houve, portanto, um *desvio relevante* (porque *imprevisível*) no desenvolvimento do risco criado por Bráulio, causado por ação de terceiro (Américo), que impede aquela concretização. A morte de Carlos não se imputa ao tiro disparado por Bráulio (nem o facto de Carlos igualmente morrer caso Américo não tivesse disparado concorre para se poder imputar a morte a Bráulio. Seria dar *relevância positiva* a uma *causa virtual* que, como se referiu supra, não é aceitável no domínio do direito penal).

Ainda em sede de tipicidade objetiva, o tiro disparado por Bráulio criou, também (e pelas mesmas razões respeitantes ao resultado morte), o risco de provocar ofensa à integridade física de Carlos. E, neste caso, o risco concretiza-se, sem dúvida, em resultado (ao que se acrescenta, como se viu, um perigo para a vida da vítima), pelo que o comportamento de Bráulio se subsume no tipo legal de crime de ofensa à integridade física grave (artigo 144º, *d)* do CP).

Tipicidade subjetiva: quando disparou, Bráulio encontrava-se numa situação de erro-ignorância sobre a factualidade típica, situação prevista no artigo 16º, nº 1 do CP ("erro sobre elementos de facto [...] de um tipo de crime"), posto que se não apercebeu de que a arma continha uma bala. Por imposição do mencionado artigo 16º, nº 1 do CP não é considerado doloso o comportamento de Bráulio (falta o elemento intelectual do dolo).

Fica, todavia, ressalvada a punibilidade a título de negligência, conforme prescreve o nº 3 do Artigo 16º do CP. E, no caso de ofensa à integridade física, o artigo 148º prevê a sua tipicidade na forma negligente. A brincadeira de mau-gosto protagonizada por Bráulio ao apontar a arma (que pensava estar descarregada) a Carlos consubstancia a violação de um dever de cuidado a que estava obrigado e que se encontra previsto no artigo 15º do CP. Este dever de cuidado é expressão do chamado *princípio da confiança* que se reporta a padrões de conduta que cada pessoa tende a adotar e a confiar que as outras pessoas também adotem. Sendo possível identificar as principais fontes de onde promana o dever de cuidado típico, ressaltam-se aqui as normas de conduta (escritas ou não) que regulam certas atividades, entre as quais se encontram as relativas à caça ou ao manejo de armas. Uma dessas regras impõe o dever de não apontar armas a pessoas, ainda que aquelas se encontrem descarregadas. Ora, foi precisamente este dever que Bráulio violou (e, por isso, é a sua "brincadeira" de "mau-gosto"), originando o disparo que atingiu

Carlos. Tendo Bráulio todas as condições para cumprir o dever de cuidado, optou, ao invés, por violá-lo, pelo que a sua conduta, em conformidade com o artigo 15º do CP, assume a forma negligente. Tratando-se de ofensa grave, Bráulio, com o seu comportamento, preencheu o tipo subjetivo do crime de ofensa à integridade física grave negligente previsto no nº 3 do artigo 148º do CP.

Ilicitude e culpa: não existem causas de exclusão da ilicitude nem da culpa.

Punibilidade: deve Bráulio ser punido pelo crime de ofensa à integridade física grave negligente contra Carlos, nos termos do artigo 148º, nº 3 do CP.

(CASO Nº 138)

Havia já dois anos que Asdrúbal se enlevara por Julieta. Sendo a relação entre ambos de forte amizade, faltava-lhe, todavia, a coragem para revelar a sua verdadeira afeção. Quis o cruel destino, ironicamente, que, no preciso dia em que Asdrúbal se decidira, finalmente, a revelar o seu arrebatamento, Xavier, um seu amigo, lhe confidenciasse a suspeita de a sua apaixonada se haver comprometido com Romeu. Despeitado, Asdrúbal confronta Julieta com tal suposição. Esta, que havia já algum tempo se apercebera que Asdrúbal pretendia algo mais do que ser apenas seu amigo, para evitar problemas e aproveitando o facto de as respetivas famílias (dela e de Romeu) se encontrarem desavindas, disse-lhe em tom de ironia e de um certo escárnio: «*Boa!.. Vinha mesmo a calhar!.. Comprometer-me com o inimigo!.. Só me faltava essa!..*». Asdrúbal sentiu-se confortado com tais palavras, mal sabendo que elas correspondiam à verdade. Na realidade, Julieta sentia-se encantada com Romeu e pouco lhe importava a inimizade entre as respetivas famílias.

Uma semana depois, Asdrúbal ganhara novamente coragem para se declarar a Julieta. Enquanto bebia uma cerveja num bar, antes de se dirigir a casa de sua pretendida, vem contudo a saber, pelos comentários de amigos, que, no dia anterior, Romeu ficara noivo de Julieta. Asdrúbal sentiu-se em estado de choque. Não queria acreditar no que ouvira. Começou, então, a sentir um ódio profundo contra Romeu que ia crescendo dia após dia. Até que, numa bela tarde, após surpreender Romeu e Julieta num piquenique campestre, muito divertidos, tomou uma decisão: Romeu tinha de morrer.

Para o efeito, *contrata* Bento, adiantando-lhe € 10.000 como *sinal* e prometendo-lhe o pagamento de mais € 40.000 quando o *serviço* estivesse realizado. Bento, que por acaso conhecia Romeu, não querendo "sujar as mãos", engendra um plano que rapidamente coloca em prática.

Sob o pretexto da proximidade do Carnaval, sabendo que Romeu, rapaz alegre e folgazão, era partidário das "brincadeiras" próprias da época e que Carlos, conhecido de ambos, revelava espírito assustadiço, Bento empresta a Romeu uma *bisnaga* que aparentava ser uma arma verdadeira. «*Não queres pregar um valente susto ao Carlos?..*», perguntava Bento sorridente enquanto lhe entregava o brinquedo; «*... se ele se depara com esta "arma" apontada à cabeça fica apavorado... Vai ser divertido!..*». Romeu, imaginando a situação, entusiasmou-se com a brincadeira.

No dia seguinte, dando sequência ao seu plano, Bento provoca um encontro com Carlos. «*Soube que o Romeu anda aborrecido...*», dizia-lhe; «... *ele acha que queres "roubar-lhe" a Julieta. Bem sei que são suspeitas infundadas, mas como convencê-lo do contrário?!*». Ao ouvir estas palavras, Carlos começava a ficar assustado. «*Tem cuidado!.. Agora que se aproxima o Carnaval, ainda te aponta uma bisnaga!..*», continuava Bento, franzindo o sobrolho quando pronunciou a palavra "bisnaga".

Com estas palavras, que surtiram o efeito desejado por Bento, Carlos ficou completamente aterrorizado. Convenceu-se de que, a qualquer momento, Romeu lhe iria apontar uma arma verdadeira e tentar matá-lo. Mal chegou a casa, pegou no seu velho revólver e, a partir daí, não mais o largou.

Alguns dias depois, em plena noite de Carnaval, Romeu encontra Carlos e aponta-lhe a *bisnaga*. Este, pensando tratar-se de uma verdadeira arma, atendendo ao que lhe dissera Bento, rapidamente puxa o seu revólver e, trémulo, dispara dois tiros em direção a Romeu, errando, todavia, o alvo. O segundo dos tiros acaba mesmo por atingir Eliseu no preciso momento em que este se preparava para subtrair a carteira do bolso de Frederico, um folião de Carnaval que por ali passava. Foi o tiro disparado por Carlos que evitou a consumação do furto.

Eliseu, gravemente ferido, é conduzido ao banco de urgências de um hospital. Gabriel, médico de serviço, só o atendeu uma hora depois da sua chegada por ser um indefetível aficionado de futebol e estar a assistir a um jogo muito importante. Foi o suficiente para que Eliseu, não resistindo aos ferimentos, acabasse por morrer.

Após leitura atenta do caso prático, determine a responsabilidade jurídico-penal de:

1. Carlos e Bento
2. Asdrúbal
3. Eliseu
4. Gabriel

RESOLUÇÃO DO CASO PRÁTICO

1. Responsabilidade penal de Carlos:

Relativamente a Romeu

Ação: Carlos dispara dois tiros em direção a Romeu e não o atinge. Trata-se de uma ação humana e voluntária, pois Carlos disparou com uma intenção final (matar Romeu), correspondendo, assim, a uma exteriorização anímico-espiritual da sua personalidade. É, enquanto tal, um comportamento passível de valoração jurídico-penal.

Tipicidade objetiva: homicídio na forma tentada. Ao disparar dois tiros em direção a Romeu, Carlos pratica um acto idóneo a matar, mas não atinge a pessoa visada, preenchendo, com o seu comportamento, a previsão normativa do artigo 22º, nº 2, *b)* conjugada com a do artigo 131º, ambos do CP.

Tipicidade subjetiva: Carlos sabia que estava diante de uma pessoa (Romeu) e sabia que a sua arma era apta a matá-la. Tinha, assim, conhecimento da realidade típica (realidade subsumida no tipo objectivo). Quando disparou, teve intenção de matar (pelo que é descrito no caso prático essa intenção não oferece dúvidas), assumindo uma vontade de consumar o homicídio. Estão assim preenchidos os dois elementos do dolo-do-tipo (elementos cognitivo e volitivo) do crime de homicídio em conformidade com o prescrito no artigo 14º, nº 1 (com referência ao artigo 131º) do CP. Ao praticar atos de execução de um crime (homicídio) que *decidiu cometer*, Carlos agiu, portanto, com dolo de homicídio, preenchendo o tipo subjetivo de homicídio na forma tentada (artigo 22º, nº 1 e 2, conjugado com o artigo 131º, ambos do CP).

Ilicitude: não se verificando qualquer causa de justificação, a verdade é que se os factos ocorressem tal como Carlos os representou, haveria legítima defesa (artigo 32º do CP). Ao supor que Romeu possuía uma arma verdadeira (na realidade era uma bisnaga), Carlos pensa que vai ser alvo de um disparo, ou seja, de uma agressão atual e ilícita contra a sua vida e os disparos que desferiu visavam repelir tal agressão. Carlos está, assim, em erro sobre um estado de coisas que a existir excluiria a ilicitude da sua ação típica (operaria a legítima defesa). Esta situação encontra-se prevista no artigo 16º, nº 2 do CP que, por remissão para o nº 1, exclui o dolo. Compreende-se esta solução legislativa, posto que Carlos não revelou uma atitude interior contrária ao Direito (se os factos fossem aqueles que representou atuaria em legítima defesa), inexistindo, portanto, o elemento emocional do dolo (consubstanciado numa atitude interior de contrariedade aos valores penalmente protegidos). Como a tentativa é necessariamente dolosa (artigo 22º, nº 1 do CP), Carlos não seria punido em razão da inexistência de "dolo-da-culpa".

Relativamente a Eliseu.

Ação: um dos disparos atinge Eliseu que acaba por morrer.

Tipicidade objetiva: Aplicando a teoria do risco, se Carlos, com o disparo, criou um risco (proibido) para a vida de Eliseu (na verdade, naquelas circunstâncias de tempo e lugar do agente, era *previsível*, segundo critérios de experiência comum, que do disparo de Carlos adviesse a morte de Eliseu), a verdade é que a morte deste não constitui materialização desse risco, dado que veio a decorrer da omissão da ação esperada de Gabriel, como veremos. Gabriel teve um comportamento *imprevisível*, provocando um desvio *relevante* no desenvolvimento do risco criado por Carlos. A Carlos apenas se poderá imputar (sem que aqui a imputação objectiva levante problemas de maior) a ofensa à integridade física (artigo 144º, *d)* do CP) que Eliseu imediatamente sofreu em consequência do disparo.

Tipicidade subjetiva: O tiro que atinge Eliseu é consequência de uma *aberratio ictus*. Trata-se de um erro na execução que consubstancia uma situação análoga à do erro (intelectual) sobre o facto típico. Exclui-se, assim, o dolo por analogia com o artigo 16º, nº 1 do CP. Ficando ressalvada a punibilidade a título de negligência (artigo 16º, nº 3 do CP) e entendendo que Carlos violou um dever de cuidado (previsto no artigo 15º do CP) ao atingir Eliseu (nas questões de "erro de pontaria" é normal que assim se entenda), a sua conduta é punível na forma negligente nos termos do artigo 148º, nº 2 do CP.

Ilicitude: Ao atingir Eliseu, o tiro disparado por Carlos impediu que aquele subtraísse a carteira a Frederico. Objectivamente, Carlos repeliu uma agressão (actual e ilícita) de Eliseu ao património de Frederico, agindo, pois, em legítima defesa deste (legítima defesa de terceiro), nos termos do artigo 32º do CP. Esta situação, a que podemos chamar de legítima defesa objectiva, não está prevista na lei (para operar a causa de justificação os seus pressupostos de facto devem ser conhecidos pelo agente). Contudo, o legislador não deixou de prever uma situação análoga (isto é, uma situação em que a causa de justificação apenas se verifica objectivamente) no artigo 38º, nº 4 do CP (situação a que poderemos chamar "consentimento objectivo"). Aplicando este preceito por analogia (*in bonna partem*, pois sem ela seria ilícita a ofensa à integridade física de Eliseu), Carlos ficará sujeito à pena da tentativa, Ora, como o crime por si praticado é negligente e a tentativa é necessariamente dolosa, Carlos acaba por não preencher, com o seu comportamento, qualquer tipo de ilícito. Poderá dizer-se que se o resultado está justificado (é o regime que se retira do citado artigo 38º, nº 4), a acção negligente não terá, por si, dignidade punitiva.

Se entendêssemos que esta defesa era excessiva (é discutível), e como não opera qualquer causa de exclusão da culpa, deveria Carlos ser punido nos termos do artigo 148º, nº 2 do CP.

Responsabilidade penal de Bento:

Relativamente a Romeu

O erro de Carlos foi provocado por Bento como se compreende pelo texto do caso prático. Bento *instrumentalizou* Carlos, levando-o a praticar (ou melhor, a tentar praticar) o crime por si pretendido. Estamos perante a figura da autoria mediata em que o "homem-de-trás" assume o *domínio da vontade* do "homem-da-frente" ao induzi-lo em erro. Pode, deste modo, dizer-se que os atos de Carlos foram afinal praticados *mediatamente* por Bento, preenchendo este, por intermédio daquele (em sintonia com a segunda proposição do artigo 26º do CP), o tipo legal de crime de homicídio na forma tentada sobre Romeu. Como se não verifica, em relação a Bento, qualquer causa de justificação nem de exclusão da culpa face ao crime que se lhe atribui, deverá ser punido como autor mediato da tentativa de homicídio contra Romeu (artigo 22º, nº 1 e nº 2 conjugado com o artigo 131º, ambos do CP).

Relativamente a Eliseu

Do modo como Bento instrumentalizou Carlos, seria previsível que este, assustado, pudesse realmente acertar um tiro numa terceira pessoa. Bento criou tal-qualmente um risco (proibido) para a vida de Eliseu. Sendo o desenvolvimento desse risco relevantemente interrompido pela omissão imprevisível de Gabriel, só a ofensa à integridade física lhe é imputável. Bento violou, outrossim, um dever de cuidado, sendo *autor paralelo* no preenchimento do tipo legal de crime previsto no artigo 148º, nº 2 do CP (nos crimes de *violação de dever*, como é o caso dos crimes negligentes, o critério que define o autor não é já o do *domínio do facto*, mas o da *violação do dever*). Aplica-se-lhe identicamente o regime do artigo 38º, nº 4 por analogia com a mesma solução aplicada ao comportamento de Carlos, isto é, acaba Bento por não ser penalmente responsabilizado, pois, como se frisou supra, a pena da tentativa não se aplica a crimes negligentes.

2. Responsabilidade penal de Asdrúbal

Asdrúbal, com a intenção de matar Romeu, determinou Bento, mediante o pagamento de €50.000, a realizar o facto. Este, por sua vez, procedeu à respectiva execução, ainda que por intermédio de outrem (Carlos). Estamos, deste jeito, perante uma situação de comparticipação prevista na quarta proposição do artigo 26º do CP, ou seja, diante da figura da instigação. Asdrúbal é *instigador* do crime de homicídio e Bento o respectivo *autor* (mediato), ainda que a execução se tivesse quedado pela forma tentada.

Asdrúbal enquanto instigador é mero participante do crime. O facto de ele, na posição de "homem-de-trás", não ter instrumentalizado o "homem-da-frente" (Bento), retira-lhe o domínio do facto criminoso. Pagar uma quantia pecuniária para a realização de um crime não é, com efeito, o suficiente para atribuir ao "homem-de-trás" um "domínio de vontade" sobre o "homem-da-frente".

Em sintonia com a *teoria do domínio do facto*, instigar a um crime não significa praticá-lo (como *autor*), mas nele *participar*. Deste modo, a punibilidade do instigador não resulta de um crime por si praticado, antes derivando do crime praticado pelo instigado (autor). Numa leitura isolada do artigo 26º do CP poderíamos ser levados a pensar que ao instigador se aplicaria a punibilidade do autor e que, portanto, se transmitiria a punibilidade do autor para o participante (no caso, instigador). Mas se tivermos em atenção o artigo 29º do mesmo diploma verificamos que «cada comparticipante é punido pela sua culpa», pelo que do autor para o participante se não transmite nem a culpa, nem, muito menos, a punibilidade, apenas se comunicando, pois, a ilicitude (típica). Trata-se da consagração jurídico-positiva da *teoria da acessoriedade limitada* que, no caso da (punibilidade da) *instigação*, resulta da conjugação dos artigos 26º e 29º do CP (já no caso da *cumplicidade* resulta da ligação entre os artigos 27º e 29º).

Assim, *in casu*, a punibilidade de Asdrúbal provém necessariamente da acção típica e ilícita de Bento, comunicando-se-lhe, em concreto, a execução (ilícita) da tentativa de homicídio. Não se verificando qualquer causa de exclusão da culpa, Asdrúbal deve ser, então, punido como autor dessa tentativa de homicídio de Romeu executada por Bento (por intermédio de Carlos), nos termos dos artigos 22º, 23º e 131º, todos do CP.

Quanto à ofensa à integridade física sobre Eliseu referida também na pergunta anterior, Asdrúbal encontra-se, como Bento, na posição de *autor paralelo*. Nos crimes negligentes, conforme se mencionou já, não é a *teoria do domínio do facto* que define os autores (até porque, em rigor, não existe comparticipação nos crimes negligentes), mas a vinculação a um *dever de cuidado*. Asdrúbal está, assim, em posição idêntica à de Bento, aplicando-se-lhe o mesmo regime jurídico (*ut supra* resposta anterior).

3. Responsabilidade penal de Eliseu

Ação: Eliseu preparava-se para subtrair a carteira do bolso de Frederico quando foi atingido pelo tiro disparado por Carlos. Trata-se de uma ação humana e voluntária, dado que Eliseu revelou uma intenção final (subtrair a carteira). Corresponde, portanto, a uma exteriorização anímico-espiritual da sua personalidade e, enquanto tal, a um comportamento suscetível de qualificação jurídico-penal.

Tipicidade objetiva: Furto na forma tentada. A subtração da carteira não chegou a ocorrer porque algo de imprevisível aconteceu (Eliseu foi atingido pelo tiro disparado por Carlos). Deste modo, segundo a experiência comum, do seu ato era de esperar que se seguisse a subtração da carteira (do bolso de Frederico), ato este que, por sua vez, preenche um elemento constitutivo do tipo legal de furto (artigo 203º, nº 1 do CP). Assim, o comportamento de Eliseu subsume-se na conduta prevista no artigo 22º, nº 2, *c)* conjugado com o artigo 203º, nº 1, ambos do CP.

Tipicidade subjetiva: Com toda a probabilidade (tudo o indica pelo texto da hipótese) Eliseu tinha consciência e vontade de subtrair a carteira, agindo, por conseguinte, com dolo de furto. Teria também intenção de vir a comportar-se como proprietário da mesma, preenchendo, assim, o elemento subjetivo específico previsto neste tipo legal de crime ("ilegítima intenção de apropriação").

Ilicitude e culpa: não existe qualquer causa de justificação nem de exclusão da culpa.

Punibilidade: apesar de ser punível esta tentativa de furto (segundo o artigo 203º, nº 2 que prevalece, enquanto norma especial, sobre a regra geral prevista no artigo 23º, nº 1, ambos do CP), a verdade é que Eliseu veio a morrer. Ora, a morte constitui um factor de exclusão da responsabilidade penal, em sintonia com o prescrito no artigo 127º, nº 1 do CP. Eliseu não seria punido pela tentativa de furto.

4. Responsabilidade Penal de Gabriel

Ação (em sentido amplo, abrangendo também a omissão): Gabriel, médico de serviço, não socorreu imediatamente Eliseu que acabou por morrer. Esta omissão da ação (jurídico-socialmente) esperada é humana e voluntária, posto que Gabriel revelou uma intenção final (continuar a assistir ao jogo de futebol). Trata-se, assim, de um comportamento (negativo) passível de valoração jurídico-penal.

Tipicidade objetiva: Gabriel encontrava-se numa posição de garante, pois, enquanto médico de serviço, *assumiu voluntariamente funções de proteção* (Jescheck) face a todos aqueles que chegassem ao banco de urgências do hospital. Trata-se da posição de garante que ficou conhecida como *contrato*, pelo que se poderá dizer, em sintonia com o artigo 10º, nº 2 do CP, que Gabriel estava adstrito a um dever jurídico que pessoalmente o obrigava a evitar o resultado (morte de Eliseu).

Neste quadro, está indiciado um crime de homicídio por omissão. Com efeito, o tipo legal de crime de homicídio (artigo 131º do CP) compreende um resultado (morte) e, de acordo com o mencionado artigo 10º, agora nº 1 do CP, o facto típico "abrange não só a ação adequada a produzi-lo como a omissão da ação adequada a evitá-lo".

Estamos, pois, perante um crime de resultado, donde a subsunção do comportamento de Gabriel ao artigo 131º conjugado com o artigo 10º, ambos do CP, só se realizará verificada a imputação objetiva.

Teoria do risco adaptada ao crime de omissão impura: Gabriel, perante uma situação de risco pré-existente (ferimentos em consequência do tiro disparado por Carlos) para a vida de Eliseu não diminuiu esse risco, podendo (tinha tempo para tal) e devendo (como vimos) fazê-lo. Assim, ocorrendo a morte de Eliseu em virtude dessa não diminuição do risco, o resultado (morte) imputa-se a Gabriel. Este, com o seu comportamento, preencheu, portanto, o tipo objectivo de crime de homicídio por omissão (artigo 131º, conjugado com o artigo 10º, ambos do CP).

Tipicidade subjetiva: Gabriel tinha a noção de que Eliseu se encontrava numa situação de risco para a vida e, mesmo assim, optou por continuar a assistir ao jogo de futebol, *conformando-se* com a eventualidade da morte do paciente enquanto consequência possível da sua conduta. Com efeito, ao tomar consciência de que Eliseu se encontrava no banco de urgências do hospital por ferimentos causados por um tiro, preferiu Gabriel, no entanto, continuar a assistir ao jogo de futebol que durou ainda uma hora mais. Deverá, então, deduzir-se que, a seus olhos, continuar a assistir ao jogo de futebol valia bem o "preço" da realização do tipo legal de crime, revelando uma atitude interior de indiferença (ou mesmo desprezo) face ao bem jurídico vida, uma vez que ao iminente risco da sua violação Gabriel se resignou. A vida do paciente acabou por perder relevância em função de um motivo (grosseiramente egoísta) pessoal de recreio do médico. No fundamental, a atitude de Gabriel harmonizou-se aos critérios da *teoria da conformação*, plasmada no artigo 14º, nº 3 do CP, corporizando a figura do dolo eventual (quanto aos critérios da teoria da conformação, veja-se Figueiredo Dias, *Direito Penal – Parte Geral. Questões Fundamentais. A Doutrina Geral do Crime*; Tomo I, Coimbra Editora, Coimbra, 2ª ed., 2ª reimp., 2012, 13º Cap., §§ 44 ss).

Agiu, portanto, Gabriel com dolo eventual (artigo 14º, nº 3 do CP) de homicídio, preenchendo o tipo subjetivo do crime de homicídio doloso por omissão.

Ilicitude e culpa: não existe qualquer causa de justificação nem de exclusão da culpa.

Punibilidade: Gabriel deve ser punido pelo crime de homicídio por omissão, nos termos dos artigos 131º e 10º, ambos do CP.

(CASO Nº 141)

Pelas 3 horas da madrugada, António conduzia o seu automóvel em excesso de velocidade e com teor de álcool no sangue superior ao legalmente permitido. Devido ao excesso de velocidade e ao teor de álcool no sangue que lhe diminuiu os reflexos, não conseguiu evitar, apesar de abrupta travagem, o choque com a motorizada de Benevides num cruzamento em que este (Benevides) tinha prioridade.

Em razão do choque, não muito violento (atenuado pela travagem), Benevides acabou por se desequilibrar da motorizada e, desgraçadamente, cair em cima de um pedaço de vidro que lhe perfurou as costas até ao coração, causando-lhe morte imediata. Este pedaço de vidro era o resultado de uma garrafa de vidro partida por Xavier, de 16 anos de idade, que a colocara na estrada, algumas horas antes, para, por brincadeira de terrível mau gosto, furar pneus de eventuais veículos que por ali passassem.

António, pensando que Benevides estava vivo (dado que o seu corpo, prostrado no chão, ocultava o pedaço de vidro que lhe perfurara as costas), mas gravemente ferido (já que, na queda, lhe parecera que Benevides batera violentamente com a cabeça), não o socorreu, pois nele reconheceu um velho inimigo. Desejando a sua morte, que realizou como provável por conjeturar ferimentos graves em Benevides e por se tratar de uma estrada sem movimento (diminuindo as hipóteses de socorro), António seguiu viagem. Cerca de 1 km mais à frente foi surpreendido por uma operação *stop* na qual lhe foi detetada uma taxa de álcool no sangue de 0,9 g/l (em contravenção ao disposto no artigo 81º do Código de Estrada).

Clemente, que sofria de insónia e passeava pelas redondezas, assistiu ao choque entre António e Benevides, reconhecendo-os a ambos. Do seu telemóvel ligou a David, irmão de Benevides, contando-lhe o sucedido. David, que já não gostava de António, decidiu vingar-se, não se coibindo de desabafar com Clemente: «*olho por olho…! Esse velhaco do António vai pagá-las com a própria vida! Não chames a polícia, amigo Clemente, eu tenho o direito de acabar com ele! Chama-se a isto "legítima defesa da honra de terceiro"!*»

Convencido da veracidade jurídica deste seu último asserto, David contactou Eduardo a quem ofereceu €10.000 pela morte de António, o que Eduardo prontamente aceitou.

Dois dias depois, esperava Eduardo na esquina da rua onde se situava a discoteca em que António trabalhava, quando, pelas 5 horas da madrugada, vislumbra António a sair da discoteca. De imediato saca uma arma equipada com silenciador e dispara na sua direção. O tiro, porém, não atinge António, vindo a acertar letalmente em Rex, um saudável e genuíno pastor alemão, propriedade de Francisco, que se preparava para morder Gabriela que por ali passava. Não fora o tiro disparado por Eduardo e Rex teria provocado grave ofensa à integridade física de Gabriela.

Determine a eventual responsabilidade penal de:
1. António
2. Xavier
3. Eduardo
4. David

RESOLUÇÃO DO CASO PRÁTICO

1. Responsabilidade jurídico-penal de António

Quanto ao embate na motorizada em que seguia Belchior,

Ação: António, conduzindo o seu automóvel em excesso de velocidade e com teor de álcool no sangue de 0,9 g/l (superior ao legalmente permitido pelo artigo 81º do Código de Estrada), colide com Benevides que seguia na sua motorizada. Esta ação é humana e voluntária, pois António teria uma intenção final (deslocar-se de automóvel), correspondendo, enquanto tal, a uma conduta suscetível de valoração jurídico-penal.

Tipicidade objetiva: ofensa à integridade física simples (artigo 143º do CP). Benevides acabou por morrer, não sendo, porém, a sua morte imputável ao comportamento de António, como se pode comprovar por aplicação da *teoria do risco.*

Com efeito (e aplicando a *teoria do risco*), é inegável que o comportamento de António criou o *risco* (proibido) de *matar* Benevides. Isto, porque, por um lado, o choque por aquele provocado torna *previsível,* segundo critérios de experiência comum, a morte deste (criação do *risco* de matar) e, por outro lado, a condução em excesso de velocidade com uma taxa de álcool no sangue (TAS) superior ao legalmente permitido torna o seu comportamento *não tolerável pela sociedade* (*proibido*).

A efetiva morte de Benevides, porém, *não* corresponde à *materialização* do risco criado por António, devido a intervenção *relevante* (porque *imprevisível*) de comportamento de terceiro (Xavier). Ao colocar a garrafa partida na estrada ("por brincadeira de terrível mau gosto"), Xavier comporta-se, com efeito, de forma não expectável (*imprevisível*, à luz, também, de critérios de experiência comum), acabando por interferir *relevantemente* no desenvolvimento do risco criado por António. Não se imputa, deste jeito, a morte de Benevides a António, não se subsumindo a respetiva conduta no tipo legal de crime de homicídio (artigo 131º do CP).

Apenas a ofensa à integridade física simples (artigo 143º do CP) infligida a Benevides resultante do choque de veículos se pode imputar a António. Como bem se compreende, o mencionado risco (proibido) para a vida de Benevides é também, logicamente, risco (proibido) para a integridade física de mesmo Benevides. E, desta feita (isto é, para tal resultado), não existe qualquer interferência de terceiro. A ofensa à integridade física de Benevides é, portanto, materialização do risco (proibido) criado por António, enquadrando-se, assim, o comportamento deste na previsão normativa do artigo 143º do CP.

Tipicidade subjetiva: como se deduz do texto do caso prático, António não teve intenção de provocar ofensa à integridade física de Belchior ("não conseguiu evitar, apesar de abrupta travagem, o choque com a motorizada"), donde lhe não é dolosamente imputável tal resultado (em sintonia com o preceituado no artigo 14º do CP que, em qualquer dos graus do dolo, exige a intenção de provocar o resultado típico).

Violou, porém, António dois deveres de cuidado a que estava adstrito em razão das regras do Código de Estrada, *scilicet*, condução em excesso de velocidade e com TAS superior ao permitido. Em conformidade com o teor do artigo 15º do CP, a violação de tais deveres de cuidado revela um comportamento negligente, devendo a ofensa à integridade física de Belchior ser imputada a António a título de negligência, por conjugação dos artigos 15º e 148º, ambos do CP.

Ilicitude e culpa: não existe qualquer causa de justificação do facto nem de exclusão da culpa do agente

Punibilidade: deve António ser punido pelo crime de ofensa à integridade física negligente, nos termos do artigo 148º, nº 1 do CP.

Quanto ao facto de ter seguido viagem após embate na motorizada de Belchior,

Ação (em sentido amplo, abrangendo também a *omissão*): ao supor que Belchior estava vivo após o choque de veículos, António omitiu a ação que, em tais circunstâncias, seria expectável, isto é, socorrer alguém com ferimentos graves. Esta é uma omissão (da ação jurídico-socialmente esperada) humana e voluntária, dado ter António a intenção final de deixar morrer Belchior. Corresponde, pois, esta omissão a uma exteriorização da personalidade de António, apta a ser penalmente valorada.

Tipicidade (objetiva e subjetiva): existe erro-suposição de uma realidade típica que é característico da chamada "tentativa impossível" de um crime (e essa é a razão da análise conjunta de tipicidade objetiva e subjetiva, dado que o elemento forte e decisivo da tipicidade nesta figura é o subjetivo).

Se efetivamente Belchior estivesse vivo, António estaria adstrito a um dever jurídico que pessoalmente o obrigaria a evitar o resultado (morte), enquadrando-se a situação no artigo 10º, nº 2 do CP. A fonte de tal dever de garante seria a *ingerência* ilícita precedente, pois a suposta situação de perigo em que se encontrava Belchior foi provocada (em sintonia com o expendido *supra*) pelo choque protagonizado ilicitamente por António.

Posto isto, conjugando os artigos 10º, nº 2, 22º, nº 2, *b)* (adaptado às omissões) e 131º, todos do CP, António, ao não socorrer Belchior, deixando-o na suposta situação de perigo para a vida por desejar a sua morte, iniciaria uma tentativa dolosa de homicídio por omissão.

Esta tentativa não é, porém, apta a ser consumada dada a inexistência do objeto da ação (ou omissão) de matar (ou deixar morrer), ou seja, uma pessoa. Existe, não obstante, por parte de António, dolo de homicídio por omissão (intenção de deixar morrer outrem) por supor que

Belchior estava vivo (é o *supra* aludido *erro-suposição* de uma realidade típica que é característico da figura da tentativa impossível de um crime e que se não confunde, antes se contrapõe, ao *erro-ignorância* da realidade típica, específico do chamado "erro sobre o facto típico", previsto no artigo 16º, nº 1 do CP), pelo que se nos depara aqui uma tentativa (artigo 22º, nº 1 e nº 2, *b)* do CP) impossível, por inexistência do objeto (artigo 23º, nº 3 do CP), de homicídio (artigo 131º do CP) por omissão (artigo 10º do CP).

Ilicitude e culpa: não existe qualquer causa de justificação do facto nem de exclusão da culpa do agente

Punibilidade: trata-se de uma tentativa impossível (de homicídio por omissão) *punível* por *não ser manifesta* a inexistência do objeto essencial à consumação do crime, isto é, por não ser manifesta a inexistência de uma pessoa. Com efeito, ocultado o pedaço de vidro pelo corpo de Benevides, seria normal conjeturar que este se encontraria desmaiado, mas vivo. Este regime jurídico resulta de interpretação enunciativa com juízo a *contrario sensu* de uma norma excecional, o artigo 23º, nº 3 do CP, aplicando-se, por conseguinte, o comando da norma geral que regula a punibilidade da tentativa, qual seja, o artigo 23º, nº 1 do CP.

António deve, então, ser punido por tentativa impossível de homicídio por omissão pela conjugação dos artigos 22º, 23º, 10º e 131º, aplicando-se a tal punibilidade o regime do artigo 73º, nº 1, *a)* e *b)* *ex vi* do artigo 23º, nº 2, todos do CP.

2. Responsabilidade jurídico-penal de Xavier

Ação: Xavier colocou uma garrafa de vinho partida na estrada. Por brincadeira de mau gosto, fê-lo com a intenção final de furar pneus de veículos que por ali passassem, sendo, portanto, uma ação humana e voluntária (dominável pela vontade).

Tipicidade objetiva: Benevides caiu em cima de um dos pedaços de vidro da garrafa partida que Xavier colocara na estrada e teve morte imediata. Indicia-se um crime de homicídio previsto no artigo 131º do CP.

Sendo o homicídio um crime de resultado impõe-se a aplicação da *teoria do risco*. Xavier, com o seu comportamento, criou o risco (não tolerável pela sociedade) de matar quem ali eventualmente caísse. Tal resultado é, com efeito, *previsível* segundo critérios de experiência comum (criação do risco de matar) e a "brincadeira" de Xavier é de "terrível mau gosto" (não tolerável pela sociedade). A morte de Benevides corresponde, por sua vez, à materialização do risco criado por Xavier, pois, nada mais ocorreu que impedisse essa materialização. O comportamento de Xavier de onde acabou por resultar a morte de Benevides enquadra-se, assim, no tipo legal de crime de homicídio (artigo 131º do CP).

Tipicidade subjetiva: não terá tido Xavier a intenção de matar, mas, com o seu comportamento violou um dever de cuidado a que estava adstrito e que era capaz de cumprir. A colocação do vidro partido na via pública viola as mais elementares regras de *confiança* que das normais relações da vida social resultam. A morte de Benevides é, assim, imputada a Xavier a título de negligência, nos termos do artigo 137º do CP.

Tão básicas são as regras de confiança aqui violadas (tornando provável a verificação do resultado ocorrido) que poderiam levar a problematizar se o comportamento de Xavier não implicaria mesmo dolo eventual de homicídio. Levantar-se-ia, então, a clássica temática da distinção entre dolo eventual e negligência consciente. Não parece, contudo, que a atitude interior de Xavier revele uma *conformação* com o homicídio enquanto resultado da sua conduta (como exige o artigo 14º, nº 3 do CP que prevê a situação de dolo eventual), mas, tão-somente, a de efetivar a sua "brincadeira" de furar pneus a automóveis. Trata-se, não obstante, de uma situação de negligência próxima do dolo eventual e, enquanto tal, uma clara situação de negligência grosseira (artigo 137º, nº 2 do CP).

Ilicitude e culpa: não existe qualquer causa de justificação do facto nem de exclusão da culpa do agente.

Punibilidade: Xavier deve ser punido pelo crime de homicídio por negligência grosseira, em conformidade com o artigo 137º, nº 2 do CP.

3. Responsabilidade jurídico-penal de Eduardo

Ação: Eduardo disparou na direção de António, mas acertou letalmente em Rex, cão de Francisco. Pretendia Eduardo matar António, pelo que a sua ação é humana e voluntária. Trata-se de uma situação de *aberratio ictus*, isto é, de erro na execução.

Relativamente a António,

Tipicidade objetiva: o disparo de um tiro é naturalmente um ato idóneo a matar, configurando-se, pois, como um ato de execução de um crime de homicídio que não chegou a consumar-se, em sintonia com os artigos 22º, nº 1 e 2, *b)* e 131º do CP.

Tipicidade subjetiva: Eduardo disparou com intenção de matar, pelo que o acto de disparar na direção de António foi executado com dolo de homicídio em conformidade com os artigos 14º, nº 1 e 131º do CP. Eduardo executou, pois, um ato de um *crime* (de homicídio) *que decidiu cometer*, preenchendo, assim, com a sua conduta o tipo subjetivo de homicídio na forma tentada (artigos 22º, nº 1 e 2, *b)* e 131º do CP).

Ilicitude e culpa: não existe qualquer causa de exclusão da ilicitude do facto nem da culpa do agente.

Punibilidade: relativamente a António, deve Eduardo ser punido por tentativa de homicídio, nos termos do artigo 73º, nº 1 *a)* e *b)* (com referência ao artigo 131º) por remissão do artigo 23º, nº 2, todos do CP.

Relativamente a Francisco (proprietário de Rex),

Tipicidade objetiva: ao acertar letalmente em Rex, propriedade de Francisco, Eduardo destruiu coisa alheia, indiciando-se a prática de um crime de dano (artigo 212º do CP).

O disparo do tiro por Eduardo criou manifestamente um risco (proibido) para variados bens jurídicos, entre os quais a propriedade alheia.

A morte de Rex é a materialização desse risco (não oferece dúvidas), pelo que a destruição (morte) de coisa alheia (Rex, propriedade de Francisco) é objetivamente imputável a Eduardo. O seu comportamento subsume-se, portanto, no tipo legal de crime de dano (artigo 212º do CP).

Tipicidade subjetiva: estamos perante uma situação de erro na execução (*aberratio ictus*) que, não estando prevista no Código Penal, é análoga à do erro (intelectual) sobre o facto típico. Realmente, atingir um objeto por erro na execução é substancialmente análogo a atingir um objeto por erro de representação intelectual. Em ambos os casos, por erro, atinge-se um objeto que se não pretendia atingir. São resultados que não correspondem à vontade do agente. À situação de *aberratio ictus* (não prevista na lei, constituindo, enquanto tal, lacuna legal, pois trata-se de uma situação juridicamente relevante) exclui-se, assim, o dolo-do-tipo por aplicação analógica do artigo 16º, nº 1 do CP.

Ficando ressalvada a punibilidade a título de negligência, nos termos do artigo 16º, nº 3 do CP, a verdade é que o crime de dano não prevê a forma negligente. Por conjugação dos artigos 13º e 212º do CP o crime de dano é necessariamente doloso.

Comportamento de Eduardo não é, neste contexto, típico (não preenche o tipo subjetivo do crime de dano), não sendo, por conseguinte, punível.

4. Responsabilidade jurídico-penal de David

David, com intenção de matar António, convenceu (determinou) Eduardo, mediante pagamento de quantia pecuniária, a cometer o crime de homicídio. Este, por sua vez, executou-o, ainda que não tenha havido consumação, como se analisou na resposta anterior.

Em conformidade com o artigo 26º, 4ª proposição, do CP, ao dolosamente determinar Eduardo a matar António, David configura-se como instigador do crime de homicídio e, nessa medida, como participante desse crime. A circunstância de David, na chamada posição de "homem-de-trás", não ter viciado a vontade (ou de não ter aproveitado uma eventual vontade viciada) do "homem-da-frente" (Eduardo) impede-

-o de assumir o domínio da vontade sobre o comportamento deste e, portanto, o domínio do facto criminoso. Assim, e atendendo ao critério do "domínio do facto" na distinção entre autores e participantes no contexto da dogmática da comparticipação, David é participante e não autor do crime.

A punibilidade do participante (instigador ou cúmplice) em crime de outrem opera através da *teoria da acessoriedade limitada*. Significa isto que do autor do crime (Eduardo, no caso) para o participante (David, instigador) se comunica a ilicitude (típica) do seu comportamento, como se retira da conjugação do artigo 26º, 4ª proposição (sendo instigador o participante), com o artigo 29º, ambos do CP.

Se, na verdade, cada comparticipante responde pela sua culpa (artigo 29º do CP), então a equiparação do instigador ao autor sufragada pelo artigo 26º, 4ª proposição, do CP não pode abranger mais do que a ilicitude típica. Vale por dizer, o instigador responde pelo comportamento típico e ilícito do autor (instigado).

Posto isto, de Eduardo, autor material e instigado, para David, instigador, comunica-se a ilicitude do comportamento típico, qual seja, tentativa de homicídio (artigos 22º e 131º do CP), mas não mais do que a ilicitude, respondendo, assim, David pela sua culpa, em conformidade com o mencionado artigo 29º do CP.

Ora, no plano do pressuposto da culpa, há que considerar que David se encontra em erro sobre a ilicitude do facto, dado estar convencido de que tem o direito de matar António ao abrigo de uma causa de justificação que seria qualquer coisa como "legítima defesa da honra de terceiro", não obstante ter sido a agressão sobre Benevides à sua integridade física e vida (não à honra) e esta estar já consumada (David agiu em retaliação). Trata-se, com efeito, de um erro de valoração (David está em erro não sobre qualquer circunstância fáctica, mas sobre a valoração jurídico-penal do comportamento a que instigou Eduardo) que se enquadra na figura de erro sobre a ilicitude prevista no artigo 17º, nº 1 do CP.

Este erro é, no entanto, claramente censurável, pois o convencimento da licitude de um homicídio nestas circunstâncias é revelador de um grave alheamento dos valores jurídico-penalmente reconhecidos e, portanto, de uma atitude interior indiferente ou mesmo contrária a tais valores. É um erro que resulta, assim, de uma "culpa pela personalidade" do agente e, enquanto tal, censurável, aplicando-se à sua conduta o preceituado no artigo 17º, nº 2 do CP.

Quanto à punibilidade, deve, então, ser punido David (enquanto instigador) como autor (artigo 26º, 4ª proposição, do CP) de uma tentativa de homicídio (artigos 22º, 23º, nº 1 e 2 e 131º do CP) em erro sobre a ilicitude censurável (artigo 17º, nº 2 do CP). À moldura penal aplicável à tentativa de homicídio (*ut supra* resposta anterior), pode, assim, o tribunal proceder a atenuação especial que, a ocorrer, deverá ser feita em conformidade com o artigo 73º, nº 1 e 2 do CP.

Casos Práticos de Direito Processual Penal

CASO Nº 1

Entre Junho de 1986 e Fevereiro de 1987, Albino, Britaldo e Cláudio, membros de uma organização terrorista, mataram dois empresários, assaltaram várias dependências de algumas entidades bancárias e ofenderam gravemente a integridade física de diversas pessoas.

Em 2 de Junho de 1987, o Ministério Público abriu inquérito por todos aqueles crimes.

Imagine, porém, que, devido a algumas vicissitudes dilatórias da mais variada índole, o julgamento apenas se realizava no dia de hoje.

1. Qual a legislação processual penal aplicável?
2. Que resposta daria à pergunta anterior se o Ministério Público apenas abrisse inquérito no dia 15 de Outubro de 1987?
3. E se o processo se iniciasse no dia 15 de Janeiro de 1988?

CASO Nº 2

Após uma violenta discussão, Daniel agrediu Evaristo com dois murros e um pontapé.

Três dias depois, o Ministério Público abriu inquérito. Nesse mesmo dia foi publicada uma nova lei, a *lei X*, que determinava a eliminação da fase da instrução.

1. Quais os procedimentos necessários para que o Ministério Público pudesse abrir inquérito?

2. Seria a *lei X* aplicável ao processo em curso?
3. Qual seria a sua resposta à pergunta anterior se a *lei X* entrasse em vigor no decurso da instrução?
4. Como responderia à primeira pergunta se se tratasse de um crime de injúrias?

CASO Nº3

Gabriela conseguiu que Francisco, que com ela vivia em união de facto há já mais de uma semana, lhe emprestasse uma jóia herdada de sua mãe e avaliada em cerca de € 3.500 (três mil e quinhentos euros), a pretexto de a poder usar na festa do seu aniversário. O que Francisco não contava era que, uma vez acabada a festa, Gabriela desaparecesse com a jóia e nunca mais houvesse notícias do seu paradeiro.

Poderia Francisco intentar um processo-crime contra Gabriela? Quais os procedimentos necessários?

CASO Nº 4

Otelo sempre que regressava embriagado a casa infligia maus tratos físicos e psíquicos a Inês que com ele vivia em condições análogas às dos cônjuges.

Josefina, vizinha de ambos, denuncia toda aquela situação ao Ministério Público.

1. Como deverá proceder o Ministério Público?
2. Que conselho daria a Inês que acabava sempre por perdoar Otelo e, com o objetivo de manter o maior sigilo possível acerca do que se passara, pretende, a todo o custo, evitar o julgamento?

CASO Nº 5

Imagine que no dia 8 de Janeiro do passado ano, Leopoldo burlara Manuel, causando-lhe um prejuízo patrimonial avaliado em € 8.000.

Nicolau, amigo de Manuel, ao tomar conhecimento do facto, denuncia-o ao Ministério Público no dia 15 de Setembro desse mesmo ano.

Admita que no dia de hoje entrava em vigor uma lei que, revogando o artigo 202º, *a)* do Código Penal, passava a considerar valor elevado aquele que excedesse 100 unidades de conta avaliadas no momento da prática do facto.

Seria esta lei aplicável ao processo em curso?

CASO Nº 6

Em 5 de Janeiro, Beatriz, mulher de Adriano, denunciou ao Ministério Público que o seu marido fora vítima do crime de furto qualificado (nos termos do artigo 204º, nº 1, a) do CP), praticado por Cristiano.

Em 15 de Março entra em vigor a *lei X*, determinando que o crime de furto qualificado p.p. pelo artigo 204º, nº 1 do CP passa a depender de queixa.

A 15 de Outubro, em plena fase de julgamento, Beatriz declara querer desistir do processo, ao que Cristiano se não opõe.

1. Poderia Beatriz desistir do processo?
2. E se fosse Adriano a declarar querer desistir da acção penal? Qual seria a sua resposta?

CASO Nº 7

A 5 de Janeiro do corrente ano, Armindo escreveu um artigo de opinião num conhecido jornal, imputando a Damião factos ofensivos da sua honra.

1. Quais os procedimentos necessários para que Armindo viesse a ser criminalmente julgado?
2. Imagine que durante a fase de inquérito, uma nova lei, a *lei X*, atribuía natureza semi-pública ao crime de difamação. *Quid juris?*

CASO Nº 8*

Em 27 de Fevereiro de 1996, findo o inquérito instaurado no dia 20 de Novembro de 1995, o Ministério Público acusou Amadeu pelos seguintes factos ocorridos a 9 de Setembro de 1995:

- Homicídio negligente p.p. no artigo 136º do CP (versão originária: pena até três anos de prisão);
- Crime de condução sob efeito de álcool p.p. nos artigos 2º, nº 1 e 4º, nºs 1 e 2, *a)* do DL 124/90, de 14-4 (pena de prisão até um ano ou multa até 200 dias, além da sanção acessória de inibição da faculdade de conduzir de seis meses a cinco anos).

Com a revisão ao Código Penal operada pelo DL 48/95, de 15-3 (que entrou em vigor em 1 de Outubro de 1995), o crime de homicídio por negligência passou para o artigo 137º e o crime de condução de veículo em estado de embriaguez está agora consagrado no mencionado Código Penal, mais precisamente no seu artigo 292º.

Tendo em conta as alterações à lei processual penal constantes do DL 317/95, de 28/11, na parte em que ampliou a competência do tribunal singular, ao elevar de 3 para 5 anos de prisão a pena máxima abstractamente aplicável aos crimes que pode julgar (e, consequentemente, diminuiu a competência do tribunal colectivo ao elevar de 3 para 5 anos de prisão a pena máxima abstractamente aplicável relativa aos crimes que não pode julgar), qual o tribunal materialmente competente para o julgamento?

**Caso adaptado da jurisprudência nacional (Ac. TRE de 09/12/1997).*

CASO Nº 9

Em 20 de Setembro, Acácio apoderou-se de um quadro que Bastos lhe havia emprestado e que ascendia ao valor de € 13.000. A 10 de Dezembro, o Ministério Público tomou conhecimento do facto.

1. Como deveria proceder o Ministério Público?

2. Quem poderia constituir-se assistente? Dentro de que prazo?
3. A 15 de Março do ano seguinte, findo o inquérito, o Ministério Público reuniu indícios suficientes da prática do crime. Atendendo à falta de antecedentes criminais por parte de Acácio, arguido, poderia o Ministério Público promover a suspensão provisória do processo?
4. Imagine agora que, no mesmo 15 de Março, o Ministério Público deduz acusação. Sendo defensor(a) de Acácio, como procederia, sabendo que o seu cliente admitia ter cometido o crime, se encontrava na disposição de devolver os objectos e pretendia a todo o custo, para que de nada se soubesse, evitar o julgamento?

CASO Nº 10

Arnaldo é acusado pelo Ministério Público de ter subtraído um valioso quadro a Beraldino.

Um mês antes, o próprio Arnaldo tinha vendido o quadro a Carlos. Beraldino tinha-o comprado a Carlos uma semana depois.

Durante a audiência de julgamento, Arnaldo invoca que a venda do quadro a Carlos havia sido realizada sob reserva mental conhecida do declaratário.

Como deverá proceder o tribunal?

CASO Nº 11

Gisela foi acusada pelo Ministério Público de ter cometido o crime de aborto, previsto e punível pelo artigo 139º do Código Penal.

Na audiência de julgamento, Gisela invoca que a gravidez havia resultado de um crime de violação praticado sobre ela por Guilherme e que a interrupção da dita gravidez fora realizada na décima semana.

Como deverá proceder o tribunal?

CASO Nº 12

Durante a audiência de julgamento, sob a acusação de furto qualificado, levantou-se a questão de saber se os bens subtraídos pertenciam efectivamente a Simão, o ofendido, ou se, como afirmava Armando, o arguido, seriam, afinal, propriedade deste, em virtude de um contrato de compra e venda realizado há alguns anos.

A questão parecia duvidosa, ainda que, um ano antes, o tribunal civil houvesse declarado nulo aquele contrato.

Quid juris?

CASO Nº 13

Num processo em que Aldina é acusada de ter cometido um crime de abuso de confiança, o seu defensor invoca que a jóia, objeto do crime indiciado, havia sido, afinal, doada à sua cliente por Isabel, ofendida.

O tribunal penal abordou a questão, concluindo que não houvera contrato de doação, pois Isabel entregara a jóia a título de empréstimo e, como tal, Aldina seria mera detentora do bem, o que esta bem sabia.

Aldina é condenada pelo crime de abuso de confiança, pois apropriara-se do bem, alguns dias após o empréstimo.

1. O tribunal agiu em conformidade com a lei?
2. Após a condenação transitar em julgado, poderia Aldina interpôr uma acção nos tribunais civis, pedindo que fosse declarada a existência do contrato de doação?

CASO Nº 14

Após violenta discussão, António, *skin-head*, agrediu Carlos, africano, motivado por profundo ódio racial. Não contente com o facto, subtraiu-lhe, ainda, um valioso relógio, um fio de ouro e a carteira, causando-lhe um prejuízo patrimonial que ascendeu à quantia de € 5.000.

Após a acusação, o arguido requereu a intervenção do tribunal de júri.

1. *Quid juris*?
2. Poderia, em alguma circunstância, ser competente o tribunal singular?
3. Como responderia às questões anteriores se António fosse acusado pelo crime de terrorismo?

CASO Nº 15

António, que sofria de uma doença terminal muito dolorosa, pediu a Bento, seu amigo, que lhe pusesse termo à vida, o que este recusou.

Porém, após reiterada e desesperada insistência, Bento, acabou por ceder e, durante o sono de António, ministrou-lhe uma injecção letal.

Qual o tribunal materialmente competente para o julgamento de Bento?

CASO Nº 16*

Alberto vivia angustiado com o facto de seu pai, Belmiro, sentir terríveis dores em razão de uma doença terminal.

Certo dia, em sua casa situada em Águeda, Belmiro pediu a seu filho que o matasse. Alberto assim o fez, ministrando uma dose mortal de veneno na sopa destinada a Belmiro no almoço desse dia.

Logo após a ingestão do veneno, Clotilde, irmã de Belmiro, transporta seu irmão a Coimbra para consulta médica.

Ao chegar a Coimbra, Belmiro morre em consequência do veneno ingerido.

Em janeiro passado, foi aberto inquérito e, no final do mesmo (4 meses depois), o Ministério Público acusa Alberto por *homicídio a pedido da vítima*, nos termos do artigo 134º do CP.

1. Qual o tribunal territorial e materialmente competente para julgar Alberto?
2. Suponha agora que uma nova Lei, a *Lei X*, entrava em vigor em 16 de março passado e introduzia as seguintes alterações:
   a) Revogava o atual artigo 19º, nº 2 do CPP
   b) Determinava a competência exclusiva e própria do tribunal do júri para os chamados "crimes de sangue".

Seria esta nova *Lei X* aplicável ao processo em curso?

**Caso prático resolvido infra, p 241-247.*

CASO Nº 17*

Num bar da cidade de Braga, Alípio, apercebendo-se de que Bernardo revelava um carácter de pessoa influenciável e até um pouco ingénua, encenou toda uma situação que o induziu em erro. Relatando-lhe diversos factos, convenceu-o de que conseguia obter a compra de automóveis praticamente novos, no estrangeiro, a preços ainda mais baixos do que os praticados no respectivo país de origem.

Bernardo entusiasmou-se com as óptimas possibilidades de rentabilização que logo calculou. Para efectivar o negócio, apenas teria que preencher e entregar a Alípio algumas letras de câmbio no valor total de € 80.000, tarefa a que procedeu de imediato naquele mesmo bar.

Alguns dias mais tarde, Alípio apresentou as letras a desconto na *dependência bancária X*, sita em Amarante.

Descoberto o logro, Célia, mulher de Bernardo, pretende denunciar criminalmente Alípio, contra a vontade do próprio ofendido que se convenceu de que um dia mais tarde, o burlão, quando estivesse numa situação de desafogo económico, pagar-lhe-ia, por sua própria iniciativa, os malfadados € 80.000.

1. Poderia Célia denunciar o crime contra a vontade de Bernardo?
2. Qual o tribunal territorial e materialmente competente para o julgamento?

**Caso adaptado da jurisprudência nacional (Ac. TRP de 31/05/1989).*

CASO Nº 18

O Ministério Público acusou Afonso pelo crime de burla qualificada, nos termos do artigo 218º, nº 2, *a)* do CP. Entendendo que não deveria ser aplicada, em concreto, pena superior a 5 anos de prisão, o Ministério Público enviou o processo para julgamento em tribunal singular.

Afonso, atendendo àquele limite imposto, requereu a abertura da instrução pedindo ao respetivo juiz que viesse a promover a suspensão provisória do processo.

Colocado(a) na posição do juiz de instrução criminal, qual seria a sua decisão?

CASO Nº 19

Álvaro, de 16 anos, foi acusado por Bento pelo crime de injúria (artigo 181º do CP).

Atendendo a que Álvaro, não negando a ocorrência dos factos, se encontra disposto a indemnizar Bento, que o julgamento seria algo de eventualmente traumático para um jovem daquela idade, mas que Bento recusa qualquer possibilidade de acordo, como procederia colocado(a) no lugar de defensor do arguido?

CASO Nº 20

João foi difamado por declarações prestadas na rádio produzidas por Abel, seu adversário político.

1. Como deveria João proceder para obter o julgamento de Abel em tribunal penal?
2. Imagine que, findo o inquérito, o Ministério Público entendia que os factos imputados a João eram verdadeiros. *Quid juris*?

CASO Nº 21

O Ministério Público deduziu acusação contra Álvaro pelo crime de roubo, nos termos do artigo 210º, nº 1 do CP, entendendo, todavia, que a pena a aplicar não deveria, em concreto, ser superior a cinco anos. Os autos seguiram, por conseguinte, para julgamento em tribunal singular.

Durante a audiência de julgamento, o juiz convenceu-se de que a base factual da acusação se enquadrava, ao fim e ao cabo, no preceituado na alínea *b)* do nº 2 do artigo 210º do CP, pelo que o limite de cinco anos para a pena concreta se revelava inadequado.

Quid juris?

CASO Nº 22*

No passado dia 20 de Janeiro o Ministério Público acusou Américo pelos seguintes factos:

- Em sua casa, na cidade de Guimarães, havia emprestado uma arma carregada a Benevides que lha tinha pedido para se suicidar. Benevides, efectivamente, suicidara-se, dois dias mais tarde, em Braga.
- Cinco dias depois, ainda em sua casa na cidade de Guimarães, Américo ameaçava Carlos (que tudo descobrira) com uma arma, exigindo-lhe que nada contasse a ninguém. Pensando ter a arma descarregada, Américo acabou por premir o gatilho, disparando, sem intenção, um tiro que veio a causar a morte ao seu interlocutor.

Qual (ou quais) o tribunal (ou tribunais) material e territorialmente competente(s) para julgar Américo?

**Caso prático resolvido infra, p 248-250.*

CASO Nº 23

Após acalorada discussão, numa rua da cidade de Penafiel, Asdrúbal puxou da sua arma e, com intenção de matar, disparou na direção de Bernardino. A bala, porém, apenas de raspão acertou no ombro de Bernardino vindo a atingir Clemente que se encontrava um pouco atrás.

Gravemente ferido, Clemente é conduzido a um hospital na cidade do Porto, onde, após várias horas de assistência médica, lhe veio a ser amputada uma perna.

1. Aberto inquérito por ambos os crimes, haverá lugar a alguma conexão processual?
2. Qual (ou quais) o tribunal (ou tribunais) material e territorialmente competente(s) para julgar Asdrúbal?

CASO Nº 24

António dirigia-se de Vila Nova de Gaia para Espinho, conduzindo o seu automóvel em excesso de velocidade, quando, ainda em Vila Nova de Gaia, atropelou Bento que teve morte imediata.

Apercebendo-se que Bento havia morrido, António preparava-se para fugir quando, subitamente, reparou em Carlos que a tudo assistira.

Para evitar complicações, António, ainda do lado de Vila Nova de Gaia, decidiu "eliminar" a testemunha, disparando um tiro na sua direcção. Carlos, atingido pelo tiro, acabou por morrer em local sob jurisdição da comarca de Espinho.

1. Aberto inquérito por ambos os crimes, haverá lugar a alguma conexão processual?
2. Qual (ou quais) o tribunal (ou tribunais) material e territorialmente competente(s) para julgar António?

CASO Nº 25

Numa fria noite de Outono, na cidade de Barcelos, Adriano, debruçado no parapeito de uma ponte, observava, pensativo, o rio Cávado. Um profundo desespero percorria-lhe todo o espírito, não só pela situação de insolvência em que se encontrava, mas também porque naquele mesmo dia, pela manhã, soubera que Isabel, sua mulher, pretendia o divórcio. Hesitava mesmo se a melhor solução não seria acabar com a própria vida e, assim, terminar com o sofrimento de uma vez por todas.

Nesse preciso momento, surgiu no local Bruno que, secretamente, nunca gostara de Adriano. Inteirado da situação económica e dos problemas familiares daquele de quem se dizia amigo, Bruno tentou demonstrar-lhe que a melhor solução seria, efectivamente, o suicídio. Quem sabe se a morte não o levaria para uma dimensão bem menos ingrata, talvez, até, paradisíaca...

Adriano, que sempre dera muita importância às opiniões de Bruno, acabou por ficar convencido pelos argumentos do seu interlocutor e, após súbita decisão, atirou-se para o rio. Alguns instantes depois, porém, arrependeu-se do que fizera, mas era já tarde demais. Ainda conseguiu nadar, sôfregamente, mantendo-se vivo por mais algum tempo. Não obstante, o seu corpo acabou por ser encontrado, mais tarde, já sem vida, na margem do rio, em Esposende.

Qual o tribunal territorial e materialmente competente para julgar Bruno?

CASO Nº 26

O Ministério Público, atendendo ao preceituado no artigo 16º, nº 3 do CPP, remeteu o arguido para julgamento em tribunal singular, sob a acusação de roubo, nos termos do artigo 210º, nº 1 do CP, por entender que, em concreto, a pena não deveria ser superior a 5 anos de prisão.

Na audiência de julgamento, com base na mesma factualidade da acusação, o tribunal veio a formar a convicção de que se tratava, efectivamente, de um roubo, mas punível pelo artigo 210º, nº 2, *b)* do CP. Entendeu, ainda, que a pena aplicável não poderia ser inferior a 5 anos de prisão.

1. Como deverá proceder o tribunal?
2. Como seria a sua resposta à pergunta anterior se o tribunal qualificasse igualmente o crime pelo artigo 210º, nº 2, *b)* do CP, mas, desta feita, por descobrir na audiência de julgamento que o arguido fazia parte de um bando destinado à prática reiterada de cri-

mes contra o património e tinha beneficiado da colaboração de um outro membro do bando [artigo 210º, nº 2, *b)*, *ex vi* artigo 204º, nº 2, *g)* do CP]?

CASO Nº 27

Em pleno centro da cidade de Viana do Castelo, numa tarde primaveril, Adão, Bernardino e Carlos discutiam, animadamente, os diversos resultados do último fim-de-semana futebolístico. Em determinado momento, os ânimos exaltaram-se e Adão, furioso, acertou um violento murro em Carlos. Bernardino, que nutria uma grande amizade por Carlos e detestava Adão, perante o sucedido, enervado, não resistiu em afirmar:

«*Velhaco! Bandido!... Sempre o foste!... Tu e a "peneirenta" da Eva, tua mulher, que não te fica atrás!*»

Félix, pai de Eva, que por acaso ali passava naquele momento, não gostou nada do que ouviu e imediatamente puxou da sua arma, disparando, de seguida, dois tiros na direcção de Bernardino. O primeiro tiro acertou-lhe de raspão num braço; o segundo, errou completamente o alvo e, desafortunadamente, veio a atingir Guilhermina, uma pacata senhora que se encontrava sentada num banco de jardim, um pouco mais adiante.

Foi chamada uma ambulância que transportou os feridos para um hospital do Porto.

A Carlos foi diagnosticado um traumatismo craneano e consequente anomalia psíquica grave, em resultado do murro deferido por Adão; tão atrozes sequelas, este, porém, estava longe de pretender.

Bernardino teve um ligeiro ferimento no braço.

Guilhermina acabou por falecer quando deu entrada no hospital.

Responda às seguintes questões:

1. Quais os tribunais territorial e materialmente competentes para cada um dos crimes relatados no caso prático?
2. Haveria lugar a alguma conexão processual? Como deveria agir o Ministério Público?

3. Havendo conexão de processos qual (ou quais) o(s) tribunal (ou tribunais) territorial e materialmente competente(s) para o(s) julgamento(s)?

CASO Nº 28

Pelas 23:00 horas de uma quente noite de Agosto, num jardim da cidade de Beja, César tentava convencer Dália, grávida de 12 semanas, a praticar um aborto, pois o nascimento da criança, filha de ambos, poderia vir a pôr em causa não só o casamento de César, como também a própria reputação de Dália. Esta começou por resistir aos argumentos do seu interlocutor, mas, a dado momento, começou a sentir-se convencida de que interromper a gravidez seria, talvez, a melhor solução.

Dois dias depois, Dália deslocou-se à cidade de Faro e Maria, enfermeira, mediante avultada quantia (que César havia disponibilizado a Dália), realizou o aborto.

1. Haveria lugar a alguma conexão processual?
2. Qual (ou quais) o tribunal (ou tribunais) materialmente competente(s) para o julgamento?

CASO Nº 29

Adélio, que se dirigia de automóvel do Porto para Matosinhos, sentia-se completamente atónito, arrasado e deprimido: descobrira que Belarmino, um velho amigo, violara sua namorada, Vanessa.

Ao parar num semáforo, ainda no Porto, Adélio, com súbito espanto, vislumbra Belarmino precisamente num veículo em frente, no lado de Matosinhos. Furioso, puxa imediatamente da sua pistola e dispara com intenção de o matar. O tiro, porém, veio a acertar letalmente em Carlos, um transeunte que se encontrava também no lado de Matosinhos.

Qual (ou quais) o tribunal (ou tribunais) territorial e materialmente competente(s) para julgar Adélio?

CASO Nº 30*

Ao abrigo de um determinado programa de incentivos financeiros, Abílio, empresário estabelecido em Famalicão, candidatou-se à obtenção de um subsídio, fornecendo às entidades competentes para o efeito informações falsas respeitantes à sua pessoa e à actividade que desempenhava, conseguindo, desse modo, obter do Estado um montante pecuniário no valor de € 500.000.

No dia em que recebeu esta quantia no seu local de trabalho, Abílio, entusiasmado, perspectivou o destino a dar ao dinheiro tão astuciosamente conquistado e que, de resto, já há muito planeara: comprar um belo apartamento em Portimão, adquirir um estabelecimento comercial no Porto e comprar um automóvel descapotável e um *jeep* todo-o-terreno num *stand* de um seu amigo em Leiria.

Acabou por concretizar exactamente tudo o que planeara.

Dois anos depois, contudo, foi acusado pelo Ministério Público de haver praticado o crime de «fraude na obtenção de subsídios», nos termos do artigo 36º, nº 2 do DL 28/84, de 20-1, em concurso real com o crime de abuso de confiança p.p. no artigo 205º, nºs 1 e 4, *b)* do CP.

Responda às seguintes questões:

1. Concorda com a acusação do Ministério Público?
2. Haveria lugar a alguma conexão processual?
3. Qual (ou quais) o(s) tribunal (ou tribunais) territorial e materialmente competente(s) para o(s) julgamento(s)?

**Caso adaptado da jurisprudência nacional (Ac. TRP de 05/05/1993).*

CASO Nº 31

Araújo e Fausto, portugueses, assaltaram uma vivenda na cidade de Sevilha, subtraindo valores que ascendiam ao valor de cerca de € 25.000. Para que não houvesse testemunhas do crime, quando saíam da referida vivenda, Fausto disparou letalmente contra Gomez, cidadão andaluz, que a tudo assistira. Esta conduta de Fausto enfureceu Araújo que não pretendia qualquer tipo de violência.

As autoridades portuguesas acabaram por conseguir deter Araújo, na cidade de Braga, e Fausto, na cidade de Leiria.

Responda às seguintes questões:

1. Haveria lugar a alguma conexão processual?
2. Qual (ou quais) o tribunal (ou tribunais) territorial e materialmente competente(s) para o(s) julgamento(s)?

CASO Nº 32*

Armani e Benito, cidadãos italianos, deslocaram-se ao Brasil, trazendo para Portugal, num veleiro, 50 kgs. de cocaína, para ser distribuída neste país e em alguns outros na Europa.

Parte dessa droga veio a ser apreendida, porém, na Alemanha e outra parte, 15 Kgs., em Portugal, na comarca de Odemira.

A Polícia Judiciária encontrou Armani e Benito e deteve-os, apresentando-os na comarca de Tavira por suspeitar que era numa casa desta cidade que residiam. Em Tavira, foram constituídos arguidos e presos preventivamente.

Entretanto, como nenhum acto criminoso havia sido praticado em Tavira, o magistrado do Ministério Público desta comarca entendeu declarar-se incompetente e, com base no artigo 29º, nºs 1 e 2 do CPP, remeter os autos para a comarca de Odemira, local da apreensão da droga.

Nesta comarca foi instaurado o inquérito, pois o respectivo magistrado do Ministério Público considerou-se competente em função da conexão de processos, ao abrigo do disposto nos artigos 19º e 24º, nº 1, *c)* do CPP, em conjugação com o artigo 264º, nº 1 do mesmo diploma legal. Este magistrado despachou no sentido de os autos serem apresentados ao juiz para reexame dos pressupostos da prisão preventiva, nos termos do artigo 213º, nº 1 do CPP.

Contudo, o juiz de instrução desta comarca (Odemira) considerou-se incompetente para o efeito, remetendo o processo novamente para a comarca de Tavira. Entendeu este magistrado que o Ministério Público de Tavira deveria ter apresentado os autos ao juiz dessa mesma comarca, competente nos termos do artigo 28º, *b)* do CPP, pois era nessa comarca que os arguidos se encontravam presos. Assim, não tendo sido o juiz de

Tavira a remeter os autos para Odemira e não estando o juiz de instrução desta comarca vinculado ao despacho do Ministério Público daquela outra, ordenou que os mesmos autos fossem, de novo, remetidos ao juiz de instrução de Tavira.

Quid juris?

**Caso adaptado da jurisprudência nacional (Ac. TRE de 06/02/1998).*

CASO Nº 33

Abrandino, que se encontrava a passar férias na Grécia com os seus amigos Carlos e Rodrigo, encontrava-se terrivelmente angustiado e deprimido. Após insistentes pedidos, conseguiu que Carlos lhe emprestasse um revólver para se suicidar.

Abrandino acaba por colocar termo à vida, mas já em Lisboa, cidade do seu domicílo, com o revólver que Carlos, residente na cidade de Coimbra, lhe emprestara.

Qual o tribunal territorial e materialmente competente para o julgamento?

CASO Nº 34

No Centro Comercial Colombo, na cidade de Lisboa, e após uma violenta discussão, Fausto acertou um murro em Guilherme que foi projectado contra a vitrina do estabelecimento comercial de Heitor, partindo o vidro e algumas peças de loiça que aí se encontravam expostas, causando prejuízos no valor de € 3.000.

Guilherme apresentou queixa-crime contra Fausto.

1. Teria Heitor legitimidade para deduzir, no processo penal, um pedido de indemnização civil pelos danos causados?
2. Se tal fosse possível, qual o procedimento a observar e qual o momento adequado para o pedido?

3. Seria possível um arbitramento da indemnização civil?
4. Antes de Guilherme apresentar queixa, poderia Heitor ter deduzido o pedido de indemnização num tribunal civil? Quais seriam as consequências desse ato?

CASO Nº 35

Ivo foi condenado pelo crime de dano qualificado, nos termos do artigo 213º do CP, por haver destruído vários objetos na casa de Joaquim.

O tribunal arbitrou, outrossim, uma reparação a favor de Joaquim baseado no artigo 82º-A do CPP.

Poderá Joaquim deduzir, ainda, um pedido de indemnização civil perante os tribunais civis? Como compatibiliza a sua resposta com o preceituado no artigo 84º do CPP?

CASO Nº 36

Quando regressava de um jogo de futebol e se dirigia para o seu automóvel, Adolfo sentiu-se angustiado ao verificar que o veículo se encontrava parcialmente danificado.

Três meses depois, Adolfo, que atravessava algumas dificuldades financeiras, recebeu a conta da reparação do seu automóvel que o deixou perto do desespero, pois ascendia ao montante de € 6.000.

Nesse mesmo dia tomou conhecimento de que decorria um julgamento em que Baltazar era acusado de ofensa à integridade física grave contra Cristóvão. Ficou ainda a saber que o seu automóvel tinha sido danificado precisamente em consequência daquele mesmo crime, uma vez que Baltazar projectara, várias vezes, a cabeça de Cristóvão contra o dito automóvel.

Adolfo dirigiu-se, arrebatado, ao escritório do *advogado X*, pois Daniel, um seu amigo que estudava Direito, informara-o de que já decorrera o tempo útil para deduzir o pedido cível.

Colocado(a) no lugar do *advogado X*, responda às seguintes questões:

1. Quando e onde deveria ser deduzido o pedido cível?
2. Que conselhos daria a Adolfo?

CASO Nº 37

Reunidos indícios suficientes da prática do crime de dano qualificado – nos termos do artigo 213º, nº 1, *a)* do CP – por parte de António que destruíra alguma da mobília da casa de Baltazar, o Ministério Público decidiu-se pela promoção da suspensão provisória do processo, com base no artigo 281º, nº 1 do CPP.

Ficou acordado entre os vários sujeitos processuais que António deveria pagar uma indemnização a Baltazar pelos prejuízos sofridos, em sintonia com a alínea *a)* do nº 2 do mencionado artigo 281º do CPP. António cumpriu a injunção, efectuando o pagamento, tendo sido o processo arquivado, em sintonia com o artigo 282º, nº 3 do mesmo diploma.

Poderá, agora, Baltazar deduzir um pedido de indemnização civil perante os tribunais civis?

CASO Nº 38

Américo, comerciante, ficou estupefacto quando, pelas oito horas da madrugada do dia 5 de Fevereiro do corrente ano, verificou, ao chegar ao seu estabelecimento, que o mesmo se encontrava com os vidros partidos.

Cinco meses depois, através de um funcionário judicial que conhecia, Américo recebeu a notícia de que Basílio havia sido constituído arguido num processo do foro criminal que se encontrava já na fase de julgamento. Basílio era acusado de haver provocado ofensa à integridade física grave na pessoa de Carlos, naquela madrugada de 5 de Fevereiro. Em resultado das várias agressões físicas infligidas por Basílio, Carlos acabou por ser projectado, partindo, desse modo, os vidros do estabelecimento comercial de Américo, a quem a situação nunca havia sido comunicada.

Américo pretende agora saber se poderá, ainda, obter uma indemnização civil. O *advogado X* informou-o de que tal pretensão não procederia, na medida em que se tratava de um crime público, pelo que o pedido devia ter sido deduzido no processo penal num momento anterior. Nesta fase, já nada havia a fazer.

Concorda com o *advogado X*?

CASO Nº 39

Findo o inquérito e obtendo indícios suficientes contra Alcino pelo crime de burla qualificada, nos termos do artigo 218º, nº 1 do CP, o Ministério Público decidiu promover a suspensão provisória do processo. Obtida a concordância do juiz de instrução, do arguido e verificados os restantes requisitos exigíveis, o arguido cumpriu a injunção aplicada e, dois meses depois, o processo foi arquivado nos termos do artigo 282º, nº 3.

Cacildo, ofendido que não se constituíra assistente, revoltado não só por não concordar com aquele desenlace, mas também por não ter sido chamado a participar no mesmo, obteve novos meios de prova e requereu a reabertura do inquérito com base no artigo 279º do CPP.

Quid juris?

CASO Nº 40

Ângela apresentou queixa-crime contra Bernardo, seu patrão, por este a ter violado no local de trabalho. O Ministério Público requereu imediatamente ao juiz de instrução a aplicação cumulativa ao arguido do termo de identidade e residência e de caução carcerária no valor de € 5.000.

1. Poderia o juiz de instrução aplicar cumulativamente aquelas medidas de coacção?
2. Poderia o juiz de instrução recusá-las e aplicar a prisão preventiva?

3. E se do requerimento do Ministério Público constasse a aplicação cumulativa da proibição de contactos e a obrigação de permanência em habitação? Poderia o juiz de instrução aplicá-las cumulativamente?
4. Como poderia Bernardo reagir às medidas de coacção mencionadas nas perguntas anteriores?
5. Como responderia às questões anteriores se o crime de violação praticado por Bernardo fosse o previsto no nº 2 do artigo 164º do Código Penal?

CASO Nº 41

Durante o inquérito pelo crime de atos sexuais com adolescentes praticado por Asdrúbal contra Benedita, de 15 anos de idade, o Ministério Público requereu ao juiz de instrução a aplicação cumulativa ao arguido de caução carcerária no valor de € 2.000 e de caução económica no valor de € 5.000.

1. Poderia o juiz de instrução aplicar cumulativamente aquelas duas medidas?
2. Poderia o Ministério Público requerer o arresto de bens pertencentes a Asdrúbal, suficientes para garantir a quantia de € 7.000?
3. Imagine agora que, sem o saber, Asdrúbal transmitira o vírus da SIDA a Benedita. Poderia o juiz de instrução, a requerimento do Ministério Público, aplicar-lhe a prisão preventiva?
4. E se a transmissão do vírus da SIDA apenas fosse descoberta na fase de julgamento? Como deveria proceder o tribunal?

CASO Nº 42

A 20 de Outubro de 2011, o Ministério Público abriu inquérito pelo crime de insolvência dolosa, em que foram constituídos arguidos Abel, Bruna e Carlos, administradores da *empresa X*, que, naquela data, foram imediatamente submetidos a prisão preventiva.

Dada a complexidade do caso, devido aos inúmeros negócios (simulados e não simulados) realizados, à dificuldade em perceber com quem se negociou, a obscuros problemas relacionados com o destino de bens da empresa e ao surgimento de novos crimes, como o de branqueamento de capitais, em 22 de Outubro de 2013 ainda decorre o julgamento dos arguidos, pelo que estes requereram a providência de *habeas corpus* em virtude de prisão ilegal.

1. A quem deve ser enviada tal providência?
2. No caso em apreço o procedimento adequado não seria o recurso?
3. Deverão os arguidos ser libertados?
4. Imagine que a 2 de Janeiro de 2012, ainda durante o inquérito, Abel se sentiu profundamente doente, sendo necessário o seu internamento hospitalar. Como deveria proceder o Ministério Público?
5. A resposta dada à questão anterior poderá, em alguma circunstância, alterar a resposta dada à questão nº 3?

CASO Nº 43

Xavier é arguido num processo que se encontra na fase de inquérito. Tendo sido denunciado pelo crime de contrafacção de moeda, suspeita-se que Xavier pertence a uma rede internacional, altamente organizada, de falsificadores.

A requerimento do Ministério Público, o juiz de instrução criminal decreta a aplicação de caução carcerária (artigo 197º do CPP) cumulada com a obrigação de não se ausentar da freguesia do seu domicílio [artigo 200º, nº 1, *c)* também do CPP] e com a caução económica (artigo 227º, ainda do mesmo diploma).

1. Seria admissível a aplicação cumulativa daquelas medidas?
2. Qual o prazo máximo de duração do inquérito?
3. E se houvesse instrução? Qual seria o prazo máximo de duração?

CASO Nº 44

Durante o inquérito que corre contra Adilson, arguido brasileiro, o Ministério Público obtém fortes indícios de este haver praticado o crime de furto simples (artigo 203º do CP) em concurso real com os crimes de abuso de confiança (artigo 205º, nº 1 do CP) e ofensa à integridade física simples agravada pelo resultado morte [artigo 145º, *a)* do CP].

O Ministério Público requereu a aplicação de uma caução carcerária no valor de € 5.000.

1. Poderia ser aplicada a medida de coacção mencionada? Quais seriam as consequências jurídico-processuais se Adilson fugisse para o Brasil e não mais aparecesse?
2. E se, prevendo um iminente perigo de fuga, o juiz de instrução deferisse o requerimento do Ministério Público, mas aumentasse o valor da caução e a cumulasse com a obrigação de apresentação diária na esquadra da polícia? Poderia fazê-lo?
3. E se fosse o Ministério Público a prever o iminente perigo de fuga e, em consequência, se decidisse por requerer a aplicação da prisão preventiva? Colocado(a) no lugar do juiz de instrução como decidiria?
4. Imagine que o juiz de instrução aplicava a prisão preventiva. Colocado(a) no lugar do defensor do arguido, que providências tomaria?
5. Qual seria a sua resposta à pergunta anterior se, além dos crimes mencionados no caso, recaíssem, ainda, fortes indícios sobre Adilson de ter praticado também o crime de lenocínio, nos termos do artigo 169º, nº 1 do CP?

CASO Nº 45

Durante o inquérito, o Ministério Público reuniu indícios suficientes da prática do crime de homicídio por parte de Aniceto, arguido, sobre Belarmino.

As dúvidas persistiam, no entanto, quanto à imputação subjectiva do crime, isto é, saber se o homicídio teria sido praticado a título de dolo eventual ou se houvera mera negligência consciente.

Perante esta factualidade, o Ministério Público decidiu requerer a aplicação da prisão preventiva ao arguido. Um mês depois, aquelas dúvidas persistiam e Aniceto acabou por ser acusado por homicídio simples, nos termos do artigo 131º do CP, em conjugação com o artigo 14º, nº 3 do mesmo diploma.

1. Colocado(a) na posição do juiz de instrução criminal, como reagiria ao requerimento apresentado pelo Ministério Público no que toca à aplicação da prisão preventiva?
2. Concorda com a acusação do Ministério Público?

CASO Nº 46*

Numa aldeia perto de Melgaço, decorria a festa de Nossa Senhora do Rosário, originando uma afluência desusada de gente ao local com o consequente congestionamento de trânsito. Situação que se agravou, ainda mais, quando, por volta das 17:30 horas se realizou um funeral no local, ao mesmo tempo que chegara um autocarro precedido de várias viaturas.

O soldado Fonseca, elemento da patrulha da GNR ali presente em serviço, solicitou a vários automobilistas que desviassem os seus veículos para o recinto da festa, com o objectivo de permitir a passagem do autocarro e demais viaturas, o que aconteceu sem qualquer espécie de problemas.

Porém, após o ocorrido, quando o soldado Fonseca ordenou que retirassem os veículos do recinto da festa, uma das automobilistas, Albertina, recusou-se a fazê-lo, não obstante lhe ter sido explicado que aquele recinto se destinava a ser utilizado pela população.

«*Se continua a insistir comigo dou-lhe duas bofetadas nessa cara de palerma...*», gritou Albertina dirigindo-se ao soldado Fonseca, «*...sois uns "matons"* [assassinos]».

Face a este comportamento, o agente Carvalho, comandante da sobredita patrulha da GNR, solicitou a Albertina que se identificasse, ao que esta se recusou.

«*Ainda há pouco esteve aqui a carrinha daquele imbecil do Silva!*» justificava-se, «*Ele não é mais do que eu... pelo contrário, com aqueles "chifres" que a Gracinda, a mulher, o faz carregar...*»

Foi-lhe explicado pelo agente Carvalho que o Silva fazia parte da organização da festa e que a carrinha efectivamente ali estivera para descarregar os instrumentos da banda de música. Voltou a ser-lhe pedido, em vão, que se identificasse.

«Identificar-me?! Eu?! Seus fascistas! São ainda piores do que a PIDE!»

O agente Carvalho deu-lhe voz de prisão. Dois dias depois, foi apresentada ao Ministério Publico, acompanhada de auto de notícia com a descrição dos factos. O Ministério Público abriu inquérito, constituiu Albertina como arguida e lavrou termo de identidade e residência. Quanto a Silva, que entretanto se ausentara e se encontrava em Viana do Castelo, só ficou a saber de todos estes acontecimentos uma semana depois.

1. Concorda com a actuação dos agentes da GNR?
2. Haverá lugar a alguma conexão processual? Como deverá proceder o Ministério Público?
3. A quem compete deduzir a acusação (ou as acusações)?
4. Qual (ou quais) o tribunal (ou tribunais) territorial e materialmente competente(s) para o(s) julgamento(s)?
5. Durante o julgamento, vem a descobrir-se que Albertina tivera acesos desentendimentos com Gracinda uns dias antes de todos aqueles acontecimentos. *Quid juris*?

**Caso adaptado da jurisprudência nacional (Ac. TRP de 29/09/1993).*

CASO Nº 47

Amândio invectivou Bernardo com vários impropérios em pleno centro da cidade do Porto. Cabral, um taxista que a tudo assistira, chamou a polícia que imediatamente apareceu no local, procedendo à detenção de Amândio.

1. Poderia haver detenção?
2. Uma vez solicitado para o efeito pela entidade policial, poderia Amândio recusar a identificação?
3. Quais os procedimentos necessários para que se iniciasse o processo penal?
4. Poderia Amândio ser julgado em processo sumário?

5. Findo o inquérito poderia o Ministério Público propôr a suspensão provisória do processo?
6. Findo o inquérito poderia o Ministério Público requerer o processo sumaríssimo?
7. Suponha agora que, findo o inquérito, o Ministério Público se convencia de que, afinal, não havia indícios suficientes da prática do crime de injúrias. Poderia, ainda assim, Amândio ser julgado?

CASO Nº 48

Carvalho, agente da PSP, surpreendeu António a esbofetear Bento. Procedendo imediatamente à detenção, Carvalho lavrou auto de notícia da ocorrência e constituiu António como arguido. Porém, volvidas 48 horas, Bento não apresentou queixa, sendo António imediatamente libertado.

Dois meses depois, Bento decidiu-se finalmente a apresentar queixa na esquadra da PSP. Aí foi, no entanto, informado, que deveria ter apresentado a queixa logo após a detenção. Agora seria tarde demais, pelo que a queixa não poderia ser aceite.

1. Carvalho agiu como devia no concernente à detenção?
2. Poderia ter lavrado auto de notícia?
3. Poderia Bento apresentar queixa no momento em que o fez?
4. Imagine agora que Bento apresentava queixa 24 horas após a detenção. Poderia António ser julgado em processo sumário?
5. Poderia, em alguma circunstância, ser requerido o processo sumaríssimo? E o processo abreviado?

CASO Nº 49

Numa madrugada de domingo, pelas 3 horas, Albino é detido numa operação *Stop*, por Carvalho, agente da brigada de trânsito da GNR, por conduzir o seu automóvel com uma taxa de álcool no sangue de 1,9 g/l.

1. Qual (ou quais) a(s) forma(s) de processo adequada(s) para julgar Albino?

2. Como deveria proceder Carvalho?
3. E se Albino se recusasse a efectuar o teste de alcoolemia? *Quid juris*?
4. Imagine que Albino não tinha sido detido em flagrante delito. Poderia sê-lo fora de flagrante delito? Em que caso(s)?

CASO Nº 50

Em plena Rua da Alegria, no Porto, Aniceto insultava furiosamente Rosa, sua mulher.

Meireles, agente da PSP, que por ali passava, ao ouvir aqueles epítetos, ordenou a Aniceto que se calasse.

«*Não te metas onde não és chamado!*», retorquiu Aniceto, «*Entre marido e mulher... Vai cuidar da tua vida, "palhaço"!*»

Perante este comportamento, Meireles decidiu dar-lhe "voz de prisão".

Apresentado ao Ministério Público, após interrogatório sumário, Aniceto foi enviado para julgamento em processo sumário.

1. Concorda com a actuação de Meireles?
2. Poderia haver processo sumário?
3. Imagine que Rosa, após a detenção, decide apresentar queixa contra Aniceto. Como deveria proceder para que este fosse julgado pelos insultos que contra ela proferiu?
4. Haveria lugar a alguma conexão processual?
5. Se houvesse conexão processual, seria possível a tramitação sob alguma forma de processo especial?
6. Poderia o Ministério Público decidir-se pela suspensão provisória do processo?
7. Poderia haver arquivamento por dispensa de pena?
8. Havendo julgamento, qual o tribunal materialmente competente para o efeito?

CASO Nº 51

Jeremias, padastro de Luísa, forçou a sua enteada de 12 anos de idade à prática de vários atos sexuais de relevo.

O Ministério Público, logo após ter iniciado o procedimento criminal independentemente de queixa, requereu ao juiz de instrução a aplicação cumulativa de uma caução carcerária no valor de € 5.000 com a obrigação de se apresentar todos os dias no posto da GNR.

Na fase de julgamento, e devido a suspeitas de ameaças por parte de Jeremias em relação a Luísa, o juiz presidente ordenou a aplicação da prisão preventiva em substituição da caução e da obrigação de apresentação periódica.

Ainda na fase de julgamento, Amélia, mãe de Luísa e sua única representante legal, entretanto constituída assistente, vem declarar que não deseja o procedimento criminal, requerendo o consequente arquivamento dos autos. O arguido não se opôs, mas o Ministério Público pugnou pelo prosseguimento do processo, fundamentando que se mantinham inalteradas as razões que haviam determinado a abertura do inquérito.

Responda, fundamentadamente, às seguintes questões:

1. Poderia o Ministério Público iniciar o procedimento criminal?
2. Poderia o juiz de instrução aplicar cumulativamente a caução carcerária e a obrigação de apresentação periódica?
3. Poderia o juiz presidente, na fase de julgamento, substituir a caução carcerária e a obrigação de apresentação periódica pela prisão preventiva?
4. Qual deverá ser a decisão do juiz presidente face ao requerimento de Amélia?

CASO Nº 52

Fausto e Zé Maria, automobilistas, envolveram-se numa infrutífera discussão após algumas manobras de cariz duvidoso de ambas as partes.

Em dado momento, Fausto ficou profundamente nervoso, saíu do seu automóvel e agrediu Zé Maria com um golpe no nariz, desferindo também vários pontapés no veículo do seu opositor.

Nesse momento apareceu Mário, agente da GNR, que, apercebendo-se do sucedido, procedeu à detenção de Fausto.

Responda, fundamentadamente, às seguintes questões:

1. Poderia, em alguma circunstância, Mário deter Fausto? Como deveria proceder?
2. Deveria Mário lavrar auto de notícia?
3. Em que momento deveria Fausto ser constituído arguido?
4. Poderia, em alguma circunstância, Fausto ser julgado em processo sumário?
5. Quem teria legitimidade para se constituir assistente? Dentro de que prazo?
6. Seria obrigatória a constituição de assistente?
7. Poderia Zé Maria deduzir pedido de indemnização cível? Como deveria proceder?
8. Poderia o Ministério Público promover a suspensão provisória do processo?
9. Qual o tribunal materialmente competente para o julgamento?
10. Como responderia às questões anteriores se o golpe infligido por Fausto desfigurasse grave e permanentemente o rosto de Zé Maria?

CASO Nº 53

Sabendo que Antónia, que se encontrava grávida de 16 semanas, se fizera abortar recorrendo aos serviços de Maria, com experiência no ramo, o Ministério Público ordenou a detenção de ambas.

1. Poderia fazê-lo?
2. Poderiam, em alguma circunstância, Antónia e Maria ser detidas? Com que finalidade?
3. A haver julgamento por aqueles crimes, qual o tribunal materialmente competente para o efeito?

CASO Nº 54

Júlia apresentou queixa contra Armando por este a ter insultado em plena via pública. Findo o inquérito, o Ministério Público entendeu não haver indícios suficientes da prática do crime.

1. Poderia ainda haver julgamento? Em que circunstâncias? Qual a utilidade do inquérito?
2. Havendo acusação, poderia Armando requerer a instrução com a finalidade de obter uma dispensa de pena?
3. Como responderia à questão anterior se a pretensão de Armando fosse a de obter a suspensão provisória do processo?
4. Poderia Júlia desistir da queixa? Em que momento e sob que circunstâncias?

CASO Nº 55

Américo foi acusado pelo crime de furto qualificado, nos termos do artigo 204º, nº 2, *e)* do CP, por ter penetrado na habitação de Manuel, abrindo a porta com uma gazua, e daí ter subtraído várias peças de prata avaliadas, aproximadamente, em € 13.000.

Américo requereu a abertura da instrução invocando que nada subtraíra e que apenas tinha entrado na casa de Manuel porque, tendo visto a porta aberta, fora verificar o que se passava, pois sabia que Manuel, aliás seu amigo, se encontrava com a família no Brasil em viagem de negócios. Uma vez lá dentro, ficou realmente com a sensação de que faltavam alguns objectos, pelo que seria de presumir que tivesse havido, efectivamente, um assalto, mas, a ser assim, o autor do mesmo não era ele, Américo.

O juiz de instrução, durante a respectiva fase, convenceu-se da veracidade do relatado pelo arguido na parte em que este mencionou já estar a porta aberta quando entrou na habitação de Manuel. Porém, Américo teria aproveitado a situação para subtrair os bens mencionados na acusação, pelo que foi pronunciado pelo crime de de furto qualificado, todavia enquadrado na alínea *f)* do nº 1 do artigo 204º do CP.

Durante o julgamento, o tribunal deu como provada a factualidade descrita na acusação, condenando o arguido pelo crime de furto qualificado, nos precisos termos da mesma, isto é, com base no artigo 204º, nº 2, *e)* do CP.

Responda às seguintes questões:

1. Poderia Américo requerer a abertura da instrução nos termos em que o fez?
2. É válido o despacho de pronúncia?
3. É recorrível o despacho de pronúncia?
4. Qual o tribunal materialmente competente para o julgamento?
5. Como deveria proceder o tribunal de julgamento?
6. Seria admissível o caso julgado de consenso?
7. É válida a sentença condenatória?

CASO Nº 56

Alda denunciou ao Ministério Público a prática de um crime de roubo de um valioso quadro [artigo 210º, nº 2, *b)* do CP], perpetrado por Célio e de que fora vítima o seu marido, Bruno.

Findo o inquérito, o Ministério Público acusou Célio pelos factos descritos na denúncia, atribuindo-lhes a mesma qualificação jurídica.

Dez dias depois, Bruno requereu a constituição como assistente, bem como a abertura da instrução pela prática do crime de extorsão, em conformidade com o preceituado no artigo 223º, nº 3, *a)* do CP. Fundamentou, invocando que duas semanas antes da prática daquele crime de roubo já Célio o havia obrigado – mediante a ameaça de publicação de determinadas fotografias que atentavam contra a sua dignidade e reputação – a operar uma transferência no valor de € 30.000 para a sua conta bancária.

1. Podia Alda denunciar aquele crime?
2. Podia Bruno, na mesma ocasião, requerer a sua constituição como assistente e a abertura da instrução?
3. Colocado(a) no lugar do juiz de instrução qual seria a sua decisão face aos mencionados requerimentos?

4. Imagine que o juiz de instrução os deferia. Colocado(a) na posição de defensor(a) do arguido, como reagiria?

CASO Nº 57

António subtraíu a Bernardo um relógio que se encontrava numa gaveta do escritório onde ambos trabalhavam e cujo valor ascendia à quantia de € 3.500.

Bernardo, uma semana depois, dirigiu-se a uma esquadra policial e relatou os factos. A notícia do crime foi imediatamente transmitida ao Ministério Público que abriu inquérito.

Findo o inquérito, o Ministério Público acusou António por furto qualificado nos termos do artigo 204º, nº 1, *e)* do CP, pois apesar de naquele dia Bernardo não ter trancado a gaveta com a chave, a verdade é que o relógio se encontrava na dita gaveta e esta estava equipada com fechadura.

O arguido requereu a abertura da instrução, invocando que a factualidade da acusação se subsumia no artigo 203º, nº 1 do CP, na medida em que para que funcionasse a referida alínea *e)* do nº 1 do CP seria necessário que a gaveta se encontrasse trancada.

1. Concorda com a acusação do Ministério Público?
2. Seria legalmente admissível o requerimento para a abertura da instrução por parte do arguido?
3. Se o juiz de instrução concordasse com a qualificação jurídica invocada pelo arguido como deveria proceder?

CASO Nº 58*

Alcino, agente da Polícia Judiciária, fazendo-se passar por consumidor de drogas, abordou Britaldo em plena rua, manifestando-lhe a intenção de comprar 100 gramas de cocaína.

Britaldo disse-lhe que não poderia satisfazer o seu pedido, mas que conhecia quem poderia fazê-lo. Combinaram, então, um encontro para que Alcino ficasse a conhecer Cesário.

No dia combinado todos compareceram e Cesário mostrou a Alcino uma pequena carteira de plástico, transparente, na qual se encontravam amostras de heroína, haxixe e cocaína. Acordaram o preço de venda da cocaína e que a entrega se efectuaria no dia seguinte, o que, efectivamente veio a acontecer.

Britaldo, como cúmplice, e Cesário, como autor, foram condenados pelo crime de tráfico ilícito de estupefacientes.

Concorda com a decisão do tribunal? Fundamente.

**Caso adaptado da jurisprudência nacional (Ac. STJ de 12/06/1990).*

CASO Nº 59

Pelas vinte e três horas de uma noite primaveril, Aladino e Gervásio, agentes da Polícia Judiciária, encontravam-se à porta da casa de Félix, funcionário público, com intenção de proceder a uma busca. Félix mostrou-se espantado com tal pretensão e afirmou que só com autorização de um juiz permitia tal procedimento.

Perante esta reacção, Aladino segurou Félix e Gervásio irrompeu pela casa adentro, revistando todos os cantos. Passados alguns minutos, descobriu o que pretendia: um bilhete de avião com destino a Tunis e com procedência de Lisboa prevista para as sete horas do dia seguinte; um *e-mail* dirigido a um tal Moussaoui, argelino, referindo a viagem que iria fazer a Tunis para pagar "o prometido"; a resposta deste, afirmando que esperava os 100.000 dólares o mais rápido possível, pois um dos seus "homens" havia-se arriscado muito em colocar "aquilo" na Europa e, detectou ainda, dez envelopes fechados, contendo provavelmente pó contaminado por bacilos de carbúnculo, com o endereço de alguns dos mais altos titulares de cargos políticos de determinados países da Europa (entre os quais Portugal) e dos Estados Unidos da América. No dia seguinte, antes de se dirigir para o aeroporto, Félix iria colocar os ditos envelopes em caixas de correio.

Depois de ser acusado por dez crimes de homicídio qualificado na forma tentada [artigo 132, nº 2, *i)* e, em dois casos (Presidente da República e Primeiro-Ministro portugueses), *l)* do CP, conjugado com o artigo 22º do mesmo diploma], por remissão (e respectiva agravação) do preceito concernente ao crime de terrorismo (artigo 4º da Lei nº 52/ /2003, de 22 de Agosto), na audiência de julgamento, vem a descobrir- -se que Félix fazia parte de uma organização luso-espanhola de extrema-esquerda que, em algumas iniciativas, se aliara a "células" da *Al-Qaeda* espalhadas por diversos países. Essas alianças justificavam- -se pela conjugação de esforços no combate a inimigos políticos e religiosos que, em grande parte, acabavam por se revelar precisamente os mesmos, ou seja, os adversários que os comunistas estigmatizavam como precursores de um "global imperialismo capitalista" eram, muitas vezes, aqueles que os *mujahidins* da *Jihad* islâmica rotulavam como "inimigos de Alá".

Félix invocou, através do seu defensor, que os métodos que permitiram obter a prova da matéria indiciada na acusação eram proibidos e que os factos surgidos na audiência de julgamento provocavam uma alteração substancial dos descritos naquela peça processual.

Como deverá proceder o tribunal?

CASO Nº 60

António, que se encontrava preso preventivamente desde o início do inquérito, foi acusado pelo Ministério Público de haver assassinado o seu próprio pai, Belarmino, viúvo. O motivo teria residido na avidez de herdar toda a sua fortuna, visto ser filho único. Assim, o Ministério Público qualificou juridicamente os factos pelo artigo 132º, nº 2, *a)* e *e)* do CP.

Através do seu defensor, António requereu a abertura da instrução, invocando que o seu pai sofria de uma doença terminal que lhe provocava fortes dores, pelo que o motivo teria sido a compaixão. Enquadrando os factos no crime de homicídio privilegiado (artigo 133º do CP), António pediu, então, que o juiz de instrução, no decorrer desta fase, promovesse a suspensão provisória do processo com base no artigo 307º nº 2 do CPP.

O juiz de instrução, comprovou que, efectivamente, Belarmino sofria de doença grave incurável e que teria pedido mesmo ao seu filho que o matasse, não aguentando mais viver com todas as dores de que padecia. Porém, não promoveu a suspensão provisória do processo, antes pronunciando o arguido pelo crime de homicídio a pedido, nos termos do artigo 134º do CP.

Durante o julgamento, o tribunal formou a convicção de que, afinal, António não conhecia a doença de seu pai e que o motivo da morte teria sido mesmo a avidez. Mais se convenceu que o arguido teria planeado o crime com todo o rigor e precisão, premeditando-o e persistindo, ininterruptamente, na sua intenção durante três dias.

Após leitura atenta do presente caso prático, responda, fundadamente, às seguintes questões:

1. Poderia António requerer a abertura da instrução nos termos em que o fez?
2. Seria admissível, *in casu*, a suspensão provisória do processo?
3. Colocado no lugar do defensor do arguido, teria, de alguma forma, reagido à medida de coacção aplicada?
4. É válido o despacho de pronúncia?
5. Poderia o Ministério Público recorrer do despacho de pronúncia?
6. Qual o tribunal materialmente competente para o julgamento?
7. Como deverá proceder o tribunal de julgamento?

CASO Nº 61

António foi acusado pelo Ministério Público de ter praticado um homicídio qualificado sobre Xavier, cabo da GNR, em conformidade com o artigo 132º, nº 2, *l)* do CP.

Na audiência de julgamento, o colectivo de juízes, atendendo às declarações de António, convenceu-se de que este actuara em legítima defesa putativa, havendo, no entanto, negligência na forma como o arguido representara uma suposta agressão por parte de Xavier.

Atendendo aos critérios da vinculação temática e às regras de competência dos tribunais, como deveria proceder o colectivo?

CASO Nº 62

O Ministério Público reuniu indícios suficientes da prática dos factos descritos na notícia do crime, isto é, Asdrúbal, com intenção de matar e motivado por ódio racial, disparara dois tiros sobre Hélder que ficara em estado de coma profundo. Assim, o arguido foi acusado pela prática de um homicídio qualificado na forma tentada, nos termos do artigo 132º, nº 2, *f)* do CP, conjugado com o artigo 22º, nº 2, *b)* do mesmo diploma.

1. Suponha que durante a audiência de julgamento, Hélder vem a falecer. Como deverá proceder o tribunal?
2. E se a morte ocorrer num momento em que já Asdrúbal se encontre a cumprir pena de prisão? *Quid juris*?

CASO Nº 63

Após reunir indícios suficientes da prática de um crime de furto, por "esticão", em plena Rua de Santa Catarina, na cidade do Porto, da autoria de Marco, um jovem de 17 anos, residente em Gondomar, e de que fora vítima Odete, uma senhora de 75 anos, residente em Vila Nova de Gaia, o Ministério Público promoveu a suspensão provisória do processo mediante a obrigação de o arguido prestar serviços diariamente, durante um ano, num lar para idosos. Após a verificação de todos os necessários requisitos, o processo foi suspenso e Marco iniciou a actividade acordada.

Um mês depois, porém, o arguido começou a deixar de comparecer, ocasionalmente, no local onde devia desempenhar as suas funções. Mais algumas semanas volvidas e a ausência de Marco tornou-se diária.

O Ministério Público decidiu, então, acusá-lo pelo crime de furto simples (artigo 203º do CP). Marco, através do seu defensor, requereu a abertura da instrução, invocando que, afinal, não praticara qualquer furto e que apenas tinha concordado com a suspensão provisória do processo para evitar o julgamento, pois não queria que os seus amigos e vizinhos o vissem sentado no banco dos réus.

O juiz de instrução criminal, porém, não deferiu o requerimento, fundamentando que ao ser aplicada a suspensão provisória do processo (com a sua necessária concordância) ficou provada a existência de indícios suficientes da prática do crime, pelo que se tornaria inútil a instrução. Mais adiantou que a decisão de suspender provisoriamente o processo tinha o valor de caso julgado formal.

Na fase de julgamento, o tribunal descobriu, ainda, que o furto não havia ocorrido na turbulência citadina das 2 horas da tarde, como constava da acusação, mas às 2 horas da madrugada, momento em que o local do crime se encontrava, como habitualmente, completamente deserto.

Após leitura atenta do caso prático, responda:

1. Podia o Ministério Público acusar nos termos em que o fez?
2. Concorda com a decisão do juiz de instrução criminal?
3. Qual o tribunal territorial e materialmente competente para o julgamento?
4. Seria admissível e necessário o caso julgado de consenso?
5. Sendo inviável o caso julgado de consenso, como deverá proceder o tribunal de julgamento?

CASO Nº 64

Altino, empregado numa dependência do *Banco X* na cidade do Porto, apercebeu-se de que Bruna, sua colega de trabalho, era titular de uma conta bancária de valor muito elevado.

Necessitado de dinheiro para pagar muitas dívidas que contraíra, Altino, no fim de mais um dia de trabalho, oferece boleia a Bruna que é por esta aceite. Porém, ao invés de se dirigir para Vila Nova de Gaia, cidade onde se situava a casa da sua colega, Altino segue na direcção de Gondomar. Bruna, assustada, exige sair imediatamente do automóvel, mas, como resposta, apenas obtém o silêncio da indiferença.

Em Gondomar, Altino leva Bruna para uma casa vazia, amarra-a, coloca-a perante um computador ligado à internet e ameaça-a com a prática de um crime de violação se esta não operar uma transferência para a sua conta no valor de € 30.000.

Bruna acaba por ceder e realiza a transferência.

Após obter o dinheiro pretendido, Altino, ainda contra a vontade de Bruna que preferia chamar um taxi, transporta-a, de automóvel, para casa. Uma vez aí chegados, antes de a libertar, Altino pega no seu revólver, ameçando-a que a sua vida passará a estar em risco no momento em que relatar o sucedido a alguém.

1. Existem indícios suficientes da matéria de facto mencionada no presente caso. Colocado(a) no lugar do magistrado do Ministério Público competente, qual seria o conteúdo da acusação?
2. Imagine agora que o Ministério Público deduzia acusação pelo crime de sequestro. Colocado(a) no lugar de advogado(a) de Bruna, que conselhos lhe daria?
3. Suponha ainda que durante a fase da instrução, o respectivo juiz descobria que após Bruna ter realizado a transferência bancária exigida por Altino, este concretizara a ameaça, violando-a. *Quid juris*?
4. Atendendo ao hipotizado na questão ainterior, haveria lugar a alguma conexão processual?
5. Qual (ou quais) o(s) tribunal (ou tribunais) territorial e materialmente competente(s) para o(s) julgamento(s)?

CASO Nº 65

César subtraiu um valioso quadro a Eduardo. Diamantino, o melhor amigo de Eduardo, tentava convencê-lo a apresentar queixa na polícia pelo ocorrido, mas este sempre arranjava algumas desculpas para o não fazer. Após uma conversa com o *advogado X*, Diamantino ficou a saber, porém, que, dado o valor do quadro que ascendia a cerca de € 45.000, ele próprio podia denunciar o crime à polícia. E assim fez.

A ocorrência foi transmitida ao Ministério Público que abriu inquérito. Após algumas diligências investigatórias, o Ministério Público chegou à conclusão de que estavam reunidos indícios suficientes da prática do crime de furto qualificado [artigo 204º, nº 2, *a)* do CP] e que o autor era efectivamente César, como constava da denúncia, tendo sido este constituído arguido durante o inquérito. Foi deduzida acusação.

César, através do seu defensor, requereu a abertura da instrução, invocando que Eduardo lhe havia emprestado o quadro e ainda lho não pedira de volta. Durante a instrução, o respectivo juiz, em resultado de diligências probatórias por si desencadeadas ficou a saber que César havia constrangido Eduardo a entregar-lhe o quadro mediante a ameaça de uma arma. Mais ficou a saber que, posteriormente, César o chantageou, ameaçando-o com a divulgação de uma gravação que o poderia comprometer a nível profissional se Eduardo apresentasse queixa pelo sucedido.

1. Concorda com o *advogado X*?
2. Concorda com as decisões do Ministério Público?
3. Poderia César requerer a abertura da instrução nos termos em que o fez?
4. Poderia o juiz de instrução *ex officio* promover as diligências probatórias?
5. Como deveria proceder o juiz de instrução após a descoberta dos factos relatados na parte final do caso prático?
6. E se não tivesse havido instrução e aqueles factos apenas surgissem na fase do julgamento? Como deveria proceder o tribunal?

CASO Nº 66

Numa das ruas do Bairro Alto, em Lisboa, por volta das 3 horas de uma madrugada de sábado, António, traficante de droga, após agredir Belmira, toxicodependente de 15 anos de idade que vivia na mais absoluta miséria, deixando-a num estado próximo da inconsciência, levou-a para um descampado situado em Loures e aí a forçou à prática de atos sexuais.

O Ministério Público, tomando conhecimento do ocorrido e de que os pais de Belmira não queriam saber de sua filha, decidiu abrir inquérito, constituindo António como arguido.

Durante o inquérito, o Ministério Público requereu ao juiz de instrução criminal a aplicação cumulativa das medidas de termo de identidade e residência e caução carcerária. O juiz indeferiu, aplicando a prisão preventiva.

Findo o inquérito, António foi acusado pelo crime de violação, nos termos do artigo 164º, nº 1 do CP.

Durante o julgamento, o tribunal, após promover as necessárias diligências probatórias, veio a descobrir que Belmira devia muito dinheiro ao arguido em virtude de algumas transacções de droga. Este, ao saber que aquela não tinha dinheiro algum, entendeu que a prática de relações sexuais seria uma forma "justa" de pagamento. Como Belmira se opôs, António decidiu então utilizar a força física.

Posto isto, o tribunal condenou António pela prática dos crimes de violação e de tráfico ilícito de estupefacientes, arbitrando, ainda, a quantia de € 5.000 a favor de Belmira, a título de reparação pelos prejuízos sofridos, nos termos do artigo 82º-A do CPP.

Três anos mais tarde, já com 18 anos de idade, Belmira, recuperada da toxicodependência, decidiu deduzir um pedido de indemnização contra António perante o tribunal civil.

Responda às seguintes questões:

1. Podia o Ministério Público abrir inquérito nos termos em que o fez?
2. O Ministério Público e o juiz de instrução criminal agiram correctamente no que concerne às medidas de coacção?
3. Qual o tribunal territorial e materialmente competente para o julgamento?
4. Como deveria proceder o tribunal de julgamento?
5. É válida a sentença condenatória?
6. Podia Belmira deduzir um pedido de indemnização civil nos termos em que o fez? Quais as consequências deste acto?

CASO Nº 67

Américo, militante da extrema-esquerda trotskista, foi acusado pelo Ministério Público de ter morto o seu próprio pai, Bernardo, utilizando para o efeito uma substância venenosa e motivado por ódios de natureza política e religiosa.

Carla, mulher de Bernardo e mãe de Américo, constituiu-se assistente e, através do seu advogado, Xavier, requereu a abertura da instrução invocando que Américo, após ministrar o veneno a Bernardo, mas antes de ocorrer a morte, o havia torturado para que o sofrimento fosse maior.

Durante a fase da instrução, o respectivo juiz descobriu que Américo soube da existência de uma conta de avultada quantia num Banco suiço de que Bernardo era titular, pelo que se convenceu que o arguido matara o pai motivado também por uma manifesta avidez. Entendeu, ainda, que não havia indícios suficientes da ocorrência da tortura. Américo foi, assim, pronunciado por homicídio qualificado, nos termos do artigo 132º, nº 2, alíneas *a), d), e), f)* e *i)* do Código Penal.

Remetidos os autos para julgamento, o juiz motivou-se pela veracidade dos factos relatados por Carla no requerimento para abertura da instrução, isto é, que a tortura afinal ocorrera, mas não acreditou na motivação do crime por avidez, pois dada a raiz político-ideológica do arguido este nada pretenderia que o identificasse com a sociedade capitalista. Américo foi condenado pelo crime de homicídio qualificado, nos termos do artigo 132º, nº 2, alíneas *a), d), f)* e *i)* do Código Penal.

Pergunta-se:

1. Podia Carla requerer a abertura da instrução nos termos em que o fez?
2. Durante a instrução o respectivo juiz agiu como devia?
3. Podia Carla reagir ao despacho de pronúncia?
4. Qual o tribunal materialmente competente para o julgamento?
5. O tribunal procedeu como devia?
6. É válida a sentença condenatória?

CASO Nº 68

Na passada sexta-feira, António, vigilante de um hipermercado localizado num centro comercial em Vila Nova de Gaia, apercebeu-se de que Bento, em dado momento, meteu ao bolso do casaco quatro CDs no valor de € 45.

Após Bento passar a caixa registadora sem nada ter declarado nem pago os referidos CDs, António deteve-o e levou-o para um compartimento privado. Seguidamente, chamou Carvalho, um agente da PSP que circulava pelo referido centro comercial. Contou-lhe o sucedido e entregou-lhe Bento.

Carvalho levou Bento para a esquadra onde o prendeu e seguidamente lavrou um auto de notícia.

Na segunda-feira seguinte, apresentou Bento ao Ministério Público da comarca do Porto com o referido auto, para julgamento em processo sumário.

Responda, fundamentadamente, às seguintes questões:

1. Teria sido legal a detenção efectuada por António?
2. Posteriormente à detenção, terá sido correcto o procedimento de António?
3. Carvalho agiu em conformidade com a lei?
4. Como procederia colocado(a) no lugar do magistrado do Ministério Público?

CASO Nº 69

Américo foi acusado pelo crime de furto qualificado, nos termos do artigo 204º, nº 2, *e)* do CP, por ter penetrado na habitação de Manuel, abrindo a porta com uma gazua, e daí ter subtraído várias peças de prata avaliadas, aproximadamente, em € 13.000.

Américo requereu a abertura da instrução invocando que nada subtraíra e que apenas tinha entrado na casa de Manuel porque, tendo visto a porta aberta, fora verificar o que se passava, pois sabia que Manuel, aliás seu amigo, se encontrava com a família no Brasil em viagem de negócios. Uma vez lá dentro, ficou realmente com a sensação de que faltavam alguns objetos, pelo que seria de presumir que tivesse havido, efetivamente, um assalto, mas, a ser assim, o autor do mesmo não era ele, Américo.

O juiz de instrução, durante a respetiva fase, convenceu-se da veracidade do relatado pelo arguido na parte em que este mencionou já estar a porta aberta quando entrou na habitação de Manuel. Porém, Américo teria aproveitado a situação para subtrair os bens mencionados na acusação, pelo que foi pronunciado pelo crime de de furto qualificado, todavia enquadrado na alínea *f)* do nº 1 do artigo 204º do CP.

Durante o julgamento, o tribunal deu como provada a factualidade descrita na acusação, condenando o arguido pelo crime de furto qualificado, nos precisos termos da mesma, isto é, com base no artigo 204º, nº 2, *e)* do CP.

Responda às seguintes questões:

1. Poderia Américo requerer a abertura de instrução nos termos em que o fez?
2. É válido o despacho de pronúncia?
3. É recorrível o despacho de pronúncia?
4. Qual o tribunal materialmente competente para o julgamento?
5. Como deveria proceder o tribunal de julgamento?
6. É válida a sentença condenatória?

CASO Nº 70

A 5 de Maio do ano passado, Célia foi detida por suspeita de homicídio na pessoa de Miguel, seu namorado.

Uma vez constituída arguida e após o primeiro interrogatório judicial, o juiz de instrução, a requerimento do Ministério Público, mandou prender Célia preventivamente, fundamentando que além dos fortes indícios da prática do crime que sobre ela recaíam, havia ainda um fundado receio de fuga, pois havia sido descoberto um bilhete de avião com destino à Indonésia onde constava o nome da arguida.

Após a acusação, Célia requereu a abertura da instrução, invocando que matara Miguel em situação de desespero, dado ser, por ele, frequentemente maltratada. Neste contexto, solicitou, ainda, ao respectivo juiz, que promovesse a suspensão provisória do processo.

O requerimento para abertura da instrução foi deferido, mas a solução de diversão não chegou a ser aplicada.

A 6 de Maio do presente ano, ainda durante a fase de instrução, Ricardo, defensor de Célia, elaborou uma petição de *habeas corpus* com o fundamento de haverem decorrido os prazos máximos de prisão preventiva. O Supremo Tribunal de Justiça, porém, não concedeu aquela providência em virtude de Célia se encontrar grávida quando fora decretada a prisão preventiva e, em consequência, a execução desta ter sido suspensa por três meses, para permitir que a fase final da gravidez, o parto e o puerpério ocorressem em centro hospitalar adequado.

A 20 de Maio, Célia é pronunciada pelo crime de homicídio privilegiado.

Na fase de julgamento são decisivos os testemunhos de Venâncio, André e Gabriela que afirmaram que há já muito tempo Célia planeava matar Miguel.

A arguida foi condenada pelo crime de homicídio qualificado.

Responda, fundamentadamente, às seguintes questões:

1. Poderia Célia ser detida fora de flagrante delito?
2. Poderia ter sido aplicada a prisão preventiva?
3. É legalmente admissível o requerimento para a abertura de instrução por parte de Célia nos termos em que o fez?
4. Concorda com as razões invocadas pelo Supremo Tribunal de Justiça ao não conceder a providência de *habeas corpus*?
5. É válido o despacho de pronúncia?
6. Poderia Célia reagir ao despacho de pronúncia?
7. É válida a sentença condenatória?

CASO Nº 71

Findo o inquérito pelos indícios que consubstanciaram o crime de ofensa à integridade física agravada pelo resultado morte, o Ministério Público resolve acusar o arguido pelo crime p.p. no artigo 147, nº 1 do Código Penal, com base nos factos descritos na notícia do crime.

O assistente requer a abertura da instrução, pois entendeu que o facto de o arguido ter ministrado veneno no café da vítima era suficiente para se acusar por homicídio qualificado (artigo 132º, nº 2, *i)* do Código Penal).

A instrução foi ainda requerida pelo arguido que entende não haver lugar a acusação por ofensa à integridade física agravada pelo resultado por entender que o Ministério Público nem verificou a composição da substância ministrada à vítima. Além disso, entende ainda o arguido que a morte se ficou a dever a um ataque de asma da vítima.

O juiz de instrução criminal pronuncia o arguido pelo crime de homicídio simples (artigo 131º do Código Penal), por entender que o facto de este conhecer a doença da vítima e nada haver feito para a livrar dessa aflição significa que este queria a sua morte. Quanto aos demais factos constantes do processo não os mencionou nem se pronunciou sobre eles.

O juiz de julgamento confirma a decisão do Ministério Público, condenando pelo mesmo crime, e com base nos mesmos factos, a uma pena de 3 anos de prisão.

Desta sentença recorre o arguido, vindo a ser condenado pelo crime de ofensa à integridade física grave na pena de 4 anos de prisão.

Quid juris?

CASO Nº 72

No passado dia 25 de Outubro, pelas 15 horas, Belmira apresentou queixa, ao Ministério Público, contra António por crime de violação p.p. no artigo 164º do CP.

Após o inquérito, o Ministério Público descobriu que, em consequência da violação, António, entretanto constituído arguido, transmitiu a Belmira o vírus da SIDA, pelo que foi deduzida acusação pelo crime p.p. no artigo 177º, nº 3 do CP.

António requereu a abertura da instrução, invocando que apenas abusara da inexperiência de Belmira, de 15 anos de idade, e, como tal, praticara o crime p.p. no artigo 173º do CP. Assim, e atendendo à moldura penal deste crime pede ao juiz de instrução que, no decorrer desta fase, promova a suspensão provisória do processo predispondo-se, desde logo, a pagar uma quantia pecuniária a uma instituição de apoio às mulheres vítimas de violência. O juiz de instrução indeferiu o requerimento por inadmissibilidade legal da instrução.

No julgamento, provou-se que Belmira tinha um Bilhete de Identidade falso e, não obstante aparentar os 15 anos constantes desse documento, apenas contava com 13 anos de idade. Assim o juiz de julgamento condenou António pelos crimes de violação agravada (nos termos dos artigos 164º, nº 1 e 177º, nº 3 do CP) e de abuso sexual de crianças (nos termos do artigo 171º, nº 2 do CP). Quanto a Belmira, foi condenada pelo crime de falsificação de documento (artigo 256º, nº 1, *b)* do CP).

1. É válida a acusação do Ministério Público?
2. Concorda com a decisão do juiz de instrução criminal?
3. Como deveria proceder o juiz de julgamento?
4. É válida a sentença condenatória?

CASO Nº 73

Numa tarde primaveril, em plena Rua de Santa Catarina, Adalberto, agente da PSP, suspeitou do comportamento de um transeunte, Bruno, que, de semblante assustado, caminhava apressadamente transportando uma mala. Adalberto aproximou-se oferecendo a Bruno os seus préstimos para o auxiliar caso necessitasse. Bruno, instintivamente, apertou com força a mala de encontro ao seu peito e, com o rosto encharcado de suor revelando muito nervosismo, respondeu que estava tudo bem. Adalberto, desconfiando que a mala eventualmente transportasse droga, deteve Bruno e levou-o para a esquadra para averiguações.

Na esquadra, os agentes da PSP abriram a mala e, verificando que se tratava de um computador portátil, de uma máquina fotográfica e de cinco telemóveis, perguntaram pela proveniência destes objectos. As respostas de Bruno não eram conclusivas, pelo que, convencidos de que se trataria de um furto, decidiram apresentá-lo ao Ministério Público, remetendo auto de notícia com a descrição dos factos.

O Ministério Público, após interrogatório, lavrou termo de identidade e residência e decretou que Bruno prestasse uma caução no valor de € 1.500. Findo o inquérito, concluindo que os objectos em causa haviam sido adquiridos com a falsificação da assinatura em cheques pertencentes a Carlos, cunhado de Bruno, e que o valor dos objectos ascendia a € 5.000, o Ministério Público deduziu acusação pelo crime de burla qualificada, nos termos do nº 1 do artigo 218º do Código Penal.

O arguido requereu então a abertura da instrução invocando que o Ministério Público deveria, face à matéria indiciada, ter proposto a suspensão provisória do processo. Como tal, solicitou ao juiz de instrução criminal que o fizesse com base no artigo 307º, nº 2 do Código de Processo Penal. O juiz indeferiu o requerimento por entender tratar-se de um caso de inadmissibilidade legal da instrução. O arguido recorreu de tal decisão, mas o juiz do tribunal *ad quem* entendeu que a decisão do juiz de instrução era irrecorrível.

Colocado no lugar do juiz de julgamento responda às seguintes questões:

1. Concorda com a actuação de Adalberto?
2. Podia o Ministério Público proceder a interrogatório?
3. Agiu bem o Ministério Público no concernente às medidas de coacção?
4. Concorda com a acusação do Ministério Público?
5. Concorda com o despacho de indeferimento do requerimento para a abertura da instrução por parte do juiz de instrução criminal?
6. Concorda com a decisão de irrecorribilidade de tal despacho de indeferimento por parte do juiz do tribunal *ad quem*?
7. Qual é, neste caso, o tribunal *ad quem*?

CASO Nº 74

Na sexta-feira passada, à porta de uma conhecida discoteca portuense, Romeu travou-se de razões com Bento por este ter conquistado a companhia de Julieta, italiana residente em Portugal, que acompanhava Romeu. Depois de proferir insultos vários dirigidos a Bento e a Julieta, Romeu agrediu Bento com vários socos que apenas lhe provocaram ligeiras escoriações. Carlos, aproveitando-se da confusão que se gerou, subtraiu a Julieta um valioso colar de pérolas (avaliado em cerca de € 14.000). Filipe e Simão, polícias que posteriormente chegaram ao local, detiveram Romeu, Bento e Carlos.

Já na esquadra, Filipe lavrou um auto de notícia, constituiu Romeu e Carlos como arguidos e libertou imediatamente Bento.

Na segunda-feira seguinte pela manhã, Bento e Julieta apresentaram queixa-crime e requereram imediatamente a constituição como assistentes. Nessa tarde, Romeu e Carlos foram presentes ao juiz de instrução criminal que oficiosamente impôs a cada um dos arguidos uma caução no valor de € 5.000.

No final do inquérito e com base nos factos narrados, o Ministério Público deduziu acusação contra Romeu pelo crime de ofensa à integridade física simples e contra Carlos pelo crime de furto simples, tendo dessas acusações sido notificados os arguidos e os assistentes constituídos. Estes entendem que aquela factualidade consubstancia um crime de ofensa à integridade física grave e um crime de injúrias praticados por Romeu e, ainda, um crime de furto na forma qualificada praticado por Carlos, pelo que deduzem acusação em conformidade.

Responda fundamentadamente às seguintes questões:

1. Teria sido legal a detenção?
2. Terá sido correcto o procedimento de Filipe ao lavrar um auto de notícia, ao constituir Romeu e Carlos como arguidos e ao libertar Bento?
3. Poderiam Bento e Julieta ter apresentado queixa na segunda-feira e requererem nessa altura a constituição como assistentes?
4. Teria sido legal a manutenção da detenção de Romeu e Carlos até segunda-feira à tarde? Poderiam eles ter reagido de alguma forma a tal detenção?
5. Teria sido correcta a actuação do juiz de instrução criminal? Como se poderia reagir contra ela?
6. Teriam procedido correctamente os assistentes ao deduzirem acusação nos referidos termos ou deveriam antes ter requerido a instrução?
7. Poderia, em alguma circunstância, o Ministério Público promover a suspensão provisória do processo?
8. Haveria lugar a alguma conexão processual?
9. Qual (ou quais) o(s) tribunal (ou tribunais) material e territorialmente competente(s) para o julgamento(s)?
10. Suponha que durante o julgamento se descobria que Carlos fazia da prática de furtos o seu modo de vida. Como deveria proceder o tribunal?

CASO Nº 75

Findo o inquérito, o Ministério Público reuniu indícios suficientes da prática do crime de furto qualificado perpetrado por Serafim, residente em Matosinhos. Segundo a acusação, o arguido havia penetrado na habitação de Damião, em Francelos, tendo, para o efeito, arrombado a porta de entrada e, uma vez lá dentro, subtraíra vários objectos de prata avaliados em cerca de € 12.500.

Serafim requereu a abertura da instrução, afirmando que, quando chegou ao local, a fechadura da porta se encontrava já destruída, pelo que os factos por ele praticados enquadravam-se, antes, na alínea *f)* do nº 1 do artigo 204º do CP. Atendendo, ainda, à ausência de antecedentes criminais e a que a motivação para o crime se devera à tentativa de suprir algumas necessidades financeiras devido à sua situação de desempregado, Serafim requer ainda ao juiz de instrução criminal que promova a suspensão provisória do processo, disponibilizando-se, desde logo, à prestação de serviços numa instituição de solidariedade social.

O juiz de instrução entendeu que a fundamentação do arguido não apresentava motivos suficientes para a abertura da instrução, até porque nem pedia uma não pronúncia, pelo que indeferiu o requerimento por inadmissibilidade legal.

No julgamento, o tribunal deu como provado o crime de furto, baseado no requerimento para a abertura da instrução que foi interpretado como uma verdadeira confissão. Além da factualidade aí descrita, e de dar como provado o arrombamento, o tribunal descobriu, ainda, que Serafim, além dos objectos descritos na acusação, subtraíra também um valioso quadro avaliado em € 20.000 e que, no seu lugar, deixara uma barata imitação.

Serafim foi condenado pelo crime de furto qualificado, nos termos do artigo 204º, nº 2, *a)* e *e)* do CP.

Após leitura atenta do caso prático, responda com clareza e capacidade de síntese:

1. Concorda com a decisão do juiz de instrução criminal?
2. Se da acusação não constasse o arrombamento, poderia Serafim requerer a abertura da instrução apenas para que o respectivo juiz promovesse a suspensão provisória do processo?
3. Qual o tribunal territorial e materialmente competente para o julgamento?
4. Concorda com o tribunal no concernente à motivação dos factos constitutivos do crime de furto?
5. Como deveria proceder o tribunal ao descobrir a subtracção do valioso quadro?
6. É válida a sentença condenatória?

CASO Nº 76

Numa quente tarde de Junho em pleno centro da cidade do Porto, Bento e Carvalho, agentes da PSP, estranharam que um indivíduo com o passo apressado, Asdrúbal, envergasse uma gabardina que apertava contra si.

Decidindo actuar, abordaram-no e aperceberam-se que Asdrúbal transportava, dentro da gabardina, uma pasta em pele com um computador portátil no seu interior. Após um breve interrogatório sobre a proveniência daqueles bens e sobre as razões do seu estranho comportamento, e não sendo as respostas conclusivas, Bento e Carvalho deram-lhe voz de prisão.

Tendo lavrado auto de notícia onde ficou registada a ocorrência, os agentes entregaram Asdrúbal ao Ministério Público (MP) para ser sujeito ao primeiro interrogatório judicial. O MP, porém, remeteu Asdrúbal para julgamento em processo sumário. Durante a audiência, o arguido, em sua defesa, invocou que subtraíra a pasta e o computador do escritório do seu patrão, Damásio, porque estava desesperado, pois devia € 600 a Evaristo em contrapartida de umas doses de heroína que este lhe proporcionara e de € 400 que lhe emprestara. Face a estes factos, o juiz remeteu o processo para a forma comum.

Findo o inquérito, o MP acusou Asdrúbal de ter praticado 3 crimes de tráfico de estupefacientes para uso pessoal (artigo 26º, nº 1 do DL 15/93, de 22 de Janeiro, punível com pena até 3 anos de prisão ou multa), pois por 3 vezes havia comprado heroína a Evaristo, em Matosinhos; e, ainda, de haver cometido o crime de furto qualificado, uma vez que o arguido subtraíra a pasta com o computador (estimados no valor aproximado de € 700), do interior do escritório de Damásio.

Com base nestes factos, o MP, no decurso do inquérito, havia já requerido ao juiz de instrução criminal (JIC) a aplicação das seguintes medidas de coacção: termo de identidade e residência, caução no valor de € 300, obrigação de apresentação periódica e proibição de contactos com Evaristo.

O defensor de Asdrúbal requereu a abertura da instrução, invocando que o MP deveria ter proposto a suspensão provisória do processo prestando-se a que seja aplicada ao arguido medida de tratamento do seu estado de toxicodependência, bem como a indemnizar Damásio por eventuais prejuízos e a não contactar Evaristo. Mais argumentou que o arguido não tinha quaisquer antecedentes criminais, que apenas cometera um crime continuado de tráfico de estupefacientes para uso pessoal e que não havia qualquer furto, pois a pasta com o computador havia lhe sido emprestada por Damásio, facto que omitira a pedido deste.

O JIC entendeu que não devia promover a suspensão provisória, pois, além de não haver assistente constituído, tratava-se de um instituto da exclusiva competência do MP. Finda a instrução, Asdrúbal foi pronunciado pelos crimes de abuso de confiança e tráfico continuado de estupefacientes para uso pessoal. Evaristo foi pronunciado pelo crime de tráfico de estupefacientes (artigo 21º, nº 1 do DL 15/93, de 22 de Janeiro, punível com pena entre 4 a 12 anos de prisão) e Damásio pelo crime de receptação.

O tribunal de julgamento condenou Asdrúbal pelo crime de abuso de confiança conforme a pronúncia e por 3 crimes de tráfico de estupefacientes para uso pessoal.

Responda, ás seguintes questões:

1. Bento e Carvalho agiram como deviam?
2. Poderia Asdrúbal ser julgado em processo sumário?
3. Haveria lugar a alguma conexão processual?
4. Qual (ou quais) a(s) Procuradoria(s) da República orgânica e territorialmente competente(s) para as investigações?
5. Poderia o JIC aplicar cumulativamente as medidas de coacção propostas pelo MP?
6. Concorda com a fundamentação do JIC para a não aplicação da suspensão provisória do processo?
7. Poderia o JIC pronunciar nos termos em que o fez?
8. Poderia Asdrúbal reagir ao despacho de pronúncia?
9. Qual (ou quais) o (s) tribunal (ou tribunais) material e territorialmente competente(s)?
10. Poderia o tribunal condenar nos termos em que o fez?

CASO Nº 77

Em plena Rua de Santa Catarina, na cidade do Porto, André insultava Bruna, sua namorada. Carvalho, agente da PSP que por ali passava, sabendo que André se encontrava a cometer um crime de natureza particular, apenas lhe pediu a identificação. Identificado o infractor, Carvalho abandonou o local, continuando André a insultar Bruna.

No dia seguinte, no mesmo local, André volta a desentender-se com Bruna, desferindo-lhe, desta feita, uma vigorosa estalada na face direita que a deixou completamente atordoada. Damásio, igualmente agente da PSP, ao assistir ao facto deteve imediatamente André, levando-o para a esquadra e fechando-o num dos calabouços onde o manteve por 48 horas, ao fim das quais o libertou. Mais três dias volvidos, Bruna dirige-se à esquadra para apresentar queixa contra o seu namorado; Damásio, porém, informa-a de que não o podia fazer, pois haviam já decorrido mais de 48 horas da prática do facto.

Cinco dias depois, novo desentendimento entre as mesmas personagens. Desta vez André golpeia Bruna com um violento murro cegando-a no olho direito. Damásio, ao ouvir o grito de dor de Bruna, dirige-se imediatamente ao local e procede à detenção de André remetendo-o, juntamente com auto de notícia da ocorrência, ao Ministério Público (MP).

O MP requer ao juiz de instrução criminal (JIC) a constituição de André como arguido e a aplicação de prisão preventiva. O JIC entende que para assegurar o bom andamento do processo, no caso concreto, bastaria aplicar a caução carcerária (artigo 197º do CPP); no entanto, atendendo à gravidade do crime, decide-se por concordar com o MP, aplicando a André, que entretanto constitui como arguido, a prisão preventiva.

Findo o inquérito, o MP entende haver indícios suficientes da prática do crime de ofensa à integridade física grave (artigo 144º do CP). No entanto, entende também que, ao caso concreto, não deve ser aplicada pena superior a cinco anos, pelo que requer ao JIC a aplicação da suspensão provisória do processo. O JIC não concorda e, como tal, o MP acusa.

Bruna, ao tomar conhecimento desta acusação, decide requerer a constituição como assistente e, também ela, acusar André pelo crime de ofensa à integridade física grave. Acrescentou, no entanto, que o arguido se encontrava furioso pelo simples facto de o seu clube, que já não era campeão há dez anos, ter somado mais uma derrota. Bruna gracejou com a situação, constituindo este o motivo que levou o arguido à bárbara agressão.

No julgamento, além de todos os factos constantes dos autos, o tribunal forma ainda a convicção de que André tinha uma particular satisfação em fazer sofrer a sua namorada através de agressões físicas e verbais.

Responda, fundamentadamente, às seguintes questões:

1. Carvalho agiu como devia?
2. Damásio agiu como devia?
3. Concorda com todos os procedimentos do Ministério Público?
4. Concorda com a decisão do juiz de instrução criminal no que concerne à medida de coacção aplicada?
5. Se o juiz de instrução entendesse aplicar a caução carcerária, poderia fazê-lo independentemente do teor do requerimento do Ministério Público?
6. Estaria Bruna obrigada a constituir-se assistente?
7. Como deveria proceder Bruna para obter uma indemnização civil?
8. A acusação de Bruna é legalmente admissível?
9. Qual o tribunal material e territorialmente competente para o julgamento?
10. Face ao último parágrafo do caso prático, como deveria proceder o tribunal?

CASO Nº 78*

Quando António saía da casa de Bernardo, situada em Mirandela, com um saco repleto de peças de pratas que havia subtraído do seu interior, foi surpreendido por Carvalho e Duarte, soldados da GNR, que, mediante a ameaça de uma arma, lhe deram "voz de prisão".

António foi conduzido ao posto da GNR mais próximo e, apresentado a Eurico, comandante do posto. Eurico lavrou auto de entrega e, depois de constituir o detido como arguido, apresentou-o ao Ministério Público.

Após interrogatório, o Ministério Público abriu inquérito e aplicou-lhe caução carcerária no valor de €10.000.

No final do inquérito, o Ministério Público acusou António por:

- Furto qualificado na forma tentada, nos termos dos artigos 22º, 23º e 204º, nº 1, *f)* e nº 2, *a)* do CP, pois o arguido havia entrado sub-repticiamente pelas portas das traseiras que se encontrava entreaberta e os objetos subtraídos ascendiam ao valor de €40.000.

Notificado da acusação do Ministério Público, Bernardo, dez dias volvidos, requereu constituição como assistente e abertura da instrução com os seguintes fundamentos:

- O arguido havia cometido furto, mas na forma consumada (artigo 204º, nº 2, *a)* CP), dado que a partir do momento em que colocou os objetos de prata no saco deu-se a subtração de coisa móvel alheia e, portanto, o furto estava consumado.
- Violação de domicílio (artigo 190º do CP), por ser o bem jurídico protegido neste tipo legal de crime ("reserva da vida privada") diferente do tutelado no tipo legal do artigo 204º do CP ("propriedade"), havendo assim concurso efetivo de crimes.

O juiz de instrução criminal indeferiu este requerimento para abertura de instrução por entender ser legalmente inadmissível legal com tais fundamentos.

Em julgamento prova-se que António, para entrar em casa de Bernardo, havia, afinal, utilizado uma gazua para abrir a porta das traseiras. Veio, então, a ser condenado por furto qualificado na forma consumada, nos termos do artigo 204º, nº 2, *a)* e *e)* do CP, sendo entendimento do tribunal que o facto de António se encontrar já a sair de casa de Bernardo era suficiente para considerar consumado o furto.

Responda, fundamentadamente, às seguintes questões:

1. Concorda com as atuações de Carvalho e Duarte?
2. Concorda com o procedimento de Eurico?
3. Como deveria ter procedido o Ministério Público no tocante às medidas de coação?
4. Concorda com a decisão do juiz de instrução criminal ao indeferir o requerimento de abertura de instrução de Bernardo?
5. Suponha que só na audiência de julgamento se descobre que um valioso espelho da casa de Bernardo fora, por descuido, partido

por António durante o assalto e o tribunal arbitra, na sentença final, uma reparação à vítima, nos termos do artigo 82º-A CPP. É admissível tal procedimento? Poderia, ainda assim, Bernardo vir a fazer pedido de indemnização civil no tribunal civil?

6. Qual o tribunal material e territorialmente competente para o julgamento?
7. É válida a sentença condenatória?

**Caso prático resolvido infra, p. 251-258.*

CASO Nº 79

Na cidade de Matosinhos, em plena tarde de sábado, Arsénio comete o crime de violação contra Beatriz. Seguidamente dirige-se a Penafiel e aí a abandona num lugar ermo, não sem antes lhe subtrair a carteira que continha valores que ascendiam ao montante de € 5.000.

Carla, amiga de Beatriz, tendo conhecimento do sucedido, relatou os factos ao Ministério Público que decidiu abrir inquérito. Dez dias depois, Beatriz, ganhou coragem, e relatou os mesmos factos ao Ministério Público.

No final do inquérito, o Ministério Público acusou Arsénio, entretanto constituído arguido, pelos seguintes crimes:

- Violação, nos termos do artigo 164º do CP.
- Furto qualificado, nos termos do artigo 204º, nº 1, *a)* do CP.
- Exposição ou abandono, nos termos do artigo 138º, nº 1, *a)* do CP.

Beatriz, entretanto constituida assistente, requereu a abertura da instrução invocando que durante a viagem entre Matosinhos e Penafiel foi repetidamente agredida na face por Arsénio que dizia não gostar de ver uma mulher a chorar, pelo que entende que o arguido deveria ser pronunciado também pelo crime de ofensa à integridade física qualificada, nos termos do artigo 145º do CP, com remissão para o artigo 132º, nº 2, *e)* do mesmo diploma, por considerar que as ofensas foram causadas por motivo torpe e fútil.

Arsénio requereu também a abertura da instrução negando a existência quer da violação, quer da exposição ou abandono. Realmente ocorrera o furto dos € 5.000, mas atendendo a que não tinha antecedentes criminais pede ao juiz de instrução que promova a suspensão provisória do processo disponibilizando-se, desde logo, a indemnizar Beatriz e a pagar uma elevada quantia a uma instituição de solidariedade social.

Durante a instrução, o juiz ordenou uma análise ao sangue de Arsénio cujo resultado mostrou que o arguido era portador do vírus da SIDA.

Finda a instrução, Arsénio foi pronunciado pelos seguintes crimes:

- Violação agravada, nos termos do artigo 177º, nº 3 do CP.
- Ofensa à integridade física qualificada, nos termos do artigo 145º do CP, com remissão para o artigo 132º, nº 2, *e)* do mesmo diploma.
- Furto qualificado, nos termos do artigo 204º, nº 1, *a)* do CP.
- Exposição ou abandono, nos termos do artigo 138º, nº 1, *a)* do CP.

Arsénio pretendeu reagir ao despacho de pronúncia, mas o seu defensor disse-lhe que nada havia a fazer e que só no julgamento poderia contestar aqueles factos.

O juiz de julgamento condenou o arguido pelos factos constantes no despacho de pronúncia.

Responda, fundamentadamente, às seguintes questões:

1. Para o início do inquérito poderia haver conexão processual?
2. Qual (ou quais) a comarca (s) territorialmente competente para o início do(s) inquérito(s)?
3. Podia o Ministério Público acusar por aqueles crimes?
4. É legalmente admissível o requerimento para abertura de instrução por parte de Beatriz?
5. É legalmente admissível o requerimento para abertura de instrução por parte de Arsénio?
6. Podia Arsénio impugnar o despacho de pronúncia? De que forma (s)?
7. Qual (ou quais) o (s) tribunal (ou tribunais) territorial e materialmente competente(s) para o(s) julgamento(s)?

CASO Nº 80

Numa noite de Janeiro do ano passado, em Lisboa, Vasco, agente da PSP, deu ordem a António, que seguia ao volante da sua viatura para que parasse. O condutor acedeu mas quando Vasco lhe pediu os documentos, verificou que os mesmos se encontravam manchados com sangue. Foi então que reparou que António apresentava, tanto nas mãos, como nas roupas, vestígios de sangue. Face ao exposto procede à sua detenção.

Durante o inquérito, o Ministério Público apurou que na noite da detenção, 11 de Janeiro, António teria entrado numa edificação de Marcelo, sita em Loures, de onde subtraíra uma pasta; como Xavier, filho de Marcelo, era a única pessoa que se encontrava nesse espaço, ainda ofereceu resistência mas acabou por ser baleado, tendo ficado em coma profundo com uma bala alojada no cérebro.

Marcelo constituiu-se, entretanto, assistente no processo.

Em Junho do mesmo ano, António foi acusado da prática do crime de tentativa de homicídio e do crime de injúrias contra Xavier, e do crime de furto simples e de violação de domicílio, contra Marcelo.

Face a esta acusação, Marcelo decide requerer a abertura de instrução pedindo a pronúncia pelo crime de furto qualificado, pois o furto não fora cometido na sua habitação mas na garagem, que constituía uma edificação autónoma daquela; quanto aos factos praticados contra Xavier, secunda o Ministério Público na imputação dos factos a António.

Durante o debate instrutório, o juiz de instrução criminal apercebe-se de que António é toxicodependente e que, por isso, o perigo de continuar a furtar persiste. Neste sentido, ordena de imediato a sua prisão preventiva e pronuncia-o pelos factos constantes do requerimento do assistente para a abertura da instrução.

Vendo-se pronunciado por crimes de que não fora acusado, António decide reagir por entender que o despacho instrutório é nulo.

Durante a audiência de julgamento, o respectivo juiz recebe a notícia de que Xavier, que se encontrava em coma, acaba por falecer; constata, ainda que, além de António ser toxicodependente, também trafica de quando em vez. Neste sentido, condena-o pelo crime de homícidio consumado, pelo crime de injúrias e pelo crime de furto qualificado. Quanto ao tráfico de estupefacientes, como o juiz de julgamento não consegue o caso julgado de consenso, não condena por isso.

Responda às seguintes questões:

1. Caracterize a modalidade da detenção a que procedeu Vasco.
2. Quando terá ocorrido a constituição de Marcelo como assistente?
3. Admitindo que a acusação do Ministério Público foi feita ao abrigo do artigo 283º do CPP, concorda com ela? Justifique.
4. Poderia Marcelo ter requerido a abertura da instrução nos termos em que o fez? Justifique.
5. Poderia o juiz de instrução criminal ter aplicado a prisão preventiva nos termos em que o fez? Justifique.
6. Atendendo ao conteúdo do despacho de pronúncia, António reagiu. A seu ver poderia fazê-lo? Justifique.
7. Haveria lugar a alguma conexão processual? Qual (ou quais) o tribunal (ou tribunais) territorial e materialmente competente(s) para o(s) julgamento(s)?
8. Poderia o juiz de julgamento ter condenado pelo crime de homicídio consumado?
9. Concorda com a actuação do juiz de julgamento no que respeita ao tratamento a que ele submeteu os factos relativos ao tráfico de estupefacientes? Justifique.
10. Se Marcelo pretendesse formular um pedido civil, em que momento o deveria ter feito? Em que tribunal?

CASO Nº 81*

Álvaro, na estação de Campanhã, agrediu Berta, sua namorada, com um violento soco. Carvalho, agente da PSP que a tudo assistiu, deteve Álvaro e informou Berta que tinha 48 horas para apresentar queixa. Esta não o fez, pelo que volvidas essas 48 horas Álvaro foi libertado.

Cinco meses depois, Berta resolveu apresentar queixa. O Ministério Público (MP) deu início ao inquérito, mas Berta não declarou querer constituir-se assistente.

Findo o inquérito, o MP concluiu que estavam reunidos elementos suficientes para deduzir acusação pelo crime de ofensa à integridade física simples nos termos do artigo 143º do Código Penal (CP) propondo, no entanto, a suspensão provisória do processo. O juiz de instrução criminal (JIC), porém, não concordou com essa proposta por entender não só que a culpa do agente não revelava carácter diminuto, como também pela convicção de não ser possível aplicar o instituto da suspensão provisória do processo sem que houvesse assistente constituído. O MP recorreu desta despacho, mas o juiz do tribunal *ad quem* entendeu que a decisão era irrecorrível.

Perante isto, apenas restou ao MP deduzir acusação pelo crime de ofensa à integridade física simples. Berta, ao tomar conhecimento do conteúdo desta acusação, requereu, imediatamente, a constituição como assistente e, no mesmo momento, a abertura da instrução, fundamentando tal procedimento com o facto de ter entretanto descoberto que a verdadeira motivação que levou Álvaro a agredi-la residiu no facto de este descobrir que ela estava grávida. Neste sentido, Berta solicitou ao JIC que pronunciasse Álvaro pelo crime de ofensa à integridade física qualificada, crime p.p. no artigo 145º, *ex vi* artigo 132º, nº 2, *c)*, ambos do CP. O JIC, após o interrogatório de algumas testemunhas e do próprio arguido, convenceu-se da veracidade dos factos alegados por Berta e, efectivamente, veio a pronunciar Álvaro pelo crime de ofensa à integridade física qualificada.

Na audiência de julgamento veio a saber-se ainda que Álvaro agredira Berta não só por descobrir que esta estava grávida, mas também por ser previsível que o filho viesse a nascer com características físicas próximas dos chineses (tal como Berta, aliás, de origem macaense) e que, afinal, Álvaro era racista e, como tal, nem sequer fazia parte dos seus planos casar com Berta. Assim sendo, o juiz de julgamento condenou Álvaro por ofensa à integridade física qualificada, nos termos do artigo 145º do CP, tendo em conta, desta feita, as circunstâncias agravantes consagradas nas alíneas *c) e f)* do nº 2 do artigo 132º do mesmo diploma.

Responda, fundamentadamente, às seguintes questões:

1. Concorda com a actuação de Carvalho?
2. Podia Álvaro ficar detido durante 48 horas?
3. Podia Berta apresentar queixa no momento em que o fez?
4. Podia, no caso, o MP propor a suspensão provisória do processo?
5. Concorda que não pode haver suspensão provisória do processo sem assistente constituído?
6. Concorda que o despacho de não concordância com a aplicação da suspensão provisória do processo, por parte do JIC, é irrecorrível?

7. Podia Berta requerer a abertura da instrução nos termos em que o fez?
8. É válido o despacho de pronúncia?
9. Qual o tribunal territorial e materialmente competente para o julgamento?
10. Como deveria proceder o juiz de julgamento? É válida a sentença condenatória?

**Caso prático resolvido infra, p. 259-265.*

CASO Nº 82

Na manhã do dia 5 de Setembro do ano transacto, Asdrúbal, que, vindo de Lisboa, conduzia o seu automóvel com destino a Braga, foi detido durante uma operação *stop* quando se recusou a apresentar a carta de condução, invocando que por vivermos «num país democrático, os direitos, liberdades e garantias consagrados na Constituição» lhe reservavam legitimamente a opção de tal comportamento. Levado para a esquadra foi de imediato conduzido para o calabouço sob detenção, pois tudo se encaminhava para que o julgamento ocorresse em processo abreviado.

Após um inquérito sumário, o Ministério Público chegou à conclusão de que havia indícios do envolvimento de Asdrúbal em mais crimes, pelo que o processo foi remetido para a forma comum. O Ministério Público requereu ao juiz de julgamento que fosse aplicada ao arguido uma caução no valor de € 15.000. O juiz, todavia, entendendo que Asdrúbal merecia um "correctivo" mais apropriado, ordenou a aplicação da prisão preventiva.

No fim do inquérito, o Ministério Público acusou o arguido pelos seguintes factos e crimes:

- Em Julho [do ano passado], após uma discussão de índole política, Asdrúbal agrediu Mário com um pontapé no estômago e um soco na cabeça. Mário foi levado para o hospital e, após dez dias em estado de coma, acabou por se salvar. Asdrúbal foi acusado pelo crime de ofensa à integridade física grave p. p. pelo artigo 144º, *d)* do CP.

- Nesse mesmo dia agrediu também Maria, mulher de Mário, que o insultara após saber da agressão ao seu marido. Asdrúbal utilizou uma navalha, rasgando, com golpes profundos, o braço direito e a face de Maria. Asdrúbal foi acusado pelo crime de ofensa à integridade física simples p.p. no artigo 143º do CP.
- Pela factualidade descrita no 1º parágrafo da hipótese, Asdrúbal foi ainda acusado pelo crime de desobediência, nos termos do artigo 348º do CP.

O Ministério Público notificou Mário, Maria (entretanto constituídos assistentes) e Asdrúbal do despacho de acusação.

Mário decidiu requerer a abertura da instrução por entender que Asdrúbal agira motivado por ódio de natureza política, pelo que deveria ter sido acusado pelo crime de ofensa à integridade física qualificada nos termos do artigo 145º do CP, *ex vi* artigo 132º, nº 2, *f)* do mesmo diploma.

Também Maria optou pelo mesmo procedimento, invocando que, sendo modelo, tão cedo não poderia trabalhar dado o estado do seu braço e do seu rosto que mostravam enormes cicatrizes. Requereu ao juiz de instrução que pronunciasse o arguido pelo crime de ofensa à integridade física grave, com base no artigo 144º, *b)* do CP.

O juiz de instrução criminal procedeu então a averiguações e passou a investigar o conjunto de factos que foram submetidos à sua apreciação. Durante esta fase instrutória, descobriu que, afinal, Asdrúbal tinha um romance com Maria e que muitas vezes insistia para que esta se divorciasse. Como Maria se não decidia a fazê-lo, Asdrúbal, para a pressionar, planeou «dar uma sova» ao marido, provocando toda aquela discussão com o intuito de por ele ser agredido e assim poder legitimamente ripostar.

No final da instrução Asdrúbal foi pronunciado:

- Pelo crime de ofensa à integridade física grave qualificada, por ter persistido na intenção de ofender a integridade física de Mário por mais de vinte e quatro horas [artigo 145º do CP, com remissão para o artigo 132º, nº 2, *j)* do mesmo diploma].
- Pelo crime de ofensa à integridade física grave na pessoa de Maria aceitando os fundamentos por esta invocados no requerimento para abertura da instrução e, como tal, nos termos do artigo 144º, *b)* do CP.

– Pelo crime de desobediência (artigo 348º do CP) com base na factualidade descrita na acusação.

O processo foi enviado para julgamento e depois de algumas investigações e produzida a prova, o tribunal proferiu acórdão de onde resultou a condenação de Asdrúbal. Quanto às agressões infligidas a Maria e no que toca ao crime de desobediência, o tribunal secundou a acusação do Ministério Público. Já no que concerne ao crime cometido contra Mário, o tribunal entendeu que, com base na factualidade descrita na pronúncia – e que se deu como provada em audiência de julgamento –, Asdrúbal pretendia a morte da vítima, pois só assim poderia vir a casar com Maria como era seu desejo. O arguido foi, por conseguinte, condenado pelo crime de homicídio qualificado na forma tentada, nos termos do artigo 132º, nº 2, *j)* do CP, conjugado com os artigos 22º e 23º do mesmo diploma.

Responda, fundamentadamente, às seguintes questões:

1. Concorda com a privação de liberdade de Asdrúbal relatada no primeiro parágrafo da hipótese?
2. A forma abreviada era adequada para julgar Asdrúbal?
3. Concorda com a aplicação da medida de coacção?
4. Haveria lugar a conexão processual?
5. É legalmente admissível o requerimento para a abertura da instrução por parte de Mário?
6. É legalmente admissível o requerimento para a abertura da instrução por parte de Maria?
7. É válido o despacho de pronúncia?
8. Admita que sendo defensor(a) de Asdrúbal discordava do despacho instrutório. Como poderia reagir a essa decisão?
9. Qual (ou quais) o tribunal (ou tribunais) materialmente competentes?
10. É válida a sentença condenatória?

CASO Nº 83

Pelas 15 horas do dia 25 de Junho do ano transato, na zona da Ribeira no Porto, Gonçalves, agente da PSP, surpreendeu Albano a gritar com Mário, dirigindo-lhe vários impropérios:

«*És um grandessíssimo velhaco! Um crápula! Julgas-te melhor que os outros? Queres que diga aqui tudo o que sei sobre ti?..*»

Mário, vexado por haver muita gente a assistir a tão movimentado espectáculo, apenas pedia a Albano para se conter:

«*Acalme-se, por favor! Vamos conversar com mais calma...*»

Gonçalves, apercebendo-se do embaraço de Mário, dirigiu-se a Albano dando-lhe "voz de prisão". Este fugiu imediatamente, sendo, no entanto, perseguido por Gonçalves que insistentemente lhe ordenava que parasse. Albano não lhe dava ouvidos, mas acabou por ser alcançado já no lado da Ribeira de Vila Nova de Gaia.

Gonçalves procedeu à detenção, lavrou auto de notícia e, pelas 14 horas do dia 27 de Junho, apresentou-o ao juiz de instrução criminal. Este, após interrogatório, decidiu constituí-lo arguido, lavrou termo de identidade e residência, abriu inquérito e impôs-lhe a obrigação de se apresentar periodicamente conjuntamente com a obrigação de prestar caução económica no valor de € 2500.

Durante o inquérito, várias testemunhas foram ouvidas. Entre elas, Esmeralda, mulher de Mário, que começou por revelar que o arguido, há dois meses atrás, a tinha tentado violar e acusou-o, também, de estar envolvido em "negócios menos claros relacionados com droga", tendo mesmo aliciado Gervásio, irmão mais novo de Mário, para tais actividades. Mário não o permitiu pelo que Albano tinha ficado furioso e daí os insultos a que Gonçalves tinha assistido.

Albano, também foi ouvido durante o inquérito. Confessou ser toxicodependente, afirmou que Mário era traficante de droga e que tendo-lhe pago € 75 por algumas doses de heroína, este se apropriara do dinheiro sem lhe fornecer a droga. Albano, que já não gostava muito de Mário pela fraca qualidade da droga que este vendia, ao sentir-se burlado ficou furioso e insultou-o à frente de todos. Até porque, confessou ainda, tinha obtido aquele dinheiro furtando-o de uma gaveta numa mercearia, em Vila Nova de Gaia, propriedade de um idoso, o Sr. Amândio, pessoa de quem muito gostava, pelo que muito lhe tinha custado praticar tal acto.

«*A droga faz-nos agir contra a vontade da nossa própria alma!*», filosofou.

Interrogado sobre Esmeralda, asseverou ter ela, por várias vezes, tentado, sem sucesso, coagi-lo sexualmente.

Findo o inquérito, o Ministério Público acusou o arguido por injúrias na pessoa de Mário (artigo 181º do CP), de difamação da honra de Esmeralda (artigo 180º do CP), de desobediência à autoridade pública (artigo 348º, nº 1, *b)* do CP) de tentativa de violação contra Esmeralda (artigos. 22º, 23º e 164º do CP), de consumo de estupefacientes (artigo 40º do DL 15/93, de 22 de Janeiro) e de furto simples contra o património do Sr. Amândio (art. 203º do CP).

O Sr. Amândio, entretanto constituído assistente, requereu, através do seu advogado, a abertura da instrução, por entender que subtrair dinheiro fechado numa gaveta, propriedade de uma pessoa débil e com quem se tem uma relação afetiva forte é especialmente censurável, pelo que Albano deveria ter sido pronunciado por furto qualificado, nos termos do art. 204º, nº 1, *e)* e *i)* do CP.

Também Albano, através do seu defensor, requereu a abertura da instrução. Invocou em primeiro lugar que quanto aos crimes de injúrias e difamação a acusação era infundada dado que os factos imputados não só a Mário como também a Esmeralda eram verdadeiros. Negou, ainda, que tenha tentado violar Esmeralda, antes pelo contrário, ele, Albano, é que, por várias vezes tinha sido já por ela assediado, factos que podiam, aliás, ser comprovados por Victor e Jorge, seus amigos, que assistiram a algumas daquelas investidas. Quanto ao furto, afirmou que pelo montante subtraído (apenas € 75) não havia lugar à sua qualificação, nos termos do art. 204º, nº 4 do CP. Já no que concerne ao crime de desobediência, alegou que quando viu a autoridade policial instintivamente se assustou, pois sendo consumidor de drogas habituara-se a reagir daquela forma. Assim, no que respeita aos crimes de consumo de estupefacientes, furto simples e desobediência à autoridade pública requereu ao juiz de instrução que promovesse a suspensão provisória do processo com base no artigo 307º, nº 2 do CPP *ex vi* artigos 51º e 56º do DL nº 15/93, de 22 de Janeiro, prestando-se a que lhe fosse aplicada medida de tratamento adequada a suprir o seu estado de toxicodependência. Concluiu afirmando que, dado o exposto, tanto o furto como a desobediência estavam numa relação de directa conexão com o consumo de estupefacientes para fundamentar a aplicação do artigo 56º do referido DL nº 15/93.

Após o debate instrutório o respectivo juiz fica convencido da versão apresentada pelo arguido. Apenas não aplicou a suspensão provisória do processo por não ter conseguido obter a concordância do assistente e pelos antecedentes criminais de Albano que havia sido preso por furto há três anos atrás. Pronunciou-o, por conseguinte, pelos crimes de consumo de estupefacientes (artigo 40º DL nº 15/93), furto simples (artigo 203º do CP) e desobediência (artigo 348º, nº 1 *b)* do CP). Pronunciados foram também Mário e Esmeralda, entretanto constituídos arguidos, por tráfico de droga (artigo 21º do DL nº 15/93) e tentativa de coacção sexual (artigo 22º, 23º e 163º do CP), respectivamente.

Na audiência de julgamento, o tribunal convenceu-se de que além dos factos imputados a Albano na pronúncia, era também verdadeira a tentativa de violação descrita na acusação do Ministério Público, pelo que condenou o arguido por toda essa factualidade.

Quanto a Mário e Esmeralda foram absolvidos.

Responda, fundamentadamente, às seguintes questões:

1. Concorda com a actuação de Gonçalves?
2. O juiz de instrução criminal tinha competência para proceder ao interrogatório? Podia proceder à cumulação das medidas de coacção e garantia patrimonial que aplicou?
3. Se o Sr. Amândio pretendesse um pedido cível em que o momento o deveria fazer? Em que tribunal? Seria necessária a constituição de advogado?
4. É legalmente admissível o requerimento para a abertura de instrução por parte do Sr. Amândio? Seria necessária a representação por advogado?
5. É legalmente admissível o requerimento para a abertura da instrução por parte de Albano? Poderia ser o próprio Albano, sem representação do seu defensor, a fazê-lo?
6. Seria admissível a promoção da suspensão provisória do processo por parte do juiz de instrução atendendo ao que foi invocado por Albano?
7. Concorda com os argumentos do juiz de instrução para não aplicar a suspensão provisória do processo?
8. É válido o despacho de pronúncia?
9. Haveria lugar a alguma conexão processual?

10. Qual(is) o(s) tribunal(is) material e territorialmente competente para o(s) julgamento(s)?
11. Podia o juiz de julgamento condenar por tentativa de violação?

CASO Nº 84

Pelas 4 horas da madrugada do dia 3 de Junho, numa discoteca de Évora, Amadeu, cidadão alentejano, envolveu-se com Benevides, lisboeta, numa acesa discussão. Amadeu, mais entusiasmado pela aguardente do que pela argumentação, dá um violento murro a Benevides que fica prostrado no chão. Quando Amadeu se preparava para repetir a agressão, Benevides, apercebendo-se do facto, consegue pontapear as pernas do seu agressor, levanta-se e desfere-lhe mais dois pontapés, um no peito, o outro na face. Quem agora se desequilibra é Amadeu que, desafortunadamente, vem a cair sobre os destroços de um copo cujos vidros lhe perfuram as costas. É chamada uma ambulância que o transporta para um hospital de Lisboa, porém, na viagem, Amadeu acaba por falecer.

Entretanto, Soraia, amiga de Amadeu que a tudo assistira, pede a Cupertino, segurança da discoteca, que proceda à detenção de Benevides. Cupertino assim o faz, conduzindo-o ao posto da GNR mais próximo, no que é acompanhado por Soraia.

Os agentes da GNR, perante o relato dos factos, identificaram o suspeito e mantiveram-no detido até às 10 horas do dia 4 de Junho, momento em que o apresentaram ao Ministério Público, remetendo auto de notícia com a descrição completa.

O Ministério Público, após interrogatório, entendeu que não havia necessidade de Benevides permanecer preso, pelo que procedeu à sua constituição como arguido, lavrou termo de identidade e residência e impôs-lhe a obrigação de prestar € 5000 de caução.

Findo o inquérito, o Ministério Público profere despacho de acusação contra Benevides pelos factos descritos por Soraia entendendo ainda que o arguido tinha a intenção de matar Amadeu. Para chegar a esta última conclusão tornou-se decisivo o testemunho de Venâncio, habitual cliente da discoteca, que também a tudo assistira e que ouvira Benevides afirmar entre dentes, enquanto desferia os golpes, que "era desta" que acabava com Amadeu. Assim, Benevides deixou de estar indiciado pelo crime de ofensa à integridade física agravada pelo resultado morte, nos termos do art. 147º, nº 1 do CP, para ser acusado pelo crime de homicídio simples (art. 131º do CP).

Benevides discorda deste despacho pelo que decide, através do seu defensor, requerer a abertura da instrução. Invoca, em primeiro lugar, que o Ministério Público não levou em devida conta a prévia agressão de Amadeu o que o colocava numa situação de legítima defesa (art. 32º do CP). Sem conceder, entende ainda que a haver excesso de defesa (art. 33º do CP) não lhe poderia ser imputado mais do que uma ofensa à integridade física simples agravada pelo resultado morte (art. 147º, nº 1, do CP). Neste contexto, e tendo em conta que o excesso resultaria de uma perturbação que, a não lhe excluir a culpa, o colocaria numa situação de censurabilidade diminuta, manifesta a pretensão de que o juiz de instrução se decida a promover a suspensão provisória do processo contra a injunção de pagar uma considerável quantia a uma instituição de solidariedade social de que Damásio, pai de Amadeu, era presidente e a regra de conduta de não frequentar bares e discotecas pelo período de um ano (art. 281º, nº 2, *c)* e *e)* do CPP). Além de tudo isto, alega ainda que o despacho de acusação é nulo, pois provoca uma alteração substancial dos factos descritos na *notitia criminis*.

Do despacho de acusação discorda, também, Damásio entretanto constituído assistente. Através do seu advogado requer a abertura de instrução invocando que o Ministério Público não acusou por todos os factos indiciados no inquérito, nomeadamente que Benevides de há muito pretendia a morte de Amadeu, pois o próprio Damásio havia gravado uma conversa na qual Benevides assim o afirmava. Houve, por conseguinte, premeditação e, portanto, Benevides devia ser pronunciado por homicídio qualificado (art. 132º, nº 2, *j)* do CP).

O juiz de instrução promove a suspensão provisória do processo, mas não obtém a concordância do assistente. Acaba por pronunciar o arguido pelo crime de ofensa à integridade física simples agravada pelo resultado morte (art. 147º, nº 1, do CP) em excesso de defesa (art. 33º, nº 1 do CP).

O juiz de julgamento, discordando da decisão do juiz de instrução, condena o arguido por homicídio simples, reproduzindo a factualidade descrita na acusação do Ministério Público.

Responda, fundamentadamente, às seguintes questões:

1. Concorda com as atuações de Cupertino e Soraia?
2. Concorda com a atuação dos agentes da GNR?
3. O Ministério Público procedeu como devia?
4. Atendendo à *notitia criminis*, é válido o despacho de acusação do Ministério Público?
5. Atendendo a cada um dos fundamentos invocados, é legalmente admissível o requerimento para abertura da instrução por parte de Benevides?
6. É legalmente admissível o requerimento para a abertura da instrução por parte de Damásio?
7. Podia o juiz de instrução, no decorrer desta, promover a suspensão provisória do processo? Seria necessária a concordância do assistente?
8. É válido o despacho de pronúncia?
9. Qual o tribunal territorial e materialmente competente para o julgamento?
10. É válida a sentença condenatória?

CASO Nº 85

Pelas 3 horas da madrugada de uma fria noite de Dezembro, Bastos, agente da PSP, estranhou o facto de um automóvel se encontrar estacionado em frente à praia do Guincho, perto de Lisboa. Lançando um olhar para o interior do veículo, logo reconheceu Zacarias, de 45 anos de idade, que praticava relações sexuais com Cândida, uma jovem de 15 anos de idade. Bastos obrigou-os a sair do automóvel e, após perguntar a idade a Cândida, deu *voz de prisão* a Zacarias por estar a cometer um crime de estupro e informou Cândida que tinha 48 horas para apresentar queixa. Esta não o fez, pelo que, volvidas 48 horas, Zacarias foi libertado.

Três meses depois, porém, Cândida decidiu deslocar-se a um posto da PSP e apresentar queixa. O Ministério Público (MP) iniciou o processo, não tendo Cândida manifestado o propósito de se constituir assistente. Terminado o inquérito, o MP recolheu indícios suficientes de se ter verificado a prática do crime de "actos sexuais com adolescentes" (art. 173º do CP), decidindo-se pela suspensão provisória do processo. O juiz de instrução não concordou, todavia, com essa decisão, fundamentando não ser previsível que o cumprimento de injunções e regras de conduta por parte do arguido respondesse suficientemente às exigências de prevenção que no caso se faziam sentir; além disso, acrescentou ainda que não seria possível aplicar o instituto da suspensão provisória do processo sem que houvesse assistente constituído. O MP recorreu deste despacho, mas o tribunal *ad quem* entendeu que a decisão era irrecorrível. Restou ao MP deduzir acusação pelo crime de "atos sexuais com adolescentes".

Ao tomar conhecimento do conteúdo da acusação, Cândida requereu imediatamente a sua constituição como assistente e, no mesmo momento, a abertura da instrução, justificando que Zacarias não só abusara da sua inexperiência, como também a obrigara, sob ameaça de ofensa à integridade física, a práticas sexuais não queridas. Com base nesta factualidade, o juiz de instrução pronunciou Zacarias pelo crime de "violação", nos termos do nº 1 do art. 164º do CP. Zacarias arguiu a nulidade deste despacho invocando uma alteração substancial dos factos constantes na acusação do MP.

Na audiência de julgamento veio a saber-se que Zacarias era portador do vírus da SIDA e que havia contaminado Cândida. Assim, o tribunal de julgamento condenou Zacarias pelo crime de violação agravada com base no art. 177º, nº 3 do CP.

Responda, fundamentadamente, às seguintes questões:

1. Concorda com a atuação de Bastos?
2. Podia Zacarias ficar detido 48 horas?
3. Podia Cândida apresentar queixa nos termos em que o fez?
4. Podia o MP ter proposto a suspensão provisória do processo?
5. Concorda que não pode haver suspensão provisória do processo sem assistente constituído?
6. Concorda que a não concordância com a suspensão provisória do processo por parte do juiz de instrução, é uma decisão irrecorrível?
7. Podia Cândida requerer a abertura da instrução nos termos em que o fez?
8. Concorda com a arguição de nulidade do despacho de pronúncia?

9. Haveria outra forma de Zacarias reagir ao despacho de pronúncia?
10. É válida a sentença condenatória?

CASO Nº 86

Após um desentendimento por questões de índole económica, em que Baltazar acusava António de o ter burlado, este desferiu-lhe uma violenta "direita" na cara. Baltazar caíu por terra a sangrar do seu olho esquerdo devido ao facto de aí ter sido atingido por um anel que António ostentava num dos dedos da sua mão direita. Passados alguns dias, as previsões mais pessimistas confirmavam-se, ou seja, Baltazar ficara cego do seu olho esquerdo.

O crime foi denunciado por Carla, mulher de Baltazar, ao Ministério Público que imediatamente abriu inquérito, constituindo António como arguido. Face aos factos descritos na *notitia criminis*, o magistrado do Ministério Público hesitava na subsunção jurídica dos mesmos. A sua dúvida consistia em descortinar qual o tipo subjectivo preenchido pelo autor do crime: se o do artigo 147º, nº 2 do CP, se o do artigo 144º do mesmo diploma. Não obstante, atendendo à gravidade de crime e face ao princípio da proporcionalidade, requereu a aplicação da prisão preventiva ao arguido, o que foi deferido pelo juiz de instrução criminal. António através do seu defensor, elaborou uma petição de *habeas corpus* dirigida ao Supremo Tribunal de Justiça, invocando a alínea *b)* do nº 2 do artigo 222º do CPP. Interpôs, ainda, recurso para o Tribunal da Relação, sob a alegação de que era desnecessária, porque inadequada, a aplicação da prisão preventiva, fundamentando que a aplicação de outras medidas de coacção seria suficiente para satisfazer as exigências cautelares que o caso requeria.

Findo o inquérito, o Ministério Público acusou António pela autoria de um crime de ofensa à integridade física grave cometida sobre Baltazar, nos termos do artigo 144º, *a)* do CP, a título de dolo eventual.

No mesmo momento, Baltazar requereu a constituição como assistente, a abertura da instrução e um pedido de indemnização civil. A abertura da instrução justificava-se, segundo Baltazar, pelo facto de o Ministério Público haver sempre ignorado a sua argumentação que se fundava na existência de um crime de burla praticado pelo arguido e que provocou toda aquela discussão e consequente ofensa à sua integridade física.

O juiz de instrução criminal indeferiu, por inadmissibildade legal, afirmando que esses factos deveriam ser objeto de um processo autónomo.

Também o arguido requereu a abertura da instrução, fundamentando que havia praticado um crime de ofensa à integridade física simples com culpa diminuta, devido à circunstância de ter sido provocado. Pedia, assim, que durante a instrução fosse promovida a suspensão provisória do processo. Face a este requerimento o respectivo juiz abriu a instrução.

Durante esta fase, o juiz entendeu que a ofensa grave à integridade física não deveria ser imputada ao arguido a título de dolo, pois este raramente usava aquele anel e, portanto, nem se teria lembrado que o ostentava na mão direita no momento do crime. Concluiu, assim, pela existência de indícios suficientes da prática do crime p.p. pelo artigo 147º, nº 2 do CP, decidindo-se pela promoção da suspensão provisória do processo. Verificados os requisitos do instituto, António ficou adstrito a indemnizar o lesado e a contribuir com uma determinada quantia para uma instituição de solidariedade social da qual Baltazar era presidente.

Com o processo suspenso, Baltazar decidiu deduzir o pedido de indemnização no tribunal civil. António ficou indignado com esta atitude, pelo que não cumpriu as injunções a que ficara vinculado. O processo prosseguiu e o juiz de instrução, mantendo a sua convicção, acabou por pronunciar António pelo crime de ofensa à integridade física simples agravada pelo resultado (a título de negligência inconsciente), nos termos do artigo 147º, nº 2 do CP.

Durante o julgamento, porém, o tribunal apurou que António havia já confidenciado a alguns amigos o propósito de vir a atingir Baltazar num dos olhos com aquele anel, afirmando que talvez assim ele aprendesse a não lhe chamar burlão como o andava a fazer. Apurou ainda que, efectivamente, António burlara Baltazar, pelo que acabou por condená-lo pelos crimes de ofensa à integridade física grave [artigo 144º, *a)* do CP], a título de dolo directo, em concurso real com o crime de burla, nos termos do artigo 217º, nº 1 também do CP.

Após leitura atenta do presente caso prático, responda às seguintes questões:

1. Podia Carla denunciar o crime ao Ministério Público?

2. Concorda com a aplicação da prisão preventiva?
3. Podia António reagir como reagiu à aplicação da prisão preventiva?
4. Podia Baltazar, no mesmo momento, requerer a constituição como assistente, a abertura da instrução e deduzir o pedido de indemnização civil?
5. Concorda com as decisões do juiz de instrução criminal no que concerne aos requerimentos para a abertura da instrução?
6. Podia o juiz de instrução promover a suspensão provisória do processo?
7. Podia Baltazar fazer o pedido no tribunal civil? Como compatibiliza este pedido com a injunção de indemnizar o lesado a que António ficou adstrito?
8. Podia o juiz de instrução pronunciar nos termos em que o fez?
9. Qual o tribunal materialmente competente para o julgamento?
10. Como deveria proceder o tribunal de julgamento? É válida a sentença condenatória?

CASO Nº 87

Pelas 3 horas de uma tépida madrugada de Junho, em Cascais, Abel chamou a polícia, depois de sentir alguns barulhos estranhos na vivenda do seu vizinho, Beraldino, industrial abastado que se encontrava de férias.

Ao entrarem na casa de Beraldino, os agentes da PSP, Carvalho e Damásio, depararam-se com Óscar que havia arrombado um cofre e retirava todos os valores que aí se encontravam.

Óscar foi imediatamente detido e, após requererem ao juiz de instrução criminal a sua constituição como arguido, entregaram-no ao Ministério Público remetendo auto de denúncia com descrição completa. Após um breve interrogatório, Óscar foi enviado para julgamento em processo sumário.

O juiz, porém, entendeu que a gravidade do crime não era compatível com qualquer forma de processo especial e remeteu os autos ao Ministério Público para tramitação sob forma comum.

O Ministério Público requereu ao juiz de instrução criminal a aplicação a Óscar do termo de identidade e residência, de caução no valor de

€ 2.500 e de obrigação de apresentação periódica. O juiz de instrução indeferiu e decidiu aplicar a prisão preventiva.

Findo o inquérito, o Ministério Público acusou Óscar por tentativa de furto qualificado de vários objectos avaliados em € 15.000, em conformidade com o artigo 22º, nº 2, *a)*, conjugado com o artigo 204º, nº 2, *e)*, ambos do Código Penal. Entendendo que, no caso concreto, a pena aplicável não deveria ser superior a 5 anos de prisão, o Ministério Público remeteu os autos para julgamento em tribunal singular.

Óscar, através do seu defensor, requereu a abertura da instrução pedindo ao respectivo juiz que, não sendo aplicável pena de prisão superior a 5 anos de prisão, promovesse, no decorrer desta fase, a suspensão provisória do processo, disponibilizando-se a desempenhar qualquer tipo de trabalho em favor da comunidade. O juiz de instrução criminal indeferiu o requerimento, fundamentando que não podia nem abrir a instrução com base num mero pedido de promoção da suspensão provisória do processo, nem o crime em causa admitia a aplicação deste instituto.

Beraldino, que entretanto regressara das férias, através do seu advogado requereu a sua constituição como assistente e, no mesmo acto, requereu igualmente a abertura da instrução alegando que o arguido neutralizara a sua empregada, Elvira, com um pano embebido em clorofórmio. Mais acrescentou que esta se encontrava inconsciente, amarrada e trancada dentro de uma das arrecadações da vivenda quando Carvalho e Damásio procediam à detenção de Óscar.

Com base neste requerimento, o juiz de instrução criminal abriu a respectiva fase, durante a qual, oficiosamente, promoveu algumas diligências probatórias, obtendo as seguintes conclusões: correspondia, efectivamente, à verdade a factualidade descrita no requerimento para a abertura da instrução do assistente; os bens que o arguido tentava subtrair ascendiam, afinal, ao valor de € 35.000; Óscar pertencia a uma organização terrorista de extrema-esquerda, com sede em Loures, que tinha por objectivo a instauração de uma ditadura do proletariado em Portugal; o assalto tentado pelo arguido destinava-se à obtenção de fundos para a referida organização.

Para a tomada de conhecimento destes factos foram decisivos os testemunhos de Fausto e Gabriel, membros arrependidos da mesma organização terrorista.

Assim, finda a instrução, o arguido é pronunciado:

- Pelo crime de roubo agravado na forma tentada, em sintonia com o artigo 22º, nº 2, *b)* conjugado com o artigo 210º, nº 2, *a)* *ex vi* artigo 204º, nº 2, *a)*, *b)* e *e)*, todos do Código Penal. As penas deveriam ser agravadas em sintonia com o artigo 4º da Lei nº 52/2003, de 22 de Agosto;
- Pelo crime de organizações terroristas, com base no artigo 2º também da Lei nº 52/2003, de 22 de Agosto.

Já na fase do julgamento, o tribunal, além de se convencer da veracidade dos factos descritos no despacho de pronúncia, veio, ainda, a descobrir que Elvira se encontrava numa situação de perigo para a vida, devido a uma forte pancada que sofrera quando – após ter sido neutralizada pelo arguido com o pano embebido em clorofórmio – desmaiara, batendo, na queda, com a cabeça nos azulejos da cozinha.

Após leitura atenta do presente caso prático, responda às seguintes questões:

1. Carvalho e Damásio agiram como deviam?
2. Poderia Óscar ser julgado em processo sumário?
3. O Ministério Público e o juiz de instrução criminal agiram correctamente no que concerne às medidas de coacção?
4. Concorda com os fundamentos invocados pelo juiz de instrução criminal ao indeferir o requerimento para a abertura da instrução por parte de Óscar?
5. Podia Beraldino requerer a constituição como assistente no momento em que o fez?
6. É legalmente admissível o requerimento para a abertura da instrução por parte de Beraldino?
7. Após chegar às conclusões descritas durante a fase da instrução, como deveria ter procedido o juiz de instrução criminal?
8. É válido o despacho de pronúncia?
9. Qual o tribunal (ou tribunais) territorial e materialmente competente(s) para o(s) julgamento(s)?
10. Como deveria proceder o tribunal de julgamento?

CASO Nº 88

Em pleno centro da Vila de Amares, Arnaldo encontrava-se dentro do seu automóvel estacionado em lugar proibido. Subitamente, é abordado por Benevides, soldado de uma patrulha da Guarda Nacional Republicana (GNR) comandada por Carvalho, que ordena a Arnaldo a retirada do veículo daquele local. Este indignou-se: «os senhores não têm mais o que fazer do que importunar um pacato cidadão?» Benevides insistiu informando-o que se não acatasse a ordem incorreria em crime de desobediência p.p. no artigo 348º do Código Penal (CP); perante esta cominação, Arnaldo não se coibiu de responder: «*fascistas! Nunca gostei destes corruptos da GNR... são ainda piores que a antiga PIDE!*» Não contente com o que já dissera, Arnaldo saiu ainda do automóvel e desferiu um valente murro em Benevides. Perante o olhar estupefacto de Carvalho e Daniel (um outro soldado da patrulha), voltou a entrar no automóvel e abandonou o local.

Carvalho lavrou auto de notícia da ocorrência e enviou-o imediatamente ao Ministério Público (MP). O MP ordenou a detenção de Arnaldo e, após interrogatório sumário, requereu ao juiz de instrução criminal (JIC) que o constituísse arguido e lhe aplicasse, cumulativamente, termo de identidade e residência, caução carcerária, caução económica e obrigação de permanência na habitação. O JIC apenas indeferiu a aplicação da caução económica por entender que esta não era cumulável com a caução carcerária, concordando com a aplicação das restantes medidas de coacção.

Seis meses depois e pelos mesmos factos que constavam do auto de notícia (que correspondem aos relatados no 1º parágrafo da hipótese), o MP acusava Arnaldo pelo crime de desobediência, nos termos do artigo 348º, nº 1, *b)* do CP.

Arnaldo, representado por Eliseu, seu defensor, requereu a abertura da instrução pedindo ao respectivo juiz que, durante esta fase, suspendesse provisoriamente o processo. Porém, no debate instrutório, o JIC formou a convicção de que Arnaldo ao agredir Benevides cometera igualmente o crime de resistência e coacção sobre funcionário (artigo 347º do CP). Em conformidade, não propôs a suspensão provisória do processo, vindo, ao invés, a pronunciar o arguido pelos crimes p.p. nos artigos 347º e 348º, nº 1, b) ambos do CP. Arnaldo não concordou com a pronúncia pelo crime de resistência e coacção sobre funcionário – até porque Benevides nem tentara detê-lo –, arguindo, por conseguinte, a nulidade do despacho de pronúncia. O JIC indeferiu esta arguição.

Já na fase de julgamento, o tribunal entendeu que Benevides tentara, afinal, deter o arguido. Assim, Arnaldo veio a ser condenado pelos crimes de desobediência (artigo 348, nº 1 b) do CP), resistência e coacção sobre funcionário (artigo 347º do CP), ofensa à integridade física simples [artigo 143º do CP], injúria (artigo 181º do CP) e ofensa a pessoa colectiva, organismo e serviço (artigo 187º do CP).

1. Concorda com a actuação de Carvalho?
2. O MP agiu como devia no que toca à detenção, ao interrogatório e à constituição de arguido? Poderia haver processo sumaríssimo? E processo sumário? E processo abreviado?
3. Concorda com a actuação do JIC no que tange à aplicação das medidas de coacção e de garantia patrimonial?
4. Será procedente o requerimento para a abertura da instrução de Arnaldo?
5. O JIC procedeu como devia quanto ao crime de *resistência e coacção sobre funcionário*?
6. Concorda com o meio pelo qual Arnaldo impugnou o despacho de pronúncia?
7. Qual o tribunal material e territorialmente competente para o julgamento?
8. Como deveria ter procedido o tribunal de julgamento?
9. É válida a sentença condenatória?

CASO Nº 89

Asdrúbal foi surpreendido por dois agentes da PSP, quando se encontrava em casa de Belmiro e retirava da parede da sala um legítimo quadro de *Joaquim Toscano* avaliado em € 15.000. Um pouco mais ao lado encontrava-se um enorme espelho partido. Os agentes da PSP detiveram Asdrúbal, conduziram-no à esquadra e tentaram contactar Belmiro para que este viesse a apresentar a respectiva queixa.

Só após haverem já decorrido 26 horas é que conseguiram contactar telefonicamente Belmiro que combinou com os agentes passar dali a 2 horas na esquadra. Assim o fez, e depois de manifestar a sua intenção de que "o processo fosse para a frente" os agentes da PSP constituíram Asdrúbal como arguido, lavraram auto de notícia e remeteram os autos ao MP.

O MP interrogou o arguido e decidiu aplicar-lhe uma caução no valor de € 5.000 juntamente com a obrigação de todas as segundas-feiras limpar o pó a todos os quadros existentes em casa de Belmiro. Findo o inquérito o arguido foi acusado pela prática do crime de *furto qualificado* nos termos do artigo 204º, nº 1, *a)* e *f)* do CP. Cinco dias após notificação desta acusação, Belmiro, através do seu advogado, requereu a sua constituição como assistente e, no mesmo momento, acusou o arguido não só por furto qualificado nos mesmos termos da acusação do MP, mas também pelo crime de *dano* (p.p. no artigo 212º do CP), pois no momento em que retirava o quadro da parede ter-se-ia descuidado e partido o espelho avaliado em € 1.500.

Através do seu defensor, Asdrúbal requereu a abertura da instrução, invocando que, realmente, se encontrava a subtrair o quadro, mas que não tinha intenção de se apropriar do mesmo, pois iria utilizá-lo apenas como motivo de decoração numa festa em sua casa.

Durante a instrução, o JIC convenceu-se de que Asdrúbal havia partido o espelho propositadamente, pois descobrira que o mesmo tinha sido aquele que doara a Célia, sua namorada há dez anos atrás, sendo agora a mulher de Belmiro. Asdrúbal foi, assim, pronunciado pelos crimes de *furto qualificado* e de *dano*, nos termos dos artigos 204º, nº 1, *a)* e *f)* e 212º, respectivamente, ambos do CP.

No julgamento o tribunal descobriu, ainda, que Asdrúbal fazia da prática de furtos modo de vida, condenando-o pelos mesmo crimes que fora pronunciado, mas agora nos termos dos artigos 204º, nº 1, *a)*, *f)* e *h)* e 212º, ambos do CP.

Responda, fundadamente, às seguintes questões:

1. Os agentes da PSP agiram como deviam?
2. Que comentários lhe suscitam as medidas de coacção aplicadas?
3. Podia Belmiro acusar nos termos em que o fez?

4. É legalmente admissível o requerimento para abertura de instrução de Asdrúbal?
5. Como deveria ter procedido o JIC no decorrer da instrução?
6. É válido o despacho de pronúncia?
7. Qual o tribunal materialmente competente para julgamento?
8. Como deveria proceder o tribunal de julgamento?
9. É válida a sentença condenatória?
10. Poderia ter havido um arbitramento de indemnização civil pelos danos emergentes do espelho que Asdrúbal partiu?

CASO Nº 90

Na cidade de Matosinhos, Alexandre, Bento e Joana, inspectores da Polícia Judiciária (PJ), entraram de rompante no esconderijo de Zacarias quando este se encontrava a calcular o valor dos objectos que acabara de subtrair da casa de Xavier.

Após um interrogatório sumário, os inspectores da PJ ficaram a saber que Zacarias, no momento em que entrara na casa de Xavier, situada em plena cidade do Porto, se deparara com Elvira, empregada de Xavier, e que a imobilizara com um pano embevecido em clorofórmio. De seguida, apoderou-se de vários objectos valiosos cujo montante perfazia, aproximadamente, a um valor de € 50.000.

Posto isto, os inspectores da PJ entregaram Zacarias ao Ministério Público (MP) que, depois de lavrar o respectivo auto de notícia, o constituiu como arguido, aplicando-lhe uma caução de € 10.000. Zacarias foi, então, conduzido ao juiz de instrução criminal (JIC). Este magistrado, após breve interrogatório e a requerimento do MP, aplicou-lhe a medida de obrigação de permanência em habitação [artigo 201º do Código de Processo Penal (CPP)].

Findo o inquérito, o MP acusou Zacarias pelo crime de roubo, nos termos do artigo 210º, nº 2, b), com remissão para o artigo 204º, nº 1 *f)* e nº 2, *a)*, ambos do código penal (CP).

Zacarias requereu a abertura da instrução, advogando que a factualidade descrita na acusação do MP consubstanciava apenas um crime de furto (artigo 203º do CP).

Xavier, dez dias após a acusação, requereu a sua constituição como assistente e, no mesmo momento, requereu a abertura da instrução, invocando a utilização de uma gazua por, parte do arguido, como meio de aceder ao seu domicílio. Alegou, ainda, que Zacarias lhe partiu um valioso vaso de porcelana chinês, avaliado em € 20.000.

Durante a instrução, e para além de toda a factualidade descrita na acusação do MP e no requerimento para a abertura da instrução do assistente, o JIC formou ainda a convicção de que Zacarias fazia da prática de roubos e furtos o seu modo de vida. Em conformidade, pronuncia-o pelos crimes de roubo (artigo 210º, nº 2, com remissão para o artigo 204º, nº 1, *f)* e nº 2, a) e *g)*, ambos do CP) e de dano (artigo 213º, nº 2, *b)* do CP).

Em julgamento, Zacarias invocou ter realmente partido o vaso de porcelana chinês, mas por mero descuido e não dolosamente, o que ajudou o juiz a formar a convicção de que, efectivamente, Zacarias praticara o crime de roubo em casa de Xavier, condenando-o apenas por este crime, em consonância com o artigo 210º, nº 2, com remissão para o artigo 204º, nº 1, *f)* e nº 2, *a)* e *g)*, ambos do CP.

Após leitura cuidadosa e atenta do caso prático, responda às seguintes questões:

1. Concorda com a actuação dos inspectores da PJ?
2. Concorda com a actuação do MP?
3. Podia Zacarias requerer a abertura da instrução nos termos em que o fez?
4. Podia Xavier requerer a abertura da instrução nos termos em que o fez?
5. Procedeu bem o JIC durante a respectiva fase processual?
6. É válido o despacho de pronúncia?
7. É recorrível o despacho de pronúncia?
8. Qual o tribunal territorial e materialmente competente?
9. Como deveria proceder Xavier para obter uma indemnização civil?
10. É válida a sentença condenatória?

Casos Práticos
de Direito Processual Penal resolvidos

(CASO Nº 17)

Alberto vivia angustiado com o facto de seu pai, Belmiro, sentir terríveis dores em razão de uma doença terminal.

Certo dia, em sua casa situada em Águeda, Belmiro pediu a seu filho que o matasse. Alberto assim o fez, ministrando uma dose mortal de veneno na sopa destinada a Belmiro no almoço desse dia.

Logo após a ingestão do veneno, Clotilde, irmã de Belmiro, transporta seu irmão a Coimbra para consulta médica.

Ao chegar a Coimbra, Belmiro morre em consequência do veneno ingerido.

Em janeiro passado, foi aberto inquérito e, no final do mesmo (4 meses depois), o Ministério Público acusa Alberto por *homicídio a pedido da vítima*, nos termos do artigo 134º do CP.

1. Qual o tribunal territorial e materialmente competente para julgar Alberto?
2. Suponha agora que uma nova Lei, a *Lei X*, entrava em vigor em 16 de março passado e introduzia as seguintes alterações:

    a) Revogava o atual artigo 19º, nº 2 do CPP
    b) Determinava a competência exclusiva e própria do tribunal do júri para os chamados "crimes de sangue".

Seria esta nova *Lei X* aplicável ao processo em curso?

RESOLUÇÃO DO CASO PRÁTICO

1. Consta da acusação do Ministério Público contra Alberto um crime de "homicídio a pedido da vítima" (artigo 134º do CP), isto é, um crime que compreende como elemento do tipo a morte de uma pessoa, uma vez que o respetivo tipo legal só se encontra consumado com a morte da vítima. Em termos de competência territorial, prevalece o artigo 19º, nº 2 do CPP que estabelece como critério (excecional) para crimes desta natureza (não o local da consumação do crime, pois esse é o regime-regra consagrado no nº 1 do mesmo artigo 19º do CPP, mas) o lugar em que o agente atuou. Ora, Alberto atuou em casa de seu pai, Belmiro, pois foi aí que executou o crime, ou seja, que, a pedido deste, ministrou o veneno na sopa. Assim, territorialmente competente para julgar Alberto é o tribunal em cuja área o agente atuou, qual seja, o tribunal da comarca de Águeda.
   Já no que à competência material concerne, enquadra-se este crime tanto na previsão legal constante da alínea *a)* do nº 2 do artigo 14º do CPP por se tratar de um "crime de sangue" (assim tradicionalmente designados os crimes "dolosos ou agravados pelo resultado quando" é "elemento do tipo a morte de uma pessoa"), como na alínea *b)* do nº 2 do artigo 16º do CPP, na medida em que este crime previsto artigo 134º do CP é punível com pena até três anos de prisão e a referida alínea *b)* do nº 2 do artigo 16º do CPP abrange crimes cuja "pena máxima, abstratamente aplicável, seja igual ou superior a cinco anos de prisão".
   Competente será então o tribunal coletivo ou o tribunal singular? Sendo *quantitativo* o critério do artigo 16º, nº 2, *b)* do CPP, na medida em que atribui competência material ao tribunal singular em razão da gravidade do crime submetido a julgamento, e configurando-se como *qualitativo* o critério do artigo 14º, nº 2, *a)* do mesmo diploma ao determinar a competência material do tribunal coletivo em função de características qualificativas do crime (ser "crime de sangue") e não do *quantum* da pena, deve este último preceito (artigo 14º, nº 2, *a)* do CPP) prevalecer, dado ser o critério qualitativo especial face ao quantitativo. Na verdade, se não se basta o legislador com o critério geral da gravidade (da

pena) do crime (constante do objeto de um processo) para atribuir competência material ao tribunal de julgamento é porque entende que circunstâncias especiais existem que se não devem submeter a tal critério. Nesses casos deve, obviamente, prevalecer, o critério que abrange essas circunstâncias especiais, vale por dizer, o critério especial que define as circunstâncias qualificativas do crime que derroga o critério geral (quantitativo).

É verdade, sem dúvida, que a competência do tribunal coletivo se define no nº 2 do artigo 14º do CPP como subsidiária (residual) da competência do tribunal singular prevista no nº 2 do artigo 16º (do mesmo diploma) que se assume como exclusiva e própria. Mas essa subsidiariedade só opera em função de critérios idênticos. Vale por dizer: o artigo 14º, nº 2, *a)*, que estabelece critério *qualitativo*, é subsidiário do artigo 16º, nº 2, *a)*, que estabelece também critério *qualitativo*, e o artigo 14º, nº 2, *b)*, que adota critério *quantitativo* é subsidiário do artigo 16º, nº 2, *b)* que adota talqualmente critério *quantitativo*. Mas já não é subsidiário o artigo 14º, nº 2, *a)* face ao artigo 16º, nº 2, *b)*, pois, se assim fosse, seria inócuo o critério especial (qualitativo) aí (na alínea *a)* do nº 2 do artigo 14º, nº 2) estabelecido. Com efeito, seriam os "crimes de sangue" com pena máxima igual ou inferior a cinco anos de prisão (como acontece no caso *sub judice*) da competência do tribunal singular (pela alínea *b)* do nº 2 do artigo 16º) e os "crime de sangue" com pena máxima superior a cinco anos de prisão da competência do tribunal coletivo, mas sem necessidade de operar a alínea *a)* do nº 2 do artigo 14º, pois que bastaria a aplicação da alínea *b)* do mesmo preceito.

Ao estabelecer o critério qualitativo (especial) dos "crimes de sangue" na alínea *a)* do nº 2 do artigo 14º, o legislador só pode ter tido um objetivo: que, independentemente do *quantum* da pena, o julgamento de crimes dessa natureza fosse da competência do tribunal coletivo ou, eventualmente, do tribunal de júri (verificados os respetivos pressupostos, previstos no artigo 13º do CPP), mas não do tribunal singular.

Acresce que o preceituado no artigo 16º, nº 3 do CPP é bem demonstrativo desse objetivo do legislador. A prerrogativa admitida neste preceito que permite ao Ministério Público atribuir competência ao tribunal singular em crimes cujo limite máximo da moldura penal aplicável seja superior a cinco anos de prisão (quando entender que, em concreto, não deve ser aplicada pena superior a esses cinco anos de prisão) não abrange os "crimes de sangue" (só se reporta, como resulta do preceito, aos crimes mencionados na alínea *b)* do nº 2 do artigo 14º do CPP e não aos crimes constantes da alínea *a)* do mesmo preceito, ou seja, aos "crimes de sangue"). Elucidativo.

Materialmente competente para julgar Alberto é o tribunal coletivo por aplicação do artigo 14º, nº 2, *a)* do CPP.

2.

a) Com a revogação, pela *Lei X*, do artigo 19º, nº 2 do CPP, deixaria de vigorar o critério especial de competência territorial para os crimes que compreendem como elemento do tipo a morte de uma pessoa (como é o caso do crime de homicídio a pedido da vítima ou qualquer outro crime de homicídio), passando estes crimes a enquadrarem-se, logicamente, na regra geral do nº 1 deste mesmo artigo 19º. Para os crimes de homicídio, relevante deixaria de ser, então, o local em que o agente atuou (regra especial), passando a sê-lo a área da consumação do crime (regra geral). Assim, no presente caso concreto e por aplicação da *Lei X*, seria competente o tribunal da comarca de Coimbra (área onde Belmiro morreu e, ou seja, área da consumação do crime) e não o de Águeda (local onde Alberto ministrou o veneno na sopa de Belmiro, isto é, local da atuação do agente).

A *Lei X* entrou, porém, em vigor em 16 de março e o processo havia-se iniciado em janeiro, estando, portanto, pendente à data da entrada em vigor da *Lei X*. Suscita-se, neste enquadramento, o problema da aplicação imediata da lei processual penal, vale por dizer, da aplicação de uma nova lei processual penal a processos pendentes.

A regra é a da aplicação imediata conforme preceitua o nº 1 do artigo 5º do CPP. Só que a aplicação desta regra implicaria, no caso concreto, o desaforamento do processo da comarca de Águeda (local onde o agente atuou e, por conseguinte, onde se iniciou o processo por aplicação do artigo 19º, nº 2 do CPP) para a de Coimbra (área da consumação do crime), levantando-se, por conseguinte, a possibilidade de quebra de harmonia dos atos do processo, o que, a suceder, implicaria uma exceção ao princípio da aplicação imediata da lei nova (no caso, a *Lei X*) por aplicação da alínea *b)* do nº 2 do artigo 5º do CPP.

E, realmente, uma declaração de incompetência territorial e remessa dos autos para outra comarca é suscetível de envolver anulação de atos processuais já praticados e necessidade de repetição dos mesmos na nova comarca (artigo 33º, nº 1 do CPP), quebrando a harmonia do processo, não devendo, assim, aplicar-se a *Lei X* ao processo pendente.

Acresce que o mencionado desaforamento do processo por aplicação imediata da *Lei X* coloca em causa um princípio fundamental do nosso direito processual penal, qual seja, o princípio do *juiz natural*, consagrado no artigo 32º, nº 9 da Lei Fundamental.

Se o entendimento for o de que este princípio impede qualquer alteração de competência posterior ao momento da prática do crime (assim o defendem Gomes Canotilho e Vital Moreira, *Constituição da República Portuguesa anotada* (artigos 1º a 107º), Vol. I, Coimbra Editora, 4ª ed. revista, 2007, p. 525), dúvidas não restam que a alteração provocada pela *Lei X* viola o princípio do *juiz natural* se imediatamente aplicada.

Mas mesmo que, por outro lado, o modo de entender este princípio se traduza apenas na proibição de alterações posteriores ao momento da entrada do processo no tribunal com vista ao recebimento da acusação ou do requerimento de abertura da instrução (assim, Paulo Pinto de Albuquerque, *Comentário do Código de Processo Penal*, 3ª ed., Universidade Católica Editora, 2009, p. 47-8, com respaldo no acórdão do TC nº 614/2003 e no acórdão do TRP de 8.3.2000), a aplicação imediata da *Lei X* pode violar o princípio do *juiz natural* se, no inquérito, já interveio o juiz de instrução para a tutela dos direitos fundamentais dos sujeitos processuais.

Será, no entanto, mais adequado o entendimento de que não é apenas a competência do juiz (tribunal de instrução ou de julgamento) que está em causa neste princípio, mas todo o processo (incluindo todas as fases e, portanto, também a do inquérito), nomeadamente quando da competência territorial se trata. Com efeito, os critérios de competência territorial são relevantes logo na *notitia criminis* para efeitos de inquérito. Com o objetivo de evitar situações de discricionariedade na atribuição da competência dos tribunais relevante deverá ser o momento processual em que se definem os pressupostos determinantes dessa competência. Se em causa está, *v.g.*, a competência territorial, o momento relevante deverá ser o da aquisição da notícia do crime, pois nesta peça processual se relatam os factos que dão origem ao processo penal e é em razão de tais factos que se determina a Procuradoria da República territorialmente competente para as investigações. Logo, a partir desse momento (da aquisição da notícia do crime), não mais podem ser aplicadas, ao processo que ora inicia o seu curso, quaisquer alterações dos critérios legais determinantes da competência territorial. Já se o problema se colocar no plano da competência material, por exemplo, só na fase de julgamento assume relevo. Neste caso, deverá ser em função dos factos constantes da acusação ou da pronúncia, se a houver, que se determina a competência material para o julgamento. Qualquer alteração legislativa posterior (à acusação ou à pronúncia, se a houver), se imediatamente aplicada, viola o princípio do *juiz natural.* Será este, aliás, o entendimento que melhor se enquadra na lógica do supra mencionado acórdão do Tribunal Constitucional (acórdão nº 614/2003).

Não deveria, em suma, a *Lei X* aplicar-se imediatamente ao processo em curso. Não só porque da sua aplicação imediata eventualmente resultaria a quebra de harmonia dos atos processuais (artigo 5º, nº 2, *b)* do CPP), mas também por violação do princípio do *juiz natural* (artigo 32º, nº 9 da CRP).

b) Nesta alteração já a *Lei X* seria de aplicação imediata e, portanto, aplicável ao processo em causa. Na verdade, como se referiu, só após a acusação (ou a pronúncia, se a houver) se conhece o crime que será objeto do julgamento. Esta é, com efeito, a peça processual que contém os elementos relevantes da competência material. Como a *Lei X* entrou em vigor em momento anterior à acusação (durante o inquérito), a sua aplicação imediata não implica o desaforamento do processo por não terem sido ainda determinados os elementos definidores da competência material. Estes determinam-se, com a delimitação do objeto processual (com a acusação ou a pronúncia, se a houver).

Por força do disposto no artigo 5º, nº 1 do CPP (e porque se não verificam as exceções do nº 2 do preceito, nem se viola o princípio do *juiz natural*), a *Lei X* é aplicável ao processo em curso. Sendo Alberto acusado (ou pronunciado) pela prática do crime de "homicídio a pedido da vítima" (artigo 134º do CP) ("crime de sangue"), materialmente competente para julgar o arguido é, por aplicação da *Lei X*, o tribunal do júri.

(CASO Nº 23)

No passado dia 20 de Janeiro o Ministério Público acusou Américo pelos seguintes factos:

- Em sua casa, na cidade de Guimarães, havia emprestado uma arma carregada a Benevides que lha tinha pedido para se suicidar. Benevides, efetivamente, suicidara-se, dois dias mais tarde, em Braga.
- Cinco dias depois, ainda em sua casa na cidade de Guimarães, Américo ameaçava Carlos (que tudo descobrira) com uma arma, exigindo-lhe que nada contasse a ninguém. Pensando ter a arma descarregada, Américo acabou por premir o gatilho, disparando, sem intenção, um tiro que veio a causar a morte ao seu interlocutor.

Qual (ou quais) o tribunal (ou tribunais) material e territorialmente competente(s) para julgar Américo?

RESOLUÇÃO DO CASO PRÁTICO

Ao acusar Américo por emprestar uma arma carregada a Benevides que lha tinha pedido para se suicidar, o Ministério Público imputa (indiciariamente) a Américo a prática do crime de "incitamento ou ajuda ao suicídio" p.p. pelo artigo 135º do CP.

Benevides veio realmente a suicidar-se, dois dias mais tarde, verificando-se, desse modo, a condição objetiva de punibilidade imposta pela parte final do artigo 135º, nº 1 do CP, qual seja, que o suicídio venha efetivamente a consumar-se.p

É do tribunal singular a competência material para julgar este crime, uma vez que se trata de crime punível com limite máximo de três anos de prisão (artigo 135º, nº 1 do CP) e o tribunal singular é competente, conforme dispõe o artigo 16º, nº, 2, *b)* do CPP, para julgar crimes cuja pena máxima abstratamente aplicável seja igual ou inferior a cinco anos de prisão.

Não se trata aqui de um "crime de sangue", terminologia usada para os crimes "dolosos ou agravados pelo resultado quando" é "elemento do tipo a morte de uma pessoa" que o artigo 14º, nº 2, *a)* do CPP erigiu em critério (qualitativo) de competência do tribunal coletivo, posto que, no crime de "incitamento ou ajuda ao suicídio", a morte aparece como mera condição objetiva de punibilidade, não fazendo, por conseguinte, parte do tipo legal de crime.

Já a competência territorial pertence ao tribunal da comarca de Guimarães, em conformidade com o disposto no artigo 19º, nº 1 do CPP. É verdade que o suicídio se consumou em Braga, mas a consumação do crime de "incitamento ao ajuda ao suicídio" ocorre no momento em que Américo empresta a arma a Benevides para este se suicidar, ou seja, em Guimarães. Trata-se, com efeito, de um crime de mera atividade, pois o resultado morte (suicídio) não é exigido no tipo legal de crime, antes opera, já se referiu, como mera condição objetiva de punibilidade (tal como é, em alternativa, a tentativa de suicídio).

O Ministério Público acusou, ainda, Américo por disparar, sem intenção, um tiro que veio a causar a morte de Carlos. Está indiciado o crime de "homicídio negligente" (artigo 137º do CP).

Também aqui não se nos depara um "crime de sangue" para efeitos de aplicação do artigo 14º, nº 2, *a)* do CPP e consequente atribuição de competência ao tribunal coletivo. Isto porque exige o preceito que a morte seja dolosa ou, se negligente, agravada pelo resultado de um crime doloso (morte preterintencional). No caso, tal não sucede (não houve dolo de homicídio, nem mesmo de ofensa à integridade física), pelo que não é de aplicar o critério qualitativo que o artigo 14º, nº 2, *a)* do CPP prescreve. Competente é, então, o tribunal singular, conforme o critério (quantitativo) estatuído no artigo 16º, nº 2, *b)* do CPP (aplicável a crimes cuja "pena máxima, abstratamente aplicável, seja igual ou inferior a cinco anos de prisão"), já que a moldura penal do tipo de legal crime de homicídio negligente apresenta como limite máximo (e só se for grosseira a negligência) a pena de cinco anos de prisão (artigo 137º, nº 2 do CP).

Neste caso de "homicídio negligente" já a morte faz parte do tipo legal de crime (do artigo 137º do CP), o que implica que a competência territorial se determine pelo disposto no nº 2 do artigo 19º do CPP que regula especialmente situações de crimes cuja consumação depende da morte de uma pessoa. Define, todavia, o nº 2 do artigo 19º do CPP, como critério de competência, não o local dessa morte (local da consumação do crime), mas a área em que o agente atuou (em que praticou os atos de execução). Assim, competente é também o tribunal (singular) da comarca de Guimarães, dado que foi na casa de Américo, situada em Guimarães, que o disparo (sobre Carlos) ocorreu.

Havendo, *in casu*, um concurso efetivo de crimes (praticados por Américo) em sintonia com o disposto nos artigos 30º, nº 1 e 78º, nº 1, ambos do CP, suscita-se aqui a problemática da conexão de processos. O segundo dos crimes praticados por Américo ("homicídio negligente") surgiu na sequência de um comportamento em que o arguido pretendia ocultar o primeiro crime, ameaçando Carlos com uma arma que, inadvertidamente, acabou por disparar, verificando-se, por conseguinte, o critério de conexão previsto na alínea *b)* do nº 1 do artigo 24º do CPP (há "conexão de processos quando o mesmo agente tiver cometido vários crimes [...] destinando-se uns [...] a ocultar os outros").

Admitida a conexão de processos, importa saber qual o tribunal competente para julgar conjuntamente ambos os crimes.

No que à competência territorial respeita não se oferecem dúvidas que cabe ao tribunal da comarca de Guimarães o julgamento de ambos os crimes, pois, como se viu, é este o tribunal competente para cada um desses crimes.

À primeira vista, também a competência material parece não suscitar dúvidas, posto que para cada um dos crimes é o tribunal singular competente.

Existe, porém, um concurso de crimes. E, abstratamente (segundo as regras de punição do concurso definidas pelo nº 2 do artigo 77º do CP), o limite máximo da pena do concurso é superior a cinco anos de prisão, pois (abstratamente) a pena concreta aplicável a cada um dos crimes pode ser de três e cinco anos (para "incitamento e ajuda ao suicídio" e "homicídio negligente", respetivamente). Em sintonia com o nº 2 do artigo 77º do CP, pode o limite máximo abstratamente aplicável ao concurso vir a ser de oito anos de prisão (o efetivo limite máximo, correspondente à soma das penas concretamente aplicadas a cada um dos crimes, só após o julgamento pode, obviamente, ser determinado), donde, por força do (critério quantitativo previsto no) artigo 14º, nº 2, *b)* do CPP (que define a competência do tribunal coletivo por crimes cuja "pena máxima abstratamente aplicável seja superior a cinco anos de prisão, mesmo quando, *no caso de concurso de infrações, seja inferior o limite máximo correspondente a cada crime*"), competente para julgar este concurso de infrações é o tribunal coletivo (de Guimarães).

(CASO Nº 79)

Quando António saía da casa de Bernardo, situada em Mirandela, com um saco repleto de peças de pratas que havia subtraído do seu interior, foi surpreendido por Carvalho e Duarte, soldados da GNR, que, mediante a ameaça de uma arma, lhe deram "voz de prisão".

António foi conduzido ao posto da GNR mais próximo e, apresentado a Eurico, comandante do posto. Eurico lavrou auto de entrega e, depois de constituir o detido como arguido, apresentou-o ao Ministério Público

Após interrogatório, o Ministério Público abriu inquérito e aplicou-lhe caução carcerária no valor de €10.000

No final do inquérito, o Ministério Público acusou António por:

- Furto qualificado na forma tentada, nos termos dos artigos 22º, 23º e 204º, nº 1, *f)* e nº 2, *a)* do CP, pois o arguido havia entrado sub-repticiamente pelas portas das traseiras que se encontrava entreaberta e os objetos subtraídos ascendiam ao valor de €40.000.

Notificado da acusação do Ministério Público, Bernardo, dez dias volvidos, requereu constituição como assistente e abertura da instrução com os seguintes fundamentos:

- O arguido havia cometido furto, mas na forma consumada (artigo 204º, nº 2, *a)* CP), dado que a partir do momento em que colocou os objetos de prata no saco deu-se a subtração de coisa móvel alheia e, portanto, o furto estava consumado.
- Violação de domicílio (artigo 190º do CP), por ser o bem jurídico protegido neste tipo legal de crime ("reserva da vida privada") diferente do tutelado no tipo legal do artigo 204º do CP ("propriedade"), havendo assim concurso efetivo de crimes.

O juiz de instrução criminal indeferiu este requerimento para abertura de instrução por entender ser legalmente inadmissível legal com tais fundamentos.

Em julgamento prova-se que António, para entrar em casa de Bernardo, havia, afinal, utilizado uma gazua para abrir a porta das traseiras. Veio, então, a ser condenado por furto qualificado na forma consumada, nos termos do artigo 204º, nº2, *a)* e *e)* do CP, sendo entendimento do tribunal que o facto de António se encontrar já a sair de casa de Bernardo era suficiente para considerar consumado o furto.

Responda, fundamentadamente, às seguintes questões:

1. Concorda com as atuações de Carvalho e Duarte?
2. Concorda com o procedimento de Eurico?
3. Como deveria ter procedido o Ministério Público no tocante às medidas de coação?
4. Concorda com a decisão do juiz de instrução criminal ao indeferir o requerimento de abertura de instrução de Bernardo?
5. Suponha que só na audiência de julgamento se descobre que um valioso espelho da casa de Bernardo fora, por descuido, partido por António durante o assalto e o tribunal arbitra, na sentença final, uma reparação à vítima, nos termos do artigo 82º-A CPP. É admissível tal procedimento? Poderia, ainda assim, Bernardo vir a fazer pedido de indemnização civil no tribunal civil?
6. Qual o tribunal material e territorialmente competente para o julgamento?
7. É válida a sentença condenatória?

RESOLUÇÃO DO CASO PRÁTICO

1. António acabara de subtrair várias peças de prata da casa de Bernardo quando foi surpreendido por Carvalho e Duarte, soldados da GNR.
   É controversa a questão penal no que respeita à temática do momento da consumação do furto, mas seja qual for a posição adotada nesta matéria, sempre existiu, no caso, flagrante delito. Com efeito, se o entendimento for o de que António ainda se encontrava na execução do furto (teoria da *ilatio* que exige, para a consumação do furto, que a coisa subtraída seja transportada ao local pretendido pelo agente de modo a consolidar uma sua posse, tanto quanto possível, pacífica), haverá então uma situação de flagrante delito em sentido próprio (artigo 256º, nº 1, primeira parte, do CPP: "É flagrante delito todo o crime que se está cometendo");

se a posição for a de que o furto estava já consumado (teoria da *ablatio*, segundo a qual a consumação do furto ocorre após a apreensão da coisa, isto é, quando esta é transportada pelo agente para um outro local; ou teoria da *apprehensio* que se basta, para a mesma consumação, com a mera apreensão material da coisa por parte do agente), tratar-se-á, nesse caso, de quase flagrante delito (artigo 256º, nº 1, segunda parte, do CPP: "É flagrante delito todo o crime que [...] se acabou de cometer").

De acordo com o artigo 255º, nº 1, *a)* do CPP, Carvalho e Duarte, enquanto órgãos de polícia criminal (artigo 1º, nº 1, *c)* do CPP e artigo 3º da LOIC), podem efetuar a detenção e, tratando-se de crime de natureza jurídica pública, pois o procedimento pelo crime de furto qualificado (artigo 204º, nº 1 *f)* e nº 2, *a)* do CP), seja tentado ou consumado, não depende de queixa nem de acusação particular, a detenção não se encontra sujeita nem à restrição do nº 3 nem à exceção do nº 4 do artigo 255º do CPP.

Carvalho e Duarte presenciaram um crime de denúncia obrigatória (artigo 242º, nº 1, *a)* do CPP), razão pela qual deveriam ter lavrado auto de notícia, conforme impõe o disposto no artigo 243º, nº 1 do CPP.

2. O auto de entrega (artigo 255º, nº 2 do CPP) não se adequa ao caso concreto, uma vez que foi a detenção efetuada por dois soldados da GNR e o auto de entrega só deve ser redigido caso a detenção (e respetiva entrega do detido a entidade policial, no caso ao comandante do posto da GNR) tivesse sido efetuada por qualquer pessoa a que se refere a alínea *b)* do nº 1 do artigo 255º do CPP.

   Em sintonia com o disposto artigo 58º, nº 1, *c)* do CPP e dado ter havido uma detenção para os efeitos previstos no artigo 254º do CPP, Eurico procedeu corretamente ao constituir o detido como arguido.

   Trata-se de constituição de arguido por comunicação (não automática), o que implica o dever de cumprir as formalidades constantes do nº 2 do artigo 58º do CPP e também o disposto no nº 3 do mesmo preceito, ou seja, sendo Eurico titular de órgão de polícia criminal devia, no prazo de dez dias, a detenção ser submetida

a validação de autoridade judiciária que, nestas circunstâncias, seria o Ministério Público, em conformidade com os artigos 1º, nº 1, *b)* e 263º, nº 1, ambos do CPP.
Deveria, ainda, Eurico ter lavrado no processo termo de identidade e residência de arguido detido (artigo 196º, nº 1 do CPP).
Ao apresentar o detido ao Ministério Público, Eurico cumpriu o disposto no artigo 259º, *b)* do CPP, pois implica tal procedimento (implícita ou explicitamente) a comunicação da detenção.

3. Tendo sido António constituído arguido, podia ser-lhe aplicada medida de coação (artigo 192º, nº 1 do CPP), no caso a caução carcerária.
A aplicação desta medida de coação respeita os princípios da legalidade (artigo 191º, nº 1), da proporcionalidade (artigo 193º, nº 1, *in fine*, do CPP), da necessidade e da adequação (artigo 193º, nº 1, primeira parte, do CPP).
Respeita o princípio da legalidade por se encontrar prevista na lei (artigo 197º do CPP).
Sintoniza-se com o princípio da proporcionalidade por em causa estar um crime de furto qualificado, punível com pena de prisão de 2 a 8 anos, nos termos do artigo 204º, nº 2 do CP (isto na forma consumada, mas mesmo na forma tentada o limite máximo da moldura penal aplicável sempre será superior a 5 anos de prisão *ex vi* do artigo 73º, nº 1, *a)*, por remissão do artigo 23º, nº 2 conjugado com o artigo 204º, nº 2, todos do CP) e a caução é aplicável em processos por qualquer crime desde que punível com pena de prisão. A pena previsivelmente aplicável a um crime desta natureza será sempre mais grave para os direitos do visado do que a prestação de uma caução, pelo que o princípio da proporcionalidade não está aqui em causa.
Conforma-se com os princípios da necessidade e da adequação, uma vez que para dar cumprimento às exigências cautelares plasmadas no artigo 204º do CPP, a aplicação de termo de identidade e residência (única medida de coação menos gravosa para o arguido do que a caução) não seria, certamente, suficiente (ainda que não tenhamos matéria de facto concreta suficiente para o confirmar).

O Ministério Público não tem, todavia, poderes para aplicar a medida de coação.
Deveria, de outro modo, ter providenciado no sentido de apresentar o arguido ao juiz de instrução criminal (artigos 143º, nº 3 e 254º, *a)*, ambos do CPP) e, nesse contexto, requerido a aplicação da caução carcerária, pois é ao juiz de instrução, a requerimento do Ministério Público na fase do inquérito (artigo 194º, nº 1 do CPP), que compete a aplicação de todas as medidas de coação, com exceção do termo de identidade e residência, conforme se dispõe nos artigos 194º, nº 1 e 286º, nº 1, *b)* do CPP (princípio da judicialização das medidas de coação).

4. Sim. É verdade que Bernardo, enquanto ofendido (proprietário dos bens subtraídos e, portanto, titular dos interesses que a lei penal quis especialmente proteger com a incriminação do furto, em conformidade com o disposto nos artigos 113º, nº 1 do CP e 68º, nº 1, *a)* do CPP), tinha legitimidade para se constituir assistente (artigo 68º, nº 1, *a)* do CPP) e que, durante o prazo de vinte dias após notificação da acusação (notificação prevista no artigo 283º, nº 5 por remissão do artigo 277º, nº 3 do CPP), poderia requerer a constituição de assistente e a abertura de instrução, de acordo com o disposto nos artigos 68º, nº 3, *b)* e 287º, nº 1, *b)*, ambos do CPP).
No entanto, só pode o assistente requerer a abertura de instrução se, em tal requerimento, alterar substancialmente os factos da acusação do Ministério Público, conforme interpretação restritiva do artigo 287º, nº 1, *b)*, em conjugação com o artigo 284º, nº 1 (elemento sistemático de interpretação), ambos do CPP. Com efeito, se a alteração não substancial de factos da acusação do Ministério Público pode ser realizada pelo assistente em sede de acusação (artigo 284º, nº 1 do CPP), permitir que o requerimento para abertura de instrução (pelo assistente) pudesse também operar a mesma alteração seria admitir a abertura de uma nova fase processual, a instrução, com sacrifício da economia e celeridade processuais, sem daí retirar qualquer vantagem processual legítima, pois nem a verdade material seria aqui prosseguida (tal desiderato bastar-se-ia com a acusação do assistente). Para

que o juiz de instrução abra a respetiva fase com interesse para a prossecução da verdade material (elemento teleológico-funcional de interpretação) necessário se torna, pois, que, à acusação do Ministério Público, o assistente, no requerimento para abertura da instrução, acrescente factos que alterem substancialmente essa acusação (do Ministério Público). Se os novos factos não produzirem tal alteração substancial (alteração não substancial) restará ao assistente acusar nos termos do artigo 284º do CPP.

No caso, porém, nem de novos factos se trata. Apenas da controversa questão jurídica atinente ao momento da consumação do furto a que aludimos na resposta nº 1. É uma questão de mera qualificação jurídica (mera questão de direito) e para questões desta natureza, tal como para as questões de alteração não substancial dos factos, o procedimento adequado de que dispõe o assistente é a acusação prevista no artigo 284º do CPP. Para advogar a alteração da mera qualificação jurídica do crime deveria, pois, o assistente acusar em sintonia com o disposto no artigo 284º, nº 1 do CPP.

5. O instituto da reparação da vítima previsto no artigo 82º-A do CPP apenas deve operar em caso de particulares exigências da vítima (vítimas particularmente carenciadas). Neste caso, tal procedimento não seria, à partida, necessário, mas a verdade é que exista aqui uma ampla discricionariedade concedida ao julgador e, nesse sentido, pode suscitar-se a questão de operar nos casos em que, sem culpa da vítima, tenha precludido o direito de fazer o pedido cível no processo penal.

   Há que ter, ainda, em conta, que é de uma consequência jurídico-penal (e não jurídico-civil) que se trata neste instituto. Um *tertio genus* de reação punitiva ao lado das penas e das medidas de segurança. E a linguagem técnica utilizada não é inocente, pois que não é a uma "indemnização do lesado" que se refere o artigo 82º-A do CPP.

   Assim, nada obsta a que Bernardo, mesmo auferindo a reparação a que se reporta o artigo 82º-A do CPP, viesse a fazer um pedido de indemnização civil no tribunal civil com fundamento no disposto no artigo 72º, nº 1, *d)* do CPP, pois a reparação da vítima, sendo de natureza penal, não faz caso julgado material no domínio civil. Mas se assim ocorresse, e para evitar qualquer enriquecimento sem causa, não deixa o legislador de impor no nº 3 do artigo 82º-A do CPP que a "quantia arbitrada a título de reparação" seja "tida em conta em ação que venha a conhecer de pedido cível de indemnização".

6. Sendo a acusação por tentativa de furto qualificado, nos termos dos artigos 22º, 23º e 204º, nº 1, *f)* e nº 2, *a)* do CP, materialmente competente é o tribunal coletivo por força do artigo 14º, nº 2, *b)* do CPP. Com efeito, e por remissão do artigo 23º, nº 2 do CP, determina o artigo 73º, nº 1, *a)* do mesmo diploma que o limite máximo da pena desta tentativa de furto qualificado é de um terço de oito anos de prisão (limite máximo da pena de prisão cominada no nº 2 do artigo 204º do CP), ou seja, cinco anos e quatro meses (de prisão). É, portanto, crime punível com pena máxima abstratamente aplicável superior a cinco anos de prisão, enquadrando-se na referida alínea *b)* do nº 2 do artigo 14º do CPP (só na hipótese de o Ministério Público exercer a prerrogativa prevista no artigo 16º, nº 3 do CPP é que competente seria o tribunal singular; no texto do caso prático, todavia, nada se refere nesse sentido).
   Territorialmente competente é o tribunal de Mirandela, pois nessa comarca foi praticado o último ato de execução (artigo 19º, nº 4 do CPP).

7. Existe, nesta sentença, uma condenação por factos que alteram substancialmente os descritos na acusação do Ministério Público, em sintonia com o disposto no artigo 1º, nº 1, *f)* do CPP. Surge, efetivamente, na sentença condenatória, facto novo (utilização de gazua para abrir a porta das traseiras da casa da vítima) que imputa ao arguido crime *materialmente* diverso, ainda que tipicamente (*formalmente*) seja o mesmo crime, qual seja, o do artigo 204º, nº 2, além da *a)* agora também alínea *e)* do CP.
   Adota-se aqui a posição de Frederico Isasca (*Alteração substancial dos factos e sua relevância no processo penal português*, Almedina, Coimbra, 2ª edição, reimpressão, 2003, p. 115 ss), segundo a qual o conceito de "crime diverso" se determina pela diferente valo-

ração social (e/ou diferente imagem social) do crime e/ou pelo comprometimento da estratégia de defesa do arguido. Assim, implicando o facto novo que preenche a alínea *e)* do nº 2 do artigo 204º do CP maior ilicitude (material) do crime de furto (dado que cada alínea deste preceito será fundamento de maior ilicitude do crime ou culpa do agente, pois por si só é suficiente para agravar a pena aplicável), existe, com este facto novo, uma diferente valoração social do crime (é nos conceitos de maior ilicitude e/ou maior culpa que Frederico Isasca fundamenta a diferente valoração social), vale por dizer, um crime diverso.

Não tendo sido este novo facto submetido a caso julgado de consenso (só assim poderia ser validamente incluído no objeto do processo em sede de Julgamento, conforme impõe o nº 3 do artigo 359º do CPP), é nula a sentença, nos termos do artigo 379º, nº 1, *b)* do CPP.

(CASO Nº 82)

Álvaro, na estação de Campanhã, agrediu Berta, sua namorada, com um violento soco. Carvalho, agente da PSP que a tudo assistiu, deteve Álvaro e informou Berta que tinha 48 horas para apresentar queixa. Esta não o fez, pelo que volvidas essas 48 horas Álvaro foi libertado.

Cinco meses depois, Berta resolveu apresentar queixa. O Ministério Público (MP) deu início ao inquérito, mas Berta não declarou querer constituir-se assistente.

Findo o inquérito, o MP concluiu que estavam reunidos elementos suficientes para deduzir acusação pelo crime de ofensa à integridade física simples nos termos do artigo 143º do Código Penal (CP) propondo, no entanto, a suspensão provisória do processo. O juiz de instrução criminal (JIC), porém, não concordou com essa proposta por entender não só que a culpa do agente não revelava carácter diminuto, como também pela convicção de não ser possível aplicar o instituto da suspensão provisória do processo sem que houvesse assistente constituído. O MP recorreu desta despacho, mas o juiz do tribunal *ad quem* entendeu que a decisão era irrecorrível.

Perante isto, apenas restou ao MP deduzir acusação pelo crime de ofensa à integridade física simples. Berta, ao tomar conhecimento do conteúdo desta acusação, requereu, imediatamente, a constituição como assistente e, no mesmo momento, a abertura da instrução, fundamentando tal procedimento com o facto de ter entretanto descoberto que a verdadeira motivação que levou Álvaro a agredi-la residiu no facto de este descobrir que ela estava grávida. Neste sentido, Berta solicitou ao JIC que pronunciasse Álvaro pelo crime de ofensa à integridade física qualificada, crime p.p. no artigo 145º, *ex vi* artigo 132º, nº 2, *c)*, ambos do CP. O JIC, após o interrogatório de algumas testemunhas e do próprio arguido, convenceu-se da veracidade dos factos alegados por Berta e, efectivamente, veio a pronunciar Álvaro pelo crime de ofensa à integridade física qualificada.

Na audiência de julgamento veio a saber-se ainda que Álvaro agredira Berta não só por descobrir que esta estava grávida, mas também por ser previsível que o filho viesse a nascer com características físicas próximas dos chineses (tal como Berta, aliás, de origem macaense) e que, afinal, Álvaro era racista e, como tal, nem sequer fazia parte dos seus planos casar com Berta. Assim sendo, o juiz de julgamento condenou Álvaro por ofensa à integridade física qualificada, nos termos do artigo 145º do CP, tendo em conta, desta feita, as circunstâncias agravantes consagradas nas alíneas *c)* e *f)* do nº 2 do artigo 132º do mesmo diploma.

Responda, fundamentadamente, às seguintes questões:

1. Concorda com a actuação de Carvalho?
2. Podia Álvaro ficar detido durante 48 horas?
3. Podia Berta apresentar queixa no momento em que o fez?
4. Podia, no caso, o MP propôr a suspensão provisória do processo?
5. Concorda que não pode haver suspensão provisória do processo sem assistente constituído?
6. Concorda que o despacho de não concordância com a aplicação da suspensão provisória do processo, por parte do JIC, é irrecorrível?
7. Podia Berta requerer a abertura da instrução nos termos em que o fez?
8. É válido o despacho de pronúncia?
9. Qual o tribunal territorial e materialmente competente para o julgamento?
10. Como deveria proceder o juiz de julgamento? É válida a sentença condenatória?

RESOLUÇÃO DO CASO PRÁTICO

1. Não. Se é verdade, por um lado, que existe flagrante delito de acordo com o artigo 256º, nº 1 do CPP, pois Carvalho, agente da PSP, assistiu à execução de um crime de ofensa à integridade física simples (artigo 143º do CP) praticado por Álvaro contra Berta, devendo, portanto, em princípio, proceder à detenção em flagrante delito em conformidade com o artigo 255º, nº 1, *a)* também do CPP, não é, todavia, menos verdade, por outro lado, que se trata de um crime de natureza semi-pública (artigo 143º, nº 2 do CP). Assim, e como impõe o artigo 255º, nº 3 do CPP, a detenção só se poderia manter se Berta, ofendida (e, enquanto tal, titular do direito de queixa, nos termos do artigo 113º, nº 1 do CP),

apresentasse imediatamente queixa, o que não aconteceu. Efectivamente, só com a queixa do respectivo titular pode haver detenção nos crimes semi-públicos e esta devia ser a informação a prestar a Berta por de Carvalho.

2. Não. Como se acabou de referir na resposta anterior, a detenção só se poderia manter por 48 horas se Berta tivesse imediatamente apresentado queixa (em sintonia, volta-se a instar, com o artigo 255º, nº 3 do CPP). Não o fazendo, Álvaro deveria ter sido prontamente libertado.

3. Sim. Como determina o artigo 115º, nº 1 do CP o direito de queixa apenas se extingue «no prazo de 6 meses a contar da data em que o titular» (no caso, já se viu, Berta) «tiver tido conhecimento do facto». Se Berta exerceu esse direito 5 meses depois de ocorrido o facto (do qual teve conhecimento instantâneo já que o presenciou enquanto ofendida), então respeitou o prazo estabelecido pelo mencionado preceito (artigo 115º, nº 1 do CP).

4. Sim. No fim do inquérito o MP entendeu haver indícios suficientes da prática de um crime (ofensa à integridade física simples) cujo limite máximo da moldura penal abstractamente aplicável é de 3 anos de prisão (artigo 143º, nº 1 do CP) e, nos termos do artigo 281º, nº 1 do CPP, o instituto da suspensão provisória do processo pode ser aplicado a crimes puníveis com pena de prisão não superior a 5 anos. Não tem o MP competência para, por si só, suspender, pois necessita do acordo dos outros sujeitos processuais (arguido, assistente e JIC), mas tem-na para *propor* essa suspensão.

5. Não. A concordância exigida na alínea *a)* do nº 1 do artigo 281º do CPP é só a do assistente e não a do ofendido (ou de outras pessoas incluídas no artigo 113º nº 2 a nº 5 do CP) que ainda se não tenha constituído assistente (com a ressalva do estabelecido no nº 6), pelo que a não constituição de assistente à data da suspensão não obsta à aplicação do instituto (esta é a posição já por nós assumida em *A relevância político-criminal da suspensão provisória do processo*, Almedina, Coimbra, 2000, p. 199 ss; também neste sentido, Paulo

Pinto de Albuquerque, *Comentário do Código de Processo Penal*, Universidade Católica Editora, Lisboa, 3ª edição, p. 734). Não entender assim constituiria, aliás, uma subversão do conceito de *sujeito* processual, posto que à inércia de um mero *participante* processual (o ofendido ou outra pessoa com legitimidade para se constituir assistente) se atribuiria um significado que, além de obstar a potenciais vantagens político-criminais e de eventualmente contrariar a vontade de todos os outros sujeitos processuais, poderia nem corresponder à sua real vontade. Só aos *sujeitos processuais* cabe o poder de conformar a *concreta tramitação processual* (assim, Figueiredo Dias, «Sobre os sujeitos processuais no novo Código de Processo Penal», *in Jornadas de Direito Processual Penal. O novo Código de Processo Penal*, Almedina, Coimbra, 1993, p. 9) e, portanto, a decisão de suspender *ou não* provisoriamente o processo.

6. Não. A discordância do JIC face à suspensão promovida pelo MP, em conformidade com o artigo 281º, nº 1 do CPP, é uma decisão recorrível. Ao JIC compete fiscalizar o juízo de oportunidade do MP com referência a valorações político-criminais substantivas de modo a decidir-se pela aplicação de um instituto apto a solucionar a questão penal. Trata-se, portanto, de um acto decisório do juiz (nos termos do artigo 97º, nº 1, *b)* do CPP) que deve ser fundamentado (em sintonia, agora, com o nº 5 do mesmo preceito) e que, inevitavelmente, é abrangido pela regra da recorribilidade sufragada pelo artigo 399º também do CPP. Ora, a lei apenas excepciona, neste particular (e de acordo com o artigo 281º, nº 5), a decisão de suspensão conforme ao nº 1 do mesmo preceito. A discordância do JIC face à suspensão não se contém no sentido e alcance daquela norma excepcional (esta é, no entanto, uma matéria controversa tanto no plano doutrinal quanto jurisprudencial. Veja-se, a este propósito, Paulo Pinto de Albuquerque, *Comentário do Código de Processo Penal*, Universidade Católica Editora, Lisboa, 3ª edição, p. 736).

7. Sim. Em primeiro lugar, e no que toca à tempestividade dos requerimentos para constituição de assistente e abertura da instrução, permite o artigo 68º, nº 3, *b)* do CPP que o ofendido os possa

elaborar na mesma peça processual. Foi o que fez Berta, ofendida, agindo, pois, nesta matéria, em consonância com a lei processual penal.

Quanto aos fundamentos materiais que tornam admissível o requerimento para abertura da instrução pelo assistente, sabe-se que estes implicam uma alteração substancial dos factos face à acusação do MP (se a houver, naturalmente, como houve *in casu*). Com efeito, apesar de a letra da lei apenas se referir a "factos pelos quais o Ministério Público não tiver deduzido acusação", a verdade é que se estes novos factos implicarem uma alteração não substancial (em relação à acusação do MP), podem, então, ser introduzidos no processo através da acusação do assistente (de acordo com o preceituado no artigo 284, nº 1 do CPP), evitando uma fase processual, a instrução, com todos os custos que esta envolve, nomeadamente para a celeridade e economia processuais.
Assim, considerando os elementos sistemático (conjugação com o mencionado artigo 284º, nº 1) e lógico (desnecessidade de uma nova fase processual) deve chegar-se a uma interpretação restritiva do artigo 287º, nº 1, *b)* do CPP que abranja apenas factos novos que alterem substancialmente a acusação do MP e não todos os factos novos.
Ora, Berta ao revelar a sua gravidez e que esta era do conhecimento de Álvaro acabou por imputar ao arguido (Álvaro) estes factos novos reconduzindo o enquadramento legal do objecto do processo do crime de *ofensa à integridade física simples* (artigo 143º, nº 1 do CP, punível com pena de prisão até 3 anos) para o crime de *ofensa à integridade física qualificada* (artigo 145º, n. 1, *a)* do CP, *ex vi* do artigo 132º, nº 2, *c)* do mesmo diploma, punível com pena de prisão até 4 anos). Em razão dos factos novos invocados por Berta, houve, pois, uma agravação dos limites máximos das sanções aplicáveis e, por conseguinte, uma alteração substancial dos factos (artigo 1º, nº 1, *f)* do CPP) face à acusação do MP, justificando, desta feita, o requerimento para abertura da instrução em sintonia com o expendido supra.

8. Sim. Apesar de haver no despacho de pronúncia factos novos que alteram substancialmente os factos da acusação do MP (que Berta

estava grávida e que esta era do conhecimento de Álvaro), a verdade é que esses factos novos constam do requerimento para abertura da instrução de Berta, assistente (como se referiu, de resto, na resposta anterior). Neste sentido, enquadra-se o conteúdo do despacho de pronúncia nos limites de validade impostos pelo artigo 309º, nº 1 do CPP, valendo isto por dizer que o conteúdo do despacho de pronúncia não altera substancialmente os factos constantes do objecto do processo que é delimitado, em sede de instrução, pela acusação do MP (se a houver) e pelo requerimento para abertura da instrução.

9. Territorialmente competente para o julgamento é o tribunal da comarca do Porto segundo a regra geral imposta pelo artigo 19º, nº 1 do CPP, posto que foi na estação de Campanhã, situada no Porto, que se consumou o crime de ofensa à integridade física simples qualificada protagonizado por Álvaro contra Berta que do despacho de pronúncia consta.

   Quanto à competência material, deve o julgamento ocorrer em tribunal singular, pois o crime de ofensa à integridade física simples qualificada tem como limite máximo da pena aplicável 4 anos de prisão (artigo 145º, n. 1, *a)* do CP). Trata-se, portanto, de um crime que se ajusta ao critério quantitativo definido pelo artigo 16º, nº 2, *b)* do CPP que estabelece, com efeito, a competência do tribunal singular para crimes «cuja pena máxima, abstractamente aplicável, seja igual ou inferior a cinco anos de prisão».

10. Na audiência de julgamento ficou provado que a motivação da ofensa à integridade física por Álvaro se deveu a ódio racial. Se é exacto que este facto novo não agrava, no caso concreto, o limite máximo da moldura penal aplicável ao arguido (considerando que Álvaro havia sido já pronunciado por ofensa à integridade física simples qualificada em razão da gravidez da vítima), não é também menos exacto, todavia, que lhe imputa um crime diverso. Com efeito, e conforme ensina Frederico Isasca (*Alteração substancial dos factos e sua relevância no processo penal português*, Almedina, Coimbra, 2ª edição, reimpressão, 2003, p. 115 ss), o conceito de

"crime diverso" não coincide exactamente com o de "crime tipicamente diverso", já que a diversidade do crime implica apenas que o facto novo conduza a uma valoração social diferente (e/ou a uma imagem social diferente) do crime e ao comprometimento da defesa. Ora, apesar de o novo facto (motivação por ódio racial) não envolver a imputação de um novo tipo legal de crime ao arguido (esta nova base factual mantém-se enquadrada no artigo 145º, nº 1, *a)* por remissão do artigo 132º, nº 2, *c)* e, agora também, *f)* do CP), a verdade é que ao se subsumir em mais uma das alíneas do nº 2 do mencionado artigo 132º (a *f)*, no caso) acaba por alterar a respectiva valoração social. Se, na realidade, cada alínea do nº 2 do artigo 132º do CP de per si pode ser o bastante para qualificar o crime de homicídio (e, por remissão, também o de ofensa à integridade física), então cada uma dessas alíneas compreende, inevitavelmente, uma maior ilicitude (material) e/ou maior censurabilidade (ou perversidade), conceitos sobre os quais repousa o critério da valoração social a que se reporta Frederico Isasca. Havendo valoração social diferente por efeito do novo facto, haverá também crime diverso e, portanto, alteração substancial dos factos.

Trata-se, porém, de um facto novo não autonomizável. O ódio racial, isoladamente considerado, não constitui crime (o que vale por dizer que nem tão-pouco se constitui como facto autónomo), inviabilizando, por conseguinte, a possibilidade de o tribunal comunicar a alteração substancial ao MP para que ele proceda pelos novos factos (como se prevê no artigo 359º, nº 2 do CPP). Deve, assim, o tribunal tentar o chamado "caso julgado de consenso" sufragado agora pelo nº 3 do mesmo preceito. Não havendo acordo entre os diferentes sujeitos processuais (MP, arguido e assistente) no tocante à continuação do julgamento pelo novo facto, ao tribunal mais não resta, então, do que ignorá-lo. No caso *sub judice* o tribunal assim não procedeu, condenando o arguido (também) por este novo facto (motivação por ódio racial), pelo que a sentença é nula nesta parte, em sintonia com o prescrito no artigo 379º, *b)* do CPP.

ÍNDICE

Nota Prévia	5
Casos Práticos de Direito Penal	7
Casos Práticos de Direito Penal resolvidos	111
Casos Práticos de Direito Processual Penal	155
Casos Práticos de Direito Processual Penal resolvidos	237
Índice	265